畜产品质量安全法规及抽样技术

XUCHANPIN ZHILIANG ANQUAN FAGUI JI CHOUYANG JISHU

张守明 李 彬 杜 杨 主编

中国农业科学技术出版社

图书在版编目（CIP）数据

畜产品质量安全法规及抽样技术/张守明，李彬，杜杨主编.—北京：中国农业科学技术出版社，2019.6（2025.2重印）

ISBN 978-7-5116-4169-4

Ⅰ.①畜… Ⅱ.①张…②李…③杜… Ⅲ.①畜产品-质量管理-安全管理-研究-中国 Ⅳ.①F326.3

中国版本图书馆 CIP 数据核字（2019）第 080675 号

责任编辑 李冠桥
责任校对 李向荣

出 版 者	中国农业科学技术出版社 北京市中关村南大街 12 号　邮编：100081
电　　话	（010）82109705（编辑室）　（010）82109702（发行部） （010）82109709（读者服务部）
传　　真	（010）82106625
网　　址	http://www.castp.cn
经 销 者	各地新华书店
印 刷 者	北京捷迅佳彩印刷有限公司
开　　本	880 mm×1 230 mm　1/16
印　　张	17.25
字　　数	487 千字
版　　次	2019 年 6 月第 1 版　2025 年 2 月第 2 次印刷
定　　价	69.00 元

◆版权所有·翻印必究◆

《畜产品质量安全法规及抽样技术》编委会

主　编　张守明　李　彬　杜　杨

副主编　司志永　吴丽媛　王　亮　魏萌萌

　　　　　马双昆　牛志强　郭东芳　张玉利

编　委（按姓名笔画排名）

　　　　　马双昆　王林波　王　亮　牛志强

　　　　　孔令芸　申　丹　付晓森　仝霄霄

　　　　　司志永　杜　杨　李　宁　李俊燕

　　　　　李　彬　李　颖　吴丽媛　张玉利

　　　　　张守明　张莹雪　赵　静　郭东芳

　　　　　魏萌萌

前　言

随着经济的快速发展，人民生活水平的提高，人们对畜产品质量安全的指标要求也越来越高，相应的畜产品质量抽检次数也更加频繁。我们结合工作和生产实际，精心编写了《畜产品质量安全法规及抽样技术》，收集了我国现行的一系列有关加强畜产品质量安全监管的法律法规以及相关规定，编写了对畜产品及其投入品（饲料、兽药等）的抽样技术和注意事项。本书对畜产品抽检专业技术人员明确了应掌握的抽检步骤和要求，对加强畜产品质量安全监管、实施抽检具有较强的可操作性，是一部畜牧兽医行政管理部门、畜产品质量监测部门开展畜产品质量安全监管的指导用书，也是饲料、兽药、畜产品生产经营企业质量管控学习参考的工具用书。

本书内容系统，理论联系实际，具有很强的针对性、科学性和可操作性，以期对畜产品抽检工作的科学、规范起到指导和促进作用。在本书编写过程中，邀请了行业相关技术专家共同组成编写组。主要的编写人员由河南省安阳市畜产品质量安全监测检验中心的吴丽媛、赵静；河南省安阳市动物卫生监督所的魏萌萌、马双昆、李宁、李颖、李俊燕；河南省安阳市动物疫病预防控制中心的付晓森；河南省安阳市内黄县畜牧兽医服务中心的司志永；河南省林州市动物疫病预防控制中心的王亮；河南省郑州市兽药饲料监察所的张玉利、张莹雪；河南省汤阴县畜产品质量安全监测检验站的仝宵宵；河南省新乡县动物卫生监督所的郭东芳；河南省新乡县畜产品质量监测检验站的孔令芸；河南省正阳县兽药饲料质量检验监测中心的牛志强；河南省萌发科技有限责任公司的申丹、王林波等，参与编写、审阅和修改了相关章节。

本书可作为行业实验室建设和工作的日常手册，也可作为技术人员培训资料和参考书。在编写过程中，我们虽力求保证系统性、科学性和时效性，但难免有疏漏和不妥之处，恳请同行、专家和广大读者提出宝贵意见和建议。

编　者

2019 年 1 月 3 日

目 录

第一部分　法律法规

第一篇　质量安全综合 …………………………………………………………………（3）
中华人民共和国产品质量法 ……………………………………………………………（3）
中华人民共和国食品安全法 ……………………………………………………………（10）
中华人民共和国农产品质量安全法 ……………………………………………………（34）
国务院关于加强食品等产品安全监督管理的特别规定 ………………………………（39）
河南省畜产品质量安全管理办法 ………………………………………………………（43）

第二篇　饲料及饲料添加剂 ……………………………………………………………（46）
饲料和饲料添加剂管理条例 ……………………………………………………………（46）
新饲料和新饲料添加剂管理办法 ………………………………………………………（56）
饲料质量安全管理规范 …………………………………………………………………（59）

第三篇　兽　药 …………………………………………………………………………（66）
兽药管理条例 ……………………………………………………………………………（66）
兽药经营质量管理规范 …………………………………………………………………（76）
兽用处方药和非处方药管理办法 ………………………………………………………（81）

第四篇　生鲜乳管理 ……………………………………………………………………（83）
乳品质量安全监督管理条例 ……………………………………………………………（83）
生鲜乳生产收购管理办法 ………………………………………………………………（91）
农业部办公厅关于印发《生鲜乳生产技术规范（试行）》的通知 ……………………（95）

第二部分　检验检测机构管理

第一篇　检验检测机构资质认定和机构考核 …………………………………………（109）
检验检测机构资质认定管理办法 ………………………………………………………（109）
检验检测机构资质认定评审准则 ………………………………………………………（115）
农产品质量安全检测机构考核办法 ……………………………………………………（121）
兽药监察所实验室管理规范 ……………………………………………………………（125）
检验检测机构资质认定标志及其使用要求 ……………………………………………（130）

检验检测机构资质认定证书及其使用要求 …………………………………………… (132)
　　检验检测机构资质认定检验检测专用章使用要求 …………………………………… (139)
　第二篇　实验室内部审核 ……………………………………………………………………… (140)
　第三篇　实验室管理评审 ……………………………………………………………………… (151)

第三部分　抽样方法和标准

　第一篇　抽样技术依据 ………………………………………………………………………… (161)
　　农产品质量安全监督抽查实施细则 …………………………………………………… (161)
　　农产品质量安全监测管理办法 ………………………………………………………… (165)
　　农业部饲料质量安全监测工作规范（修订） …………………………………………… (169)
　第二篇　抽样方法和标准 ……………………………………………………………………… (172)
　　无公害农产品抽样规范第6部分：畜禽产品 …………………………………………… (172)
　　无公害食品猪肉、猪肝、猪尿抽样方法 ………………………………………………… (177)
　　兽药残留抽样技术操作要点 …………………………………………………………… (181)
　　生鲜乳贮奶罐中采样 …………………………………………………………………… (185)
　　兽药质量监督抽样规定 ………………………………………………………………… (187)
　　饲料　采样 ……………………………………………………………………………… (190)
　　饲料卫生标准 …………………………………………………………………………… (201)
　　饲料检测结果判定的允许误差 ………………………………………………………… (207)
　第三篇　抽样单填写范例 ……………………………………………………………………… (215)
　　中国兽药残留监测抽样单 ……………………………………………………………… (215)
　　饲料产品质量监督抽查抽样单（确认单） ……………………………………………… (216)
　　中华人民共和国农业农村部生鲜乳质量安全监督抽查抽样单 ……………………… (217)
　　畜禽尿/水样抽样单 ……………………………………………………………………… (218)
　　兽药抽样记录凭证 ……………………………………………………………………… (219)

第四部分　综合性公告

　饲料药物添加剂使用规范 ……………………………………………………………………… (223)
　禁止在饲料和动物饮水中使用的药物品种目录 ……………………………………………… (238)
　食品动物禁用的兽药及其他化合物清单 ……………………………………………………… (242)
　杜绝禁用兽药的滥用 …………………………………………………………………………… (244)
　部分国家及地区明令禁用或重点监控的兽药及其他化合物清单 …………………………… (245)
　兽药地方标准废止目录 ………………………………………………………………………… (248)
　饲料添加剂品种目录（2013） …………………………………………………………………… (250)
　禁止在饲料中人为添加三聚氰胺 ……………………………………………………………… (256)
　关于停止缩二脲作为饲料添加剂生产和使用的公告 ………………………………………… (257)

目 录

禁止在饲料和动物饮水中使用苯乙醇胺A等物质 …………………………………………（258）
兽药严重违法行为从重处罚情形 …………………………………………………………（259）
停止使用洛美沙星、培氟沙星、氧氟沙星、诺氟沙星4种兽药 ………………………（261）
禁止非泼罗尼及相关制剂用于食品动物 …………………………………………………（262）
停止在食品动物中使用喹乙醇、氨苯胂酸、洛克沙胂等3种兽药 ……………………（263）
禁止生产和销售莱克多巴胺 ………………………………………………………………（264）
最高人民法院、最高人民检察院关于办理非法生产、销售、使用禁止在饲料和动物
　饮用水中使用的药品等刑事案件具体应用法律若干问题的解释 …………………（265）

第一部分

法律法规

第一篇 质量安全综合

中华人民共和国产品质量法

1993年2月22日第七届全国人民代表大会常务委员会第三十次会议通过

根据2000年7月8日第九届全国人民代表大会常务委员会第十六次会议《关于修改〈中华人民共和国产品质量法〉的决定》第一次修正

根据2009年8月27日第十一届全国人民代表大会常务委员会第十次会议《关于修改部分法律的决定》第二次修正

根据2018年12月29日第十三届全国人民代表大会常务委员会第七次会议《关于修改〈中华人民共和国产品质量法〉等五部法律的决定》第三次修正

第一章 总则

第一条 为了加强对产品质量的监督管理，提高产品质量水平，明确产品质量责任，保护消费者的合法权益，维护社会经济秩序，制定本法。

第二条 在中华人民共和国境内从事产品生产、销售活动，必须遵守本法。

本法所称产品是指经过加工、制作，用于销售的产品。

建设工程不适用本法规定；但是，建设工程使用的建筑材料、建筑构配件和设备，属于前款规定的产品范围的，适用本法规定。

第三条 生产者、销售者应当建立健全内部产品质量管理制度，严格实施岗位质量规范、质量责任以及相应的考核办法。

第四条 生产者、销售者依照本法规定承担产品质量责任。

第五条 禁止伪造或者冒用认证标志等质量标志；禁止伪造产品的产地，伪造或者冒用他人的厂名、厂址；禁止在生产、销售的产品中掺杂、掺假，以假充真，以次充好。

第六条 国家鼓励推行科学的质量管理方法，采用先进的科学技术，鼓励企业产品质量达到并且超过行业标准、国家标准和国际标准。

对产品质量管理先进和产品质量达到国际先进水平、成绩显著的单位和个人，给予奖励。

第七条 各级人民政府应当把提高产品质量纳入国民经济和社会发展规划，加强对产品质量工作的统筹规划和组织领导，引导、督促生产者、销售者加强产品质量管理，提高产品质量，组织各有关部门依法采取措施，制止产品生产、销售中违反本法规定的行为，保障本法的施行。

第八条 国务院市场监督管理部门主管全国产品质量监督工作。国务院有关部门在各自的职责范围内负责产品质量监督工作。

县级以上地方市场监督管理部门主管本行政区域内的产品质量监督工作。县级以上地方人民政府有关部门在各自的职责范围内负责产品质量监督工作。

法律对产品质量的监督部门另有规定的,依照有关法律的规定执行。

第九条 各级人民政府工作人员和其他国家机关工作人员不得滥用职权、玩忽职守或者徇私舞弊,包庇、放纵本地区、本系统发生的产品生产、销售中违反本法规定的行为,或者阻挠、干预依法对产品生产、销售中违反本法规定的行为进行查处。

各级地方人民政府和其他国家机关有包庇、放纵产品生产、销售中违反本法规定的行为的,依法追究其主要负责人的法律责任。

第十条 任何单位和个人有权对违反本法规定的行为,向市场监督管理部门或者其他有关部门检举。

市场监督管理部门和有关部门应当为检举人保密,并按照省、自治区、直辖市人民政府的规定给予奖励。

第十一条 任何单位和个人不得排斥非本地区或者非本系统企业生产的质量合格产品进入本地区、本系统。

第二章 产品质量的监督

第十二条 产品质量应当检验合格,不得以不合格产品冒充合格产品。

第十三条 可能危及人体健康和人身、财产安全的工业产品,必须符合保障人体健康和人身、财产安全的国家标准、行业标准;未制定国家标准、行业标准的,必须符合保障人体健康和人身、财产安全的要求。

禁止生产、销售不符合保障人体健康和人身、财产安全的标准和要求的工业产品。具体管理办法由国务院规定。

第十四条 国家根据国际通用的质量管理标准,推行企业质量体系认证制度。企业根据自愿原则可以向国务院市场监督管理部门认可的或者国务院市场监督管理部门授权的部门认可的认证机构申请企业质量体系认证。经认证合格的,由认证机构颁发企业质量体系认证证书。

国家参照国际先进的产品标准和技术要求,推行产品质量认证制度。企业根据自愿原则可以向国务院市场监督管理部门认可的或者国务院市场监督管理部门授权的部门认可的认证机构申请产品质量认证。经认证合格的,由认证机构颁发产品质量认证证书,准许企业在产品或者其包装上使用产品质量认证标志。

第十五条 国家对产品质量实行以抽查为主要方式的监督检查制度,对可能危及人体健康和人身、财产安全的产品,影响国计民生的重要工业产品以及消费者、有关组织反映有质量问题的产品进行抽查。抽查的样品应当在市场上或者企业成品仓库内的待销产品中随机抽取。监督抽查工作由国务院市场监督管理部门规划和组织。县级以上地方市场监督管理部门在本行政区域内也可以组织监督抽查。法律对产品质量的监督检查另有规定的,依照有关法律的规定执行。

国家监督抽查的产品,地方不得另行重复抽查;上级监督抽查的产品,下级不得另行重复抽查。

根据监督抽查的需要,可以对产品进行检验。检验抽取样品的数量不得超过检验的合理需要,并不得向被检查人收取检验费用。监督抽查所需检验费用按照国务院规定列支。

生产者、销售者对抽查检验的结果有异议的,可以自收到检验结果之日起十五日内向实施监督抽查的市场监督管理部门或者其上级市场监督管理部门申请复检,由受理复检的市场监督管理部门作出复检结论。

第十六条 对依法进行的产品质量监督检查,生产者、销售者不得拒绝。

第十七条 依照本法规定进行监督抽查的产品质量不合格的,由实施监督抽查的市场监督管理部门责令其生产者、销售者限期改正。逾期不改正的，由省级以上人民政府市场监督管理部门予以公告；公告后经复查仍不合格的，责令停业，限期整顿；整顿期满后经复查产品质量仍不合格的，吊销营业执照。

监督抽查的产品有严重质量问题的，依照本法第五章的有关规定处罚。

第十八条 县级以上市场监督管理部门根据已经取得的违法嫌疑证据或者举报，对涉嫌违反本法规定的行为进行查处时，可以行使下列职权：

（一）对当事人涉嫌从事违反本法的生产、销售活动的场所实施现场检查；

（二）向当事人的法定代表人、主要负责人和其他有关人员调查、了解与涉嫌从事违反本法的生产、销售活动有关的情况；

（三）查阅、复制当事人有关的合同、发票、账簿以及其他有关资料；

（四）对有根据认为不符合保障人体健康和人身、财产安全的国家标准、行业标准的产品或者有其他严重质量问题的产品，以及直接用于生产、销售该项产品的原辅材料、包装物、生产工具，予以查封或者扣押。

第十九条 产品质量检验机构必须具备相应的检测条件和能力，经省级以上人民政府市场监督管理部门或者其授权的部门考核合格后，方可承担产品质量检验工作。法律、行政法规对产品质量检验机构另有规定的，依照有关法律、行政法规的规定执行。

第二十条 从事产品质量检验、认证的社会中介机构必须依法设立，不得与行政机关和其他国家机关存在隶属关系或者其他利益关系。

第二十一条 产品质量检验机构、认证机构必须依法按照有关标准，客观、公正地出具检验结果或者认证证明。

产品质量认证机构应当依照国家规定对准许使用认证标志的产品进行认证后的跟踪检查；对不符合认证标准而使用认证标志的，要求其改正；情节严重的，取消其使用认证标志的资格。

第二十二条 消费者有权就产品质量问题，向产品的生产者、销售者查询；向市场监督管理部门及有关部门申诉，接受申诉的部门应当负责处理。

第二十三条 保护消费者权益的社会组织可以就消费者反映的产品质量问题建议有关部门负责处理，支持消费者对因产品质量造成的损害向人民法院起诉。

第二十四条 国务院和省、自治区、直辖市人民政府的市场监督管理部门应当定期发布其监督抽查的产品的质量状况公告。

第二十五条 市场监督管理部门或者其他国家机关以及产品质量检验机构不得向社会推荐生产者的产品；不得以对产品进行监制、监销等方式参与产品经营活动。

第三章 生产者、销售者的产品质量责任和义务

第一节 生产者的产品质量责任和义务

第二十六条 生产者应当对其生产的产品质量负责。

产品质量应当符合下列要求：

（一）不存在危及人身、财产安全的不合理的危险，有保障人体健康和人身、财产安全的国家标准、行业标准的，应当符合该标准；

（二）具备产品应当具备的使用性能，但是，对产品存在使用性能的瑕疵作出说明的除外；

（三）符合在产品或者其包装上注明采用的产品标准，符合以产品说明、实物样品等方式表明的质量状况。

第二十七条 产品或者其包装上的标识必须真实，并符合下列要求：

(一) 有产品质量检验合格证明；

(二) 有中文标明的产品名称、生产厂厂名和厂址；

(三) 根据产品的特点和使用要求，需要标明产品规格、等级、所含主要成分的名称和含量的，用中文相应予以标明；需要事先让消费者知晓的，应当在外包装上标明，或者预先向消费者提供有关资料；

(四) 限期使用的产品，应当在显著位置清晰地标明生产日期和安全使用期或者失效日期；

(五) 使用不当，容易造成产品本身损坏或者可能危及人身、财产安全的产品，应当有警示标志或者中文警示说明。

裸装的食品和其他根据产品的特点难以附加标识的裸装产品，可以不附加产品标识。

第二十八条 易碎、易燃、易爆、有毒、有腐蚀性、有放射性等危险物品以及储运中不能倒置和其他有特殊要求的产品，其包装质量必须符合相应要求，依照国家有关规定作出警示标志或者中文警示说明，标明储运注意事项。

第二十九条 生产者不得生产国家明令淘汰的产品。

第三十条 生产者不得伪造产地，不得伪造或者冒用他人的厂名、厂址。

第三十一条 生产者不得伪造或者冒用认证标志等质量标志。

第三十二条 生产者生产产品，不得掺杂、掺假，不得以假充真、以次充好，不得以不合格产品冒充合格产品。

第二节 销售者的产品质量责任和义务

第三十三条 销售者应当建立并执行进货检查验收制度，验明产品合格证明和其他标识。

第三十四条 销售者应当采取措施，保持销售产品的质量。

第三十五条 销售者不得销售国家明令淘汰并停止销售的产品和失效、变质的产品。

第三十六条 销售者销售的产品的标识应当符合本法第二十七条的规定。

第三十七条 销售者不得伪造产地，不得伪造或者冒用他人的厂名、厂址。

第三十八条 销售者不得伪造或者冒用认证标志等质量标志。

第三十九条 销售者销售产品，不得掺杂、掺假，不得以假充真、以次充好，不得以不合格产品冒充合格产品。

第四章 损害赔偿

第四十条 售出的产品有下列情形之一的，销售者应当负责修理、更换、退货；给购买产品的消费者造成损失的，销售者应当赔偿损失：

(一) 不具备产品应当具备的使用性能而事先未作说明的；

(二) 不符合在产品或者其包装上注明采用的产品标准的；

(三) 不符合以产品说明、实物样品等方式表明的质量状况的。

销售者依照前款规定负责修理、更换、退货、赔偿损失后，属于生产者的责任或者属于向销售者提供产品的其他销售者（以下简称供货者）的责任的，销售者有权向生产者、供货者追偿。

销售者未按照第一款规定给予修理、更换、退货或者赔偿损失的，由市场监督管理部门责令改正。

生产者之间，销售者之间，生产者与销售者之间订立的买卖合同、承揽合同有不同约定的，合同当事人按照合同约定执行。

第四十一条 因产品存在缺陷造成人身、缺陷产品以外的其他财产（以下简称他人财产）损害的，生产者应当承担赔偿责任。

生产者能够证明有下列情形之一的，不承担赔偿责任：

（一）未将产品投入流通的；

（二）产品投入流通时，引起损害的缺陷尚不存在的；

（三）将产品投入流通时的科学技术水平尚不能发现缺陷的存在的。

第四十二条 由于销售者的过错使产品存在缺陷，造成人身、他人财产损害的，销售者应当承担赔偿责任。

销售者不能指明缺陷产品的生产者也不能指明缺陷产品的供货者的，销售者应当承担赔偿责任。

第四十三条 因产品存在缺陷造成人身、他人财产损害的，受害人可以向产品的生产者要求赔偿，也可以向产品的销售者要求赔偿。属于产品的生产者的责任，产品的销售者赔偿的，产品的销售者有权向产品的生产者追偿。属于产品的销售者的责任，产品的生产者赔偿的，产品的生产者有权向产品的销售者追偿。

第四十四条 因产品存在缺陷造成受害人人身伤害的，侵害人应当赔偿医疗费、治疗期间的护理费、因误工减少的收入等费用；造成残疾的，还应当支付残疾者生活自助具费、生活补助费、残疾赔偿金以及由其扶养的人所必需的生活费等费用；造成受害人死亡的，并应当支付丧葬费、死亡赔偿金以及由死者生前扶养的人所必需的生活费等费用。

因产品存在缺陷造成受害人财产损失的，侵害人应当恢复原状或者折价赔偿。受害人因此遭受其他重大损失的，侵害人应当赔偿损失。

第四十五条 因产品存在缺陷造成损害要求赔偿的诉讼时效期间为二年，自当事人知道或者应当知道其权益受到损害时起计算。

因产品存在缺陷造成损害要求赔偿的请求权，在造成损害的缺陷产品交付最初消费者满十年丧失；但是，尚未超过明示的安全使用期的除外。

第四十六条 本法所称缺陷，是指产品存在危及人身、他人财产安全的不合理的危险；产品有保障人体健康和人身、财产安全的国家标准、行业标准的，是指不符合该标准。

第四十七条 因产品质量发生民事纠纷时，当事人可以通过协商或者调解解决。当事人不愿通过协商、调解解决或者协商、调解不成的，可以根据当事人各方的协议向仲裁机构申请仲裁；当事人各方没有达成仲裁协议或者仲裁协议无效的，可以直接向人民法院起诉。

第四十八条 仲裁机构或者人民法院可以委托本法第十九条规定的产品质量检验机构，对有关产品质量进行检验。

第五章 罚 则

第四十九条 生产、销售不符合保障人体健康和人身、财产安全的国家标准、行业标准的产品的，责令停止生产、销售，没收违法生产、销售的产品，并处违法生产、销售产品（包括已售出和未售出的产品，下同）货值金额等值以上三倍以下的罚款；有违法所得的，并处没收违法所得；情节严重的，吊销营业执照；构成犯罪的，依法追究刑事责任。

第五十条 在产品中掺杂、掺假，以假充真，以次充好，或者以不合格产品冒充合格产品的，责令停止生产、销售，没收违法生产、销售的产品，并处违法生产、销售产品货值金额百分之五十以上三倍以下的罚款；有违法所得的，并处没收违法所得；情节严重的，吊销营业执照；构成犯罪的，依法追究刑事责任。

第五十一条 生产国家明令淘汰的产品的，销售国家明令淘汰并停止销售的产品的，责令停止生产、销售，没收违法生产、销售的产品，并处违法生产、销售产品货值金额等值以下的罚款；有违法所得的，并处没收违法所得；情节严重的，吊销营业执照。

第五十二条 销售失效、变质的产品的，责令停止销售，没收违法销售的产品，并处违法销售产品货值金额二倍以下的罚款；有违法所得的，并处没收违法所得；情节严重的，吊销营业执照；构成犯罪的，依法追究刑事责任。

第五十三条 伪造产品产地的，伪造或者冒用他人厂名、厂址的，伪造或者冒用认证标志等质量标志的，责令改正，没收违法生产、销售的产品，并处违法生产、销售产品货值金额等值以下的罚款；有违法所得的，并处没收违法所得；情节严重的，吊销营业执照。

第五十四条 产品标识不符合本法第二十七条规定的，责令改正；有包装的产品标识不符合本法第二十七条第（四）项、第（五）项规定，情节严重的，责令停止生产、销售，并处违法生产、销售产品货值金额百分之三十以下的罚款；有违法所得的，并处没收违法所得。

第五十五条 销售者销售本法第四十九条至第五十三条规定禁止销售的产品，有充分证据证明其不知道该产品为禁止销售的产品并如实说明其进货来源的，可以从轻或者减轻处罚。

第五十六条 拒绝接受依法进行的产品质量监督检查的，给予警告，责令改正；拒不改正的，责令停业整顿；情节特别严重的，吊销营业执照。

第五十七条 产品质量检验机构、认证机构伪造检验结果或者出具虚假证明的，责令改正，对单位处五万元以上十万元以下的罚款，对直接负责的主管人员和其他直接责任人员处一万元以上五万元以下的罚款；有违法所得的，并处没收违法所得；情节严重的，取消其检验资格、认证资格；构成犯罪的，依法追究刑事责任。

产品质量检验机构、认证机构出具的检验结果或者证明不实，造成损失的，应当承担相应的赔偿责任；造成重大损失的，撤销其检验资格、认证资格。

产品质量认证机构违反本法第二十一条第二款的规定，对不符合认证标准而使用认证标志的产品，未依法要求其改正或者取消其使用认证标志资格的，对因产品不符合认证标准给消费者造成的损失，与产品的生产者、销售者承担连带责任；情节严重的，撤销其认证资格。

第五十八条 社会团体、社会中介机构对产品质量作出承诺、保证，而该产品又不符合其承诺、保证的质量要求，给消费者造成损失的，与产品的生产者、销售者承担连带责任。

第五十九条 在广告中对产品质量作虚假宣传，欺骗和误导消费者的，依照《中华人民共和国广告法》的规定追究法律责任。

第六十条 对生产者专门用于生产本法第四十九条、第五十一条所列的产品或者以假充真的产品的原辅材料、包装物、生产工具，应当予以没收。

第六十一条 知道或者应当知道属于本法规定禁止生产、销售的产品而为其提供运输、保管、仓储等便利条件的，或者为以假充真的产品提供制假生产技术的，没收全部运输、保管、仓储或者提供制假生产技术的收入，并处违法收入百分之五十以上三倍以下的罚款；构成犯罪的，依法追究刑事责任。

第六十二条 服务业的经营者将本法第四十九条至第五十二条规定禁止销售的产品用于经营性服务的，责令停止使用；对知道或者应当知道所使用的产品属于本法规定禁止销售的产品的，按照违法使用的产品（包括已使用和尚未使用的产品）的货值金额，依照本法对销售者的处罚规定处罚。

第六十三条 隐匿、转移、变卖、损毁被市场监督管理部门查封、扣押的物品的，处被隐匿、转移、变卖、损毁物品货值金额等值以上三倍以下的罚款；有违法所得的，并处没收违法所得。

第六十四条 违反本法规定，应当承担民事赔偿责任和缴纳罚款、罚金，其财产不足以同时支付时，先承担民事赔偿责任。

第六十五条 各级人民政府工作人员和其他国家机关工作人员有下列情形之一的，依法给予行政处分；构成犯罪的，依法追究刑事责任：

（一）包庇、放纵产品生产、销售中违反本法规定行为的；

（二）向从事违反本法规定的生产、销售活动的当事人通风报信，帮助其逃避查处的；

（三）阻挠、干预市场监督管理部门依法对产品生产、销售中违反本法规定的行为进行查处，造成严重后果的。

第六十六条 市场监督管理部门在产品质量监督抽查中超过规定的数量索取样品或者向被检查人收取检验费用的，由上级市场监督管理部门或者监察机关责令退还；情节严重的，对直接负责的主管人员和其他直接责任人员依法给予行政处分。

第六十七条 市场监督管理部门或者其他国家机关违反本法第二十五条的规定，向社会推荐生产者的产品或者以监制、监销等方式参与产品经营活动的，由其上级机关或者监察机关责令改正，消除影响，有违法收入的予以没收；情节严重的，对直接负责的主管人员和其他直接责任人员依法给予行政处分。

产品质量检验机构有前款所列违法行为的，由市场监督管理部门责令改正，消除影响，有违法收入的予以没收，可以并处违法收入一倍以下的罚款；情节严重的，撤销其质量检验资格。

第六十八条 市场监督管理部门的工作人员滥用职权、玩忽职守、徇私舞弊，构成犯罪的，依法追究刑事责任；尚不构成犯罪的，依法给予行政处分。

第六十九条 以暴力、威胁方法阻碍市场监督管理部门的工作人员依法执行职务的，依法追究刑事责任；拒绝、阻碍未使用暴力、威胁方法的，由公安机关依照治安管理处罚法的规定处罚。

第七十条 本法第四十九条至第五十七条、第六十条至第六十三条规定的行政处罚由市场监督管理部门决定。法律、行政法规对行使行政处罚权的机关另有规定的，依照有关法律、行政法规的规定执行。

第七十一条 对依照本法规定没收的产品，依照国家有关规定进行销毁或者采取其他方式处理。

第七十二条 本法第四十九条至第五十四条、第六十二条、第六十三条所规定的货值金额以违法生产、销售产品的标价计算；没有标价的，按照同类产品的市场价格计算。

第六章 附 则

第七十三条 军工产品质量监督管理办法，由国务院、中央军事委员会另行制定。

因核设施、核产品造成损害的赔偿责任，法律、行政法规另有规定的，依照其规定。

第七十四条 本法自1993年9月1日起施行。

中华人民共和国食品安全法

2009年2月28日第十一届全国人民代表大会常务委员会第七次会议通过
2015年4月24日第十二届全国人民代表大会常务委员会第十四次会议修订
根据2018年12月29日第十三届全国人民代表大会常务委员会第七次会议《关于修改〈中华人民共和国产品质量法〉等五部法律的决定》修正

第一章 总 则

第一条 为了保证食品安全，保障公众身体健康和生命安全，制定本法。

第二条 在中华人民共和国境内从事下列活动，应当遵守本法：

（一）食品生产和加工（以下称食品生产），食品销售和餐饮服务（以下称食品经营）；

（二）食品添加剂的生产经营；

（三）用于食品的包装材料、容器、洗涤剂、消毒剂和用于食品生产经营的工具、设备（以下称食品相关产品）的生产经营；

（四）食品生产经营者使用食品添加剂、食品相关产品；

（五）食品的贮存和运输；

（六）对食品、食品添加剂、食品相关产品的安全管理。

供食用的源于农业的初级产品（以下称食用农产品）的质量安全管理，遵守《中华人民共和国农产品质量安全法》的规定。但是，食用农产品的市场销售、有关质量安全标准的制定、有关安全信息的公布和本法对农业投入品作出规定的，应当遵守本法的规定。

第三条 食品安全工作实行预防为主、风险管理、全程控制、社会共治，建立科学、严格的监督管理制度。

第四条 食品生产经营者对其生产经营食品的安全负责。

食品生产经营者应当依照法律、法规和食品安全标准从事生产经营活动，保证食品安全，诚信自律，对社会和公众负责，接受社会监督，承担社会责任。

第五条 国务院设立食品安全委员会，其职责由国务院规定。

国务院食品安全监督管理部门依照本法和国务院规定的职责，对食品生产经营活动实施监督管理。

国务院卫生行政部门依照本法和国务院规定的职责，组织开展食品安全风险监测和风险评估，会同国务院食品安全监督管理部门制定并公布食品安全国家标准。

国务院其他有关部门依照本法和国务院规定的职责，承担有关食品安全工作。

第六条 县级以上地方人民政府对本行政区域的食品安全监督管理工作负责，统一领导、组织、协调本行政区域的食品安全监督管理工作以及食品安全突发事件应对工作，建立健全食品安全全程监督管理工作机制和信息共享机制。

县级以上地方人民政府依照本法和国务院的规定，确定本级食品安全监督管理、卫生行政部门和其他有关部门的职责。有关部门在各自职责范围内负责本行政区域的食品安全监督管理工作。

县级人民政府食品安全监督管理部门可以在乡镇或者特定区域设立派出机构。

第七条 县级以上地方人民政府实行食品安全监督管理责任制。上级人民政府负责对下一级人民政府的食品安全监督管理工作进行评议、考核。县级以上地方人民政府负责对本级食品安全监督管理部门和其他有关部门的食品安全监督管理工作进行评议、考核。

第八条 县级以上人民政府应当将食品安全工作纳入本级国民经济和社会发展规划,将食品安全工作经费列入本级政府财政预算,加强食品安全监督管理能力建设,为食品安全工作提供保障。

县级以上人民政府食品安全监督管理部门和其他有关部门应当加强沟通、密切配合,按照各自职责分工,依法行使职权,承担责任。

第九条 食品行业协会应当加强行业自律,按照章程建立健全行业规范和奖惩机制,提供食品安全信息、技术等服务,引导和督促食品生产经营者依法生产经营,推动行业诚信建设,宣传、普及食品安全知识。

消费者协会和其他消费者组织对违反本法规定,损害消费者合法权益的行为,依法进行社会监督。

第十条 各级人民政府应当加强食品安全的宣传教育,普及食品安全知识,鼓励社会组织、基层群众性自治组织、食品生产经营者开展食品安全法律、法规以及食品安全标准和知识的普及工作,倡导健康的饮食方式,增强消费者食品安全意识和自我保护能力。

新闻媒体应当开展食品安全法律、法规以及食品安全标准和知识的公益宣传,并对食品安全违法行为进行舆论监督。有关食品安全的宣传报道应当真实、公正。

第十一条 国家鼓励和支持开展与食品安全有关的基础研究、应用研究,鼓励和支持食品生产经营者为提高食品安全水平采用先进技术和先进管理规范。

国家对农药的使用实行严格的管理制度,加快淘汰剧毒、高毒、高残留农药,推动替代产品的研发和应用,鼓励使用高效低毒低残留农药。

第十二条 任何组织或者个人有权举报食品安全违法行为,依法向有关部门了解食品安全信息,对食品安全监督管理工作提出意见和建议。

第十三条 对在食品安全工作中做出突出贡献的单位和个人,按照国家有关规定给予表彰、奖励。

第二章 食品安全风险监测和评估

第十四条 国家建立食品安全风险监测制度,对食源性疾病、食品污染以及食品中的有害因素进行监测。

国务院卫生行政部门会同国务院食品安全监督管理等部门,制定、实施国家食品安全风险监测计划。

国务院食品安全监督管理部门和其他有关部门获知有关食品安全风险信息后,应当立即核实并向国务院卫生行政部门通报。对有关部门通报的食品安全风险信息以及医疗机构报告的食源性疾病等有关疾病信息,国务院卫生行政部门应当会同国务院有关部门分析研究,认为必要的,及时调整国家食品安全风险监测计划。

省、自治区、直辖市人民政府卫生行政部门会同同级食品安全监督管理等部门,根据国家食品安全风险监测计划,结合本行政区域的具体情况,制定、调整本行政区域的食品安全风险监测方案,报国务院卫生行政部门备案并实施。

第十五条 承担食品安全风险监测工作的技术机构应当根据食品安全风险监测计划和监测方案开展监测工作,保证监测数据真实、准确,并按照食品安全风险监测计划和监测方案的要求报送监测数据和分析结果。

食品安全风险监测工作人员有权进入相关食用农产品种植养殖、食品生产经营场所采集样品、收集相关数据。采集样品应当按照市场价格支付费用。

第十六条 食品安全风险监测结果表明可能存在食品安全隐患的，县级以上人民政府卫生行政部门应当及时将相关信息通报同级食品安全监督管理等部门，并报告本级人民政府和上级人民政府卫生行政部门。食品安全监督管理等部门应当组织开展进一步调查。

第十七条 国家建立食品安全风险评估制度，运用科学方法，根据食品安全风险监测信息、科学数据以及有关信息，对食品、食品添加剂、食品相关产品中生物性、化学性和物理性危害因素进行风险评估。

国务院卫生行政部门负责组织食品安全风险评估工作，成立由医学、农业、食品、营养、生物、环境等方面的专家组成的食品安全风险评估专家委员会进行食品安全风险评估。食品安全风险评估结果由国务院卫生行政部门公布。

对农药、肥料、兽药、饲料和饲料添加剂等的安全性评估，应当有食品安全风险评估专家委员会的专家参加。

食品安全风险评估不得向生产经营者收取费用，采集样品应当按照市场价格支付费用。

第十八条 有下列情形之一的，应当进行食品安全风险评估：

（一）通过食品安全风险监测或者接到举报发现食品、食品添加剂、食品相关产品可能存在安全隐患的；

（二）为制定或者修订食品安全国家标准提供科学依据需要进行风险评估的；

（三）为确定监督管理的重点领域、重点品种需要进行风险评估的；

（四）发现新的可能危害食品安全因素的；

（五）需要判断某一因素是否构成食品安全隐患的；

（六）国务院卫生行政部门认为需要进行风险评估的其他情形。

第十九条 国务院食品安全监督管理、农业行政等部门在监督管理工作中发现需要进行食品安全风险评估的，应当向国务院卫生行政部门提出食品安全风险评估的建议，并提供风险来源、相关检验数据和结论等信息、资料。属于本法第十八条规定情形的，国务院卫生行政部门应当及时进行食品安全风险评估，并向国务院有关部门通报评估结果。

第二十条 省级以上人民政府卫生行政、农业行政部门应当及时相互通报食品、食用农产品安全风险监测信息。

国务院卫生行政、农业行政部门应当及时相互通报食品、食用农产品安全风险评估结果等信息。

第二十一条 食品安全风险评估结果是制定、修订食品安全标准和实施食品安全监督管理的科学依据。

经食品安全风险评估，得出食品、食品添加剂、食品相关产品不安全结论的，国务院食品安全监督管理等部门应当依据各自职责立即向社会公告，告知消费者停止食用或者使用，并采取相应措施，确保该食品、食品添加剂、食品相关产品停止生产经营；需要制定、修订相关食品安全国家标准的，国务院卫生行政部门应当会同国务院食品安全监督管理部门立即制定、修订。

第二十二条 国务院食品安全监督管理部门应当会同国务院有关部门，根据食品安全风险评估结果、食品安全监督管理信息，对食品安全状况进行综合分析。对经综合分析表明可能具有较高程度安全风险的食品，国务院食品安全监督管理部门应当及时提出食品安全风险警示，并向社会公布。

第二十三条 县级以上人民政府食品安全监督管理部门和其他有关部门、食品安全风险评估专家委员会及其技术机构，应当按照科学、客观、及时、公开的原则，组织食品生产经营者、食品检验机构、认证机构、食品行业协会、消费者协会以及新闻媒体等，就食品安全风险评估信息和食品安全监督管理信息进行交流沟通。

第三章　食品安全标准

第二十四条　制定食品安全标准，应当以保障公众身体健康为宗旨，做到科学合理、安全可靠。

第二十五条　食品安全标准是强制执行的标准。除食品安全标准外，不得制定其他食品强制性标准。

第二十六条　食品安全标准应当包括下列内容：

（一）食品、食品添加剂、食品相关产品中的致病性微生物，农药残留、兽药残留、生物毒素、重金属等污染物质以及其他危害人体健康物质的限量规定；

（二）食品添加剂的品种、使用范围、用量；

（三）专供婴幼儿和其他特定人群的主辅食品的营养成分要求；

（四）对与卫生、营养等食品安全要求有关的标签、标志、说明书的要求；

（五）食品生产经营过程的卫生要求；

（六）与食品安全有关的质量要求；

（七）与食品安全有关的食品检验方法与规程；

（八）其他需要制定为食品安全标准的内容。

第二十七条　食品安全国家标准由国务院卫生行政部门会同国务院食品安全监督管理部门制定、公布，国务院标准化行政部门提供国家标准编号。

食品中农药残留、兽药残留的限量规定及其检验方法与规程由国务院卫生行政部门、国务院农业行政部门会同国务院食品安全监督管理部门制定。

屠宰畜、禽的检验规程由国务院农业行政部门会同国务院卫生行政部门制定。

第二十八条　制定食品安全国家标准，应当依据食品安全风险评估结果并充分考虑食用农产品安全风险评估结果，参照相关的国际标准和国际食品安全风险评估结果，并将食品安全国家标准草案向社会公布，广泛听取食品生产经营者、消费者、有关部门等方面的意见。

食品安全国家标准应当经国务院卫生行政部门组织的食品安全国家标准审评委员会审查通过。食品安全国家标准审评委员会由医学、农业、食品、营养、生物、环境等方面的专家以及国务院有关部门、食品行业协会、消费者协会的代表组成，对食品安全国家标准草案的科学性和实用性等进行审查。

第二十九条　对地方特色食品，没有食品安全国家标准的，省、自治区、直辖市人民政府卫生行政部门可以制定并公布食品安全地方标准，报国务院卫生行政部门备案。食品安全国家标准制定后，该地方标准即行废止。

第三十条　国家鼓励食品生产企业制定严于食品安全国家标准或者地方标准的企业标准，在本企业适用，并报省、自治区、直辖市人民政府卫生行政部门备案。

第三十一条　省级以上人民政府卫生行政部门应当在其网站上公布制定和备案的食品安全国家标准、地方标准和企业标准，供公众免费查阅、下载。

对食品安全标准执行过程中的问题，县级以上人民政府卫生行政部门应当会同有关部门及时给予指导、解答。

第三十二条　省级以上人民政府卫生行政部门应当会同同级食品安全监督管理、农业行政等部门，分别对食品安全国家标准和地方标准的执行情况进行跟踪评价，并根据评价结果及时修订食品安全标准。

省级以上人民政府食品安全监督管理、农业行政等部门应当对食品安全标准执行中存在的问题进行收集、汇总，并及时向同级卫生行政部门通报。

食品生产经营者、食品行业协会发现食品安全标准在执行中存在问题的，应当立即向卫生行政部门报告。

第四章　食品生产经营

第一节　一般规定

第三十三条　食品生产经营应当符合食品安全标准，并符合下列要求：

（一）具有与生产经营的食品品种、数量相适应的食品原料处理和食品加工、包装、贮存等场所，保持该场所环境整洁，并与有毒、有害场所以及其他污染源保持规定的距离；

（二）具有与生产经营的食品品种、数量相适应的生产经营设备或者设施，有相应的消毒、更衣、盥洗、采光、照明、通风、防腐、防尘、防蝇、防鼠、防虫、洗涤以及处理废水、存放垃圾和废弃物的设备或者设施；

（三）有专职或者兼职的食品安全专业技术人员、食品安全管理人员和保证食品安全的规章制度；

（四）具有合理的设备布局和工艺流程，防止待加工食品与直接入口食品、原料与成品交叉污染，避免食品接触有毒物、不洁物；

（五）餐具、饮具和盛放直接入口食品的容器，使用前应当洗净、消毒，炊具、用具用后应当洗净，保持清洁；

（六）贮存、运输和装卸食品的容器、工具和设备应当安全、无害，保持清洁，防止食品污染，并符合保证食品安全所需的温度、湿度等特殊要求，不得将食品与有毒、有害物品一同贮存、运输；

（七）直接入口的食品应当使用无毒、清洁的包装材料、餐具、饮具和容器；

（八）食品生产经营人员应当保持个人卫生，生产经营食品时，应当将手洗净，穿戴清洁的工作衣、帽等；销售无包装的直接入口食品时，应当使用无毒、清洁的容器、售货工具和设备；

（九）用水应当符合国家规定的生活饮用水卫生标准；

（十）使用的洗涤剂、消毒剂应当对人体安全、无害；

（十一）法律、法规规定的其他要求。

非食品生产经营者从事食品贮存、运输和装卸的，应当符合前款第六项的规定。

第三十四条　禁止生产经营下列食品、食品添加剂、食品相关产品：

（一）用非食品原料生产的食品或者添加食品添加剂以外的化学物质和其他可能危害人体健康物质的食品，或者用回收食品作为原料生产的食品；

（二）致病性微生物，农药残留、兽药残留、生物毒素、重金属等污染物质以及其他危害人体健康的物质含量超过食品安全标准限量的食品、食品添加剂、食品相关产品；

（三）用超过保质期的食品原料、食品添加剂生产的食品、食品添加剂；

（四）超范围、超限量使用食品添加剂的食品；

（五）营养成分不符合食品安全标准的专供婴幼儿和其他特定人群的主辅食品；

（六）腐败变质、油脂酸败、霉变生虫、污秽不洁、混有异物、掺假掺杂或者感官性状异常的食品、食品添加剂；

（七）病死、毒死或者死因不明的禽、畜、兽、水产动物肉类及其制品；

（八）未按规定进行检疫或者检疫不合格的肉类，或者未经检验或者检验不合格的肉类制品；

（九）被包装材料、容器、运输工具等污染的食品、食品添加剂；

（十）标注虚假生产日期、保质期或者超过保质期的食品、食品添加剂；

（十一）无标签的预包装食品、食品添加剂；

（十二）国家为防病等特殊需要明令禁止生产经营的食品；

（十三）其他不符合法律、法规或者食品安全标准的食品、食品添加剂、食品相关产品。

第三十五条 国家对食品生产经营实行许可制度。从事食品生产、食品销售、餐饮服务，应当依法取得许可。但是，销售食用农产品，不需要取得许可。

县级以上地方人民政府食品安全监督管理部门应当依照《中华人民共和国行政许可法》的规定，审核申请人提交的本法第三十三条第一款第一项至第四项规定要求的相关资料，必要时对申请人的生产经营场所进行现场核查；对符合规定条件的，准予许可；对不符合规定条件的，不予许可并书面说明理由。

第三十六条 食品生产加工小作坊和食品摊贩等从事食品生产经营活动，应当符合本法规定的与其生产经营规模、条件相适应的食品安全要求，保证所生产经营的食品卫生、无毒、无害，食品安全监督管理部门应当对其加强监督管理。

县级以上地方人民政府应当对食品生产加工小作坊、食品摊贩等进行综合治理，加强服务和统一规划，改善其生产经营环境，鼓励和支持其改进生产经营条件，进入集中交易市场、店铺等固定场所经营，或者在指定的临时经营区域、时段经营。

食品生产加工小作坊和食品摊贩等的具体管理办法由省、自治区、直辖市制定。

第三十七条 利用新的食品原料生产食品，或者生产食品添加剂新品种、食品相关产品新品种，应当向国务院卫生行政部门提交相关产品的安全性评估材料。国务院卫生行政部门应当自收到申请之日起六十日内组织审查；对符合食品安全要求的，准予许可并公布；对不符合食品安全要求的，不予许可并书面说明理由。

第三十八条 生产经营的食品中不得添加药品，但是可以添加按照传统既是食品又是中药材的物质。按照传统既是食品又是中药材的物质目录由国务院卫生行政部门会同国务院食品安全监督管理部门制定、公布。

第三十九条 国家对食品添加剂生产实行许可制度。从事食品添加剂生产，应当具有与所生产食品添加剂品种相适应的场所、生产设备或者设施、专业技术人员和管理制度，并依照本法第三十五条第二款规定的程序，取得食品添加剂生产许可。

生产食品添加剂应当符合法律、法规和食品安全国家标准。

第四十条 食品添加剂应当在技术上确有必要且经过风险评估证明安全可靠，方可列入允许使用的范围；有关食品安全国家标准应当根据技术必要性和食品安全风险评估结果及时修订。

食品生产经营者应当按照食品安全国家标准使用食品添加剂。

第四十一条 生产食品相关产品应当符合法律、法规和食品安全国家标准。对直接接触食品的包装材料等具有较高风险的食品相关产品，按照国家有关工业产品生产许可证管理的规定实施生产许可。食品安全监督管理部门应当加强对食品相关产品生产活动的监督管理。

第四十二条 国家建立食品安全全程追溯制度。

食品生产经营者应当依照本法的规定，建立食品安全追溯体系，保证食品可追溯。国家鼓励食品生产经营者采用信息化手段采集、留存生产经营信息，建立食品安全追溯体系。

国务院食品安全监督管理部门会同国务院农业行政等有关部门建立食品安全全程追溯协作机制。

第四十三条 地方各级人民政府应当采取措施鼓励食品规模化生产和连锁经营、配送。

国家鼓励食品生产经营企业参加食品安全责任保险。

第二节 生产经营过程控制

第四十四条 食品生产经营企业应当建立健全食品安全管理制度，对职工进行食品安全知识培训，加强食品检验工作，依法从事生产经营活动。

食品生产经营企业的主要负责人应当落实企业食品安全管理制度，对本企业的食品安全工作全面负责。

食品生产经营企业应当配备食品安全管理人员，加强对其培训和考核。经考核不具备食品安全管理能力的，不得上岗。食品安全监督管理部门应当对企业食品安全管理人员随机进行监督抽查考核并公布考核情况。监督抽查考核不得收取费用。

第四十五条 食品生产经营者应当建立并执行从业人员健康管理制度。患有国务院卫生行政部门规定的有碍食品安全疾病的人员，不得从事接触直接入口食品的工作。

从事接触直接入口食品工作的食品生产经营人员应当每年进行健康检查，取得健康证明后方可上岗工作。

第四十六条 食品生产企业应当就下列事项制定并实施控制要求，保证所生产的食品符合食品安全标准：

（一）原料采购、原料验收、投料等原料控制；

（二）生产工序、设备、贮存、包装等生产关键环节控制；

（三）原料检验、半成品检验、成品出厂检验等检验控制；

（四）运输和交付控制。

第四十七条 食品生产经营者应当建立食品安全自查制度，定期对食品安全状况进行检查评价。生产经营条件发生变化，不再符合食品安全要求的，食品生产经营者应当立即采取整改措施；有发生食品安全事故潜在风险的，应当立即停止食品生产经营活动，并向所在地县级人民政府食品安全监督管理部门报告。

第四十八条 国家鼓励食品生产经营企业符合良好生产规范要求，实施危害分析与关键控制点体系，提高食品安全管理水平。

对通过良好生产规范、危害分析与关键控制点体系认证的食品生产经营企业，认证机构应当依法实施跟踪调查；对不再符合认证要求的企业，应当依法撤销认证，及时向县级以上人民政府食品安全监督管理部门通报，并向社会公布。认证机构实施跟踪调查不得收取费用。

第四十九条 食用农产品生产者应当按照食品安全标准和国家有关规定使用农药、肥料、兽药、饲料和饲料添加剂等农业投入品，严格执行农业投入品使用安全间隔期或者休药期的规定，不得使用国家明令禁止的农业投入品。禁止将剧毒、高毒农药用于蔬菜、瓜果、茶叶和中草药材等国家规定的农作物。

食用农产品的生产企业和农民专业合作经济组织应当建立农业投入品使用记录制度。

县级以上人民政府农业行政部门应当加强对农业投入品使用的监督管理和指导，建立健全农业投入品安全使用制度。

第五十条 食品生产者采购食品原料、食品添加剂、食品相关产品，应当查验供货者的许可证和产品合格证明；对无法提供合格证明的食品原料，应当按照食品安全标准进行检验；不得采购或者使用不符合食品安全标准的食品原料、食品添加剂、食品相关产品。

食品生产企业应当建立食品原料、食品添加剂、食品相关产品进货查验记录制度，如实记录食品原料、食品添加剂、食品相关产品的名称、规格、数量、生产日期或者生产批号、保质期、进货日期以及供货者名称、地址、联系方式等内容，并保存相关凭证。记录和凭证保存期限不得少于产品保质期满后六个月；没有明确保质期的，保存期限不得少于二年。

第五十一条 食品生产企业应当建立食品出厂检验记录制度，查验出厂食品的检验合格证和安全状况，如实记录食品的名称、规格、数量、生产日期或者生产批号、保质期、检验合格证号、销售日期以及购货者名称、地址、联系方式等内容，并保存相关凭证。记录和凭证保存期限应当符合本法第五十条第二款的规定。

第五十二条 食品、食品添加剂、食品相关产品的生产者，应当按照食品安全标准对所生产的食品、食品添加剂、食品相关产品进行检验，检验合格后方可出厂或者销售。

第五十三条 食品经营者采购食品，应当查验供货者的许可证和食品出厂检验合格证或者其他合格证明（以下称合格证明文件）。

食品经营企业应当建立食品进货查验记录制度，如实记录食品的名称、规格、数量、生产日期或者生产批号、保质期、进货日期以及供货者名称、地址、联系方式等内容，并保存相关凭证。记录和凭证保存期限应当符合本法第五十条第二款的规定。

实行统一配送经营方式的食品经营企业，可以由企业总部统一查验供货者的许可证和食品合格证明文件，进行食品进货查验记录。

从事食品批发业务的经营企业应当建立食品销售记录制度，如实记录批发食品的名称、规格、数量、生产日期或者生产批号、保质期、销售日期以及购货者名称、地址、联系方式等内容，并保存相关凭证。记录和凭证保存期限应当符合本法第五十条第二款的规定。

第五十四条 食品经营者应当按照保证食品安全的要求贮存食品，定期检查库存食品，及时清理变质或者超过保质期的食品。

食品经营者贮存散装食品，应当在贮存位置标明食品的名称、生产日期或者生产批号、保质期、生产者名称及联系方式等内容。

第五十五条 餐饮服务提供者应当制定并实施原料控制要求，不得采购不符合食品安全标准的食品原料。倡导餐饮服务提供者公开加工过程，公示食品原料及其来源等信息。

餐饮服务提供者在加工过程中应当检查待加工的食品及原料，发现有本法第三十四条第六项规定情形的，不得加工或者使用。

第五十六条 餐饮服务提供者应当定期维护食品加工、贮存、陈列等设施、设备；定期清洗、校验保温设施及冷藏、冷冻设施。

餐饮服务提供者应当按照要求对餐具、饮具进行清洗消毒，不得使用未经清洗消毒的餐具、饮具；餐饮服务提供者委托清洗消毒餐具、饮具的，应当委托符合本法规定条件的餐具、饮具集中消毒服务单位。

第五十七条 学校、托幼机构、养老机构、建筑工地等集中用餐单位的食堂应当严格遵守法律、法规和食品安全标准；从供餐单位订餐的，应当从取得食品生产经营许可的企业订购，并按照要求对订购的食品进行查验。供餐单位应当严格遵守法律、法规和食品安全标准，当餐加工，确保食品安全。

学校、托幼机构、养老机构、建筑工地等集中用餐单位的主管部门应当加强对集中用餐单位的食品安全教育和日常管理，降低食品安全风险，及时消除食品安全隐患。

第五十八条 餐具、饮具集中消毒服务单位应当具备相应的作业场所、清洗消毒设备或者设施，用水和使用的洗涤剂、消毒剂应当符合相关食品安全国家标准和其他国家标准、卫生规范。

餐具、饮具集中消毒服务单位应当对消毒餐具、饮具进行逐批检验，检验合格后方可出厂，并应当随附消毒合格证明。消毒后的餐具、饮具应当在独立包装上标注单位名称、地址、联系方式、消毒日期以及使用期限等内容。

第五十九条 食品添加剂生产者应当建立食品添加剂出厂检验记录制度，查验出厂产品的检验合格证和安全状况，如实记录食品添加剂的名称、规格、数量、生产日期或者生产批号、保质期、检验合格证号、销售日期以及购货者名称、地址、联系方式等相关内容，并保存相关凭证。记录和凭证保存期限应当符合本法第五十条第二款的规定。

第六十条 食品添加剂经营者采购食品添加剂，应当依法查验供货者的许可证和产品合格证明文件，如实记录食品添加剂的名称、规格、数量、生产日期或者生产批号、保质期、进货日期以及供货者名称、地址、联系方式等内容，并保存相关凭证。记录和凭证保存期限应当符合本法第五十条第二款的规定。

第六十一条 集中交易市场的开办者、柜台出租者和展销会举办者，应当依法审查入场食品经营者的许可证，明确其食品安全管理责任，定期对其经营环境和条件进行检查，发现其有违反本法规定行为的，应当及时制止并立即报告所在地县级人民政府食品安全监督管理部门。

第六十二条 网络食品交易第三方平台提供者应当对入网食品经营者进行实名登记，明确其食品安全管理责任；依法应当取得许可证的，还应当审查其许可证。

网络食品交易第三方平台提供者发现入网食品经营者有违反本法规定行为的，应当及时制止并立即报告所在地县级人民政府食品安全监督管理部门；发现严重违法行为的，应当立即停止提供网络交易平台服务。

第六十三条 国家建立食品召回制度。食品生产者发现其生产的食品不符合食品安全标准或者有证据证明可能危害人体健康的，应当立即停止生产，召回已经上市销售的食品，通知相关生产经营者和消费者，并记录召回和通知情况。

食品经营者发现其经营的食品有前款规定情形的，应当立即停止经营，通知相关生产经营者和消费者，并记录停止经营和通知情况。食品生产者认为应当召回的，应当立即召回。由于食品经营者的原因造成其经营的食品有前款规定情形的，食品经营者应当召回。

食品生产经营者应当对召回的食品采取无害化处理、销毁等措施，防止其再次流入市场。但是，对因标签、标志或者说明书不符合食品安全标准而被召回的食品，食品生产者在采取补救措施且能保证食品安全的情况下可以继续销售；销售时应当向消费者明示补救措施。

食品生产经营者应当将食品召回和处理情况向所在地县级人民政府食品安全监督管理部门报告；需要对召回的食品进行无害化处理、销毁的，应当提前报告时间、地点。食品安全监督管理部门认为必要的，可以实施现场监督。

食品生产经营者未依照本条规定召回或者停止经营的，县级以上人民政府食品安全监督管理部门可以责令其召回或者停止经营。

第六十四条 食用农产品批发市场应当配备检验设备和检验人员或者委托符合本法规定的食品检验机构，对进入该批发市场销售的食用农产品进行抽样检验；发现不符合食品安全标准的，应当要求销售者立即停止销售，并向食品安全监督管理部门报告。

第六十五条 食用农产品销售者应当建立食用农产品进货查验记录制度，如实记录食用农产品的名称、数量、进货日期以及供货者名称、地址、联系方式等内容，并保存相关凭证。记录和凭证保存期限不得少于六个月。

第六十六条 进入市场销售的食用农产品在包装、保鲜、贮存、运输中使用保鲜剂、防腐剂等食品添加剂和包装材料等食品相关产品，应当符合食品安全国家标准。

第三节 标签、说明书和广告

第六十七条 预包装食品的包装上应当有标签。标签应当标明下列事项：

（一）名称、规格、净含量、生产日期；

（二）成分或者配料表；

（三）生产者的名称、地址、联系方式；

（四）保质期；

（五）产品标准代号；

（六）贮存条件；

（七）所使用的食品添加剂在国家标准中的通用名称；

（八）生产许可证编号；

（九）法律、法规或者食品安全标准规定应当标明的其他事项。

专供婴幼儿和其他特定人群的主辅食品，其标签还应当标明主要营养成分及其含量。

食品安全国家标准对标签标注事项另有规定的，从其规定。

第六十八条 食品经营者销售散装食品，应当在散装食品的容器、外包装上标明食品的名称、生产日期或者生产批号、保质期以及生产经营者名称、地址、联系方式等内容。

第六十九条 生产经营转基因食品应当按照规定显著标示。

第七十条 食品添加剂应当有标签、说明书和包装。标签、说明书应当载明本法第六十七条第一款第一项至第六项、第八项、第九项规定的事项，以及食品添加剂的使用范围、用量、使用方法，并在标签上载明"食品添加剂"字样。

第七十一条 食品和食品添加剂的标签、说明书，不得含有虚假内容，不得涉及疾病预防、治疗功能。生产经营者对其提供的标签、说明书的内容负责。

食品和食品添加剂的标签、说明书应当清楚、明显，生产日期、保质期等事项应当显著标注，容易辨识。

食品和食品添加剂与其标签、说明书的内容不符的，不得上市销售。

第七十二条 食品经营者应当按照食品标签标示的警示标志、警示说明或者注意事项的要求销售食品。

第七十三条 食品广告的内容应当真实合法，不得含有虚假内容，不得涉及疾病预防、治疗功能。食品生产经营者对食品广告内容的真实性、合法性负责。

县级以上人民政府食品安全监督管理部门和其他有关部门以及食品检验机构、食品行业协会不得以广告或者其他形式向消费者推荐食品。消费者组织不得以收取费用或者其他牟取利益的方式向消费者推荐食品。

第四节 特殊食品

第七十四条 国家对保健食品、特殊医学用途配方食品和婴幼儿配方食品等特殊食品实行严格监督管理。

第七十五条 保健食品声称保健功能，应当具有科学依据，不得对人体产生急性、亚急性或者慢性危害。

保健食品原料目录和允许保健食品声称的保健功能目录，由国务院食品安全监督管理部门会同国务院卫生行政部门、国家中医药管理部门制定、调整并公布。

保健食品原料目录应当包括原料名称、用量及其对应的功效；列入保健食品原料目录的原料只能用于保健食品生产，不得用于其他食品生产。

第七十六条 使用保健食品原料目录以外原料的保健食品和首次进口的保健食品应当经国务

院食品安全监督管理部门注册。但是，首次进口的保健食品中属于补充维生素、矿物质等营养物质的，应当报国务院食品安全监督管理部门备案。其他保健食品应当报省、自治区、直辖市人民政府食品安全监督管理部门备案。

进口的保健食品应当是出口国（地区）主管部门准许上市销售的产品。

第七十七条 依法应当注册的保健食品，注册时应当提交保健食品的研发报告、产品配方、生产工艺、安全性和保健功能评价、标签、说明书等材料及样品，并提供相关证明文件。国务院食品安全监督管理部门经组织技术审评，对符合安全和功能声称要求的，准予注册；对不符合要求的，不予注册并书面说明理由。对使用保健食品原料目录以外原料的保健食品作出准予注册决定的，应当及时将该原料纳入保健食品原料目录。

依法应当备案的保健食品，备案时应当提交产品配方、生产工艺、标签、说明书以及表明产品安全性和保健功能的材料。

第七十八条 保健食品的标签、说明书不得涉及疾病预防、治疗功能，内容应当真实，与注册或者备案的内容相一致，载明适宜人群、不适宜人群、功效成分或者标志性成分及其含量等，并声明"本品不能代替药物"。保健食品的功能和成分应当与标签、说明书相一致。

第七十九条 保健食品广告除应当符合本法第七十三条第一款的规定外，还应当声明"本品不能代替药物"；其内容应当经生产企业所在地省、自治区、直辖市人民政府食品安全监督管理部门审查批准，取得保健食品广告批准文件。省、自治区、直辖市人民政府食品安全监督管理部门应当公布并及时更新已经批准的保健食品广告目录以及批准的广告内容。

第八十条 特殊医学用途配方食品应当经国务院食品安全监督管理部门注册。注册时，应当提交产品配方、生产工艺、标签、说明书以及表明产品安全性、营养充足性和特殊医学用途临床效果的材料。

特殊医学用途配方食品广告适用《中华人民共和国广告法》和其他法律、行政法规关于药品广告管理的规定。

第八十一条 婴幼儿配方食品生产企业应当实施从原料进厂到成品出厂的全过程质量控制，对出厂的婴幼儿配方食品实施逐批检验，保证食品安全。

生产婴幼儿配方食品使用的生鲜乳、辅料等食品原料、食品添加剂等，应当符合法律、行政法规的规定和食品安全国家标准，保证婴幼儿生长发育所需的营养成分。

婴幼儿配方食品生产企业应当将食品原料、食品添加剂、产品配方及标签等事项向省、自治区、直辖市人民政府食品安全监督管理部门备案。

婴幼儿配方乳粉的产品配方应当经国务院食品安全监督管理部门注册。注册时，应当提交配方研发报告和其他表明配方科学性、安全性的材料。

不得以分装方式生产婴幼儿配方乳粉，同一企业不得用同一配方生产不同品牌的婴幼儿配方乳粉。

第八十二条 保健食品、特殊医学用途配方食品、婴幼儿配方乳粉的注册人或者备案人应当对其提交材料的真实性负责。

省级以上人民政府食品安全监督管理部门应当及时公布注册或者备案的保健食品、特殊医学用途配方食品、婴幼儿配方乳粉目录，并对注册或者备案中获知的企业商业秘密予以保密。

保健食品、特殊医学用途配方食品、婴幼儿配方乳粉生产企业应当按照注册或者备案的产品配方、生产工艺等技术要求组织生产。

第八十三条 生产保健食品，特殊医学用途配方食品、婴幼儿配方食品和其他专供特定人群的主辅食品的企业，应当按照良好生产规范的要求建立与所生产食品相适应的生产质量管理体系，定期对该体系的运行情况进行自查，保证其有效运行，并向所在地县级人民政府食品安全监督管理部门提交自查报告。

第五章　食品检验

第八十四条　食品检验机构按照国家有关认证认可的规定取得资质认定后，方可从事食品检验活动。但是，法律另有规定的除外。

食品检验机构的资质认定条件和检验规范，由国务院食品安全监督管理部门规定。

符合本法规定的食品检验机构出具的检验报告具有同等效力。

县级以上人民政府应当整合食品检验资源，实现资源共享。

第八十五条　食品检验由食品检验机构指定的检验人独立进行。

检验人应当依照有关法律、法规的规定，并按照食品安全标准和检验规范对食品进行检验，尊重科学，恪守职业道德，保证出具的检验数据和结论客观、公正，不得出具虚假检验报告。

第八十六条　食品检验实行食品检验机构与检验人负责制。食品检验报告应当加盖食品检验机构公章，并有检验人的签名或者盖章。食品检验机构和检验人对出具的食品检验报告负责。

第八十七条　县级以上人民政府食品安全监督管理部门应当对食品进行定期或者不定期的抽样检验，并依据有关规定公布检验结果，不得免检。进行抽样检验，应当购买抽取的样品，委托符合本法规定的食品检验机构进行检验，并支付相关费用；不得向食品生产经营者收取检验费和其他费用。

第八十八条　对依照本法规定实施的检验结论有异议的，食品生产经营者可以自收到检验结论之日起七个工作日内向实施抽样检验的食品安全监督管理部门或者其上一级食品安全监督管理部门提出复检申请，由受理复检申请的食品安全监督管理部门在公布的复检机构名录中随机确定复检机构进行复检。复检机构出具的复检结论为最终检验结论。复检机构与初检机构不得为同一机构。复检机构名录由国务院认证认可监督管理、食品安全监督管理、卫生行政、农业行政等部门共同公布。

采用国家规定的快速检测方法对食用农产品进行抽查检测，被抽查人对检测结果有异议的，可以自收到检测结果时起四小时内申请复检。复检不得采用快速检测方法。

第八十九条　食品生产企业可以自行对所生产的食品进行检验，也可以委托符合本法规定的食品检验机构进行检验。

食品行业协会和消费者协会等组织、消费者需要委托食品检验机构对食品进行检验的，应当委托符合本法规定的食品检验机构进行。

第九十条　食品添加剂的检验，适用本法有关食品检验的规定。

第六章　食品进出口

第九十一条　国家出入境检验检疫部门对进出口食品安全实施监督管理。

第九十二条　进口的食品、食品添加剂、食品相关产品应当符合我国食品安全国家标准。

进口的食品、食品添加剂应当经出入境检验检疫机构依照进出口商品检验相关法律、行政法规的规定检验合格。

进口的食品、食品添加剂应当按照国家出入境检验检疫部门的要求随附合格证明材料。

第九十三条　进口尚无食品安全国家标准的食品，由境外出口商、境外生产企业或者其委托的进口商向国务院卫生行政部门提交所执行的相关国家（地区）标准或者国际标准。国务院卫生行政部门对相关标准进行审查，认为符合食品安全要求的，决定暂予适用，并及时制定相应的食品安全国家标准。进口利用新的食品原料生产的食品或者进口食品添加剂新品种、食品相关产品新品种，依照本法第三十七条的规定办理。

出入境检验检疫机构按照国务院卫生行政部门的要求，对前款规定的食品、食品添加剂、食品相关产品进行检验。检验结果应当公开。

第九十四条 境外出口商、境外生产企业应当保证向我国出口的食品、食品添加剂、食品相关产品符合本法以及我国其他有关法律、行政法规的规定和食品安全国家标准的要求，并对标签、说明书的内容负责。

进口商应当建立境外出口商、境外生产企业审核制度，重点审核前款规定的内容；审核不合格的，不得进口。

发现进口食品不符合我国食品安全国家标准或者有证据证明可能危害人体健康的，进口商应当立即停止进口，并依照本法第六十三条的规定召回。

第九十五条 境外发生的食品安全事件可能对我国境内造成影响，或者在进口食品、食品添加剂、食品相关产品中发现严重食品安全问题的，国家出入境检验检疫部门应当及时采取风险预警或者控制措施，并向国务院食品安全监督管理、卫生行政、农业行政部门通报。接到通报的部门应当及时采取相应措施。

县级以上人民政府食品安全监督管理部门对国内市场上销售的进口食品、食品添加剂实施监督管理。发现存在严重食品安全问题的，国务院食品安全监督管理部门应当及时向国家出入境检验检疫部门通报。国家出入境检验检疫部门应当及时采取相应措施。

第九十六条 向我国境内出口食品的境外出口商或者代理商、进口食品的进口商应当向国家出入境检验检疫部门备案。向我国境内出口食品的境外食品生产企业应当经国家出入境检验检疫部门注册。已经注册的境外食品生产企业提供虚假材料，或者因其自身的原因致使进口食品发生重大食品安全事故的，国家出入境检验检疫部门应当撤销注册并公告。

国家出入境检验检疫部门应当定期公布已经备案的境外出口商、代理商、进口商和已经注册的境外食品生产企业名单。

第九十七条 进口的预包装食品、食品添加剂应当有中文标签；依法应当有说明书的，还应当有中文说明书。标签、说明书应当符合本法以及我国其他有关法律、行政法规的规定和食品安全国家标准的要求，并载明食品的原产地以及境内代理商的名称、地址、联系方式。预包装食品没有中文标签、中文说明书或者标签、说明书不符合本条规定的，不得进口。

第九十八条 进口商应当建立食品、食品添加剂进口和销售记录制度，如实记录食品、食品添加剂的名称、规格、数量、生产日期、生产或者进口批号、保质期、境外出口商和购货者名称、地址及联系方式、交货日期等内容，并保存相关凭证。记录和凭证保存期限应当符合本法第五十条第二款的规定。

第九十九条 出口食品生产企业应当保证其出口食品符合进口国（地区）的标准或者合同要求。

出口食品生产企业和出口食品原料种植、养殖场应当向国家出入境检验检疫部门备案。

第一百条 国家出入境检验检疫部门应当收集、汇总下列进出口食品安全信息，并及时通报相关部门、机构和企业：

（一）出入境检验检疫机构对进出口食品实施检验检疫发现的食品安全信息；

（二）食品行业协会和消费者协会等组织、消费者反映的进口食品安全信息；

（三）国际组织、境外政府机构发布的风险预警信息及其他食品安全信息，以及境外食品行业协会等组织、消费者反映的食品安全信息；

（四）其他食品安全信息。

国家出入境检验检疫部门应当对进出口食品的进口商、出口商和出口食品生产企业实施信用管理，建立信用记录，并依法向社会公布。对有不良记录的进口商、出口商和出口食品生产企业，应当加强对其进出口食品的检验检疫。

第一百零一条 国家出入境检验检疫部门可以对向我国境内出口食品的国家（地区）的食品安全管理体系和食品安全状况进行评估和审查，并根据评估和审查结果，确定相应检验检疫要求。

第七章 食品安全事故处置

第一百零二条 国务院组织制定国家食品安全事故应急预案。

县级以上地方人民政府应当根据有关法律、法规的规定和上级人民政府的食品安全事故应急预案以及本行政区域的实际情况，制定本行政区域的食品安全事故应急预案，并报上一级人民政府备案。

食品安全事故应急预案应当对食品安全事故分级、事故处置组织指挥体系与职责、预防预警机制、处置程序、应急保障措施等作出规定。

食品生产经营企业应当制定食品安全事故处置方案，定期检查本企业各项食品安全防范措施的落实情况，及时消除事故隐患。

第一百零三条 发生食品安全事故的单位应当立即采取措施，防止事故扩大。事故单位和接收病人进行治疗的单位应当及时向事故发生地县级人民政府食品安全监督管理、卫生行政部门报告。

县级以上人民政府农业行政等部门在日常监督管理中发现食品安全事故或者接到事故举报，应当立即向同级食品安全监督管理部门通报。

发生食品安全事故，接到报告的县级人民政府食品安全监督管理部门应当按照应急预案的规定向本级人民政府和上级人民政府食品安全监督管理部门报告。县级人民政府和上级人民政府食品安全监督管理部门应当按照应急预案的规定上报。

任何单位和个人不得对食品安全事故隐瞒、谎报、缓报，不得隐匿、伪造、毁灭有关证据。

第一百零四条 医疗机构发现其接收的病人属于食源性疾病病人或者疑似病人的，应当按照规定及时将相关信息向所在地县级人民政府卫生行政部门报告。县级人民政府卫生行政部门认为与食品安全有关的，应当及时通报同级食品安全监督管理部门。

县级以上人民政府卫生行政部门在调查处理传染病或者其他突发公共卫生事件中发现与食品安全相关的信息，应当及时通报同级食品安全监督管理部门。

第一百零五条 县级以上人民政府食品安全监督管理部门接到食品安全事故的报告后，应当立即会同同级卫生行政、农业行政等部门进行调查处理，并采取下列措施，防止或者减轻社会危害：

（一）开展应急救援工作，组织救治因食品安全事故导致人身伤害的人员；

（二）封存可能导致食品安全事故的食品及其原料，并立即进行检验；对确认属于被污染的食品及其原料，责令食品生产经营者依照本法第六十三条的规定召回或者停止经营；

（三）封存被污染的食品相关产品，并责令进行清洗消毒；

（四）做好信息发布工作，依法对食品安全事故及其处理情况进行发布，并对可能产生的危害加以解释、说明。

发生食品安全事故需要启动应急预案的，县级以上人民政府应当立即成立事故处置指挥机构，启动应急预案，依照前款和应急预案的规定进行处置。

发生食品安全事故，县级以上疾病预防控制机构应当对事故现场进行卫生处理，并对与事故有关的因素开展流行病学调查，有关部门应当予以协助。县级以上疾病预防控制机构应当向同级食品安全监督管理、卫生行政部门提交流行病学调查报告。

第一百零六条 发生食品安全事故，设区的市级以上人民政府食品安全监督管理部门应当立即会同有关部门进行事故责任调查，督促有关部门履行职责，向本级人民政府和上一级人民政府食品安全监督管理部门提出事故责任调查处理报告。

涉及两个以上省、自治区、直辖市的重大食品安全事故由国务院食品安全监督管理部门依照前款规定组织事故责任调查。

第一百零七条 调查食品安全事故，应当坚持实事求是、尊重科学的原则，及时、准确查清事故性质和原因，认定事故责任，提出整改措施。

调查食品安全事故，除了查明事故单位的责任外，还应当查明有关监督管理部门、食品检验机构、认证机构及其工作人员的责任。

第一百零八条 食品安全事故调查部门有权向有关单位和个人了解与事故有关的情况，并要求提供相关资料和样品。有关单位和个人应当予以配合，按照要求提供相关资料和样品，不得拒绝。

任何单位和个人不得阻挠、干涉食品安全事故的调查处理。

第八章 监督管理

第一百零九条 县级以上人民政府食品安全监督管理部门根据食品安全风险监测、风险评估结果和食品安全状况等，确定监督管理的重点、方式和频次，实施风险分级管理。

县级以上地方人民政府组织本级食品安全监督管理、农业行政等部门制定本行政区域的食品安全年度监督管理计划，向社会公布并组织实施。

食品安全年度监督管理计划应当将下列事项作为监督管理的重点：

（一）专供婴幼儿和其他特定人群的主辅食品；

（二）保健食品生产过程中的添加行为和按照注册或者备案的技术要求组织生产的情况，保健食品标签、说明书以及宣传材料中有关功能宣传的情况；

（三）发生食品安全事故风险较高的食品生产经营者；

（四）食品安全风险监测结果表明可能存在食品安全隐患的事项。

第一百一十条 县级以上人民政府食品安全监督管理部门履行食品安全监督管理职责，有权采取下列措施，对生产经营者遵守本法的情况进行监督检查：

（一）进入生产经营场所实施现场检查；

（二）对生产经营的食品、食品添加剂、食品相关产品进行抽样检验；

（三）查阅、复制有关合同、票据、账簿以及其他有关资料；

（四）查封、扣押有证据证明不符合食品安全标准或者有证据证明存在安全隐患以及用于违法生产经营的食品、食品添加剂、食品相关产品；

（五）查封违法从事生产经营活动的场所。

第一百一十一条 对食品安全风险评估结果证明食品存在安全隐患，需要制定、修订食品安全标准的，在制定、修订食品安全标准前，国务院卫生行政部门应当及时会同国务院有关部门规定食品中有害物质的临时限量值和临时检验方法，作为生产经营和监督管理的依据。

第一百一十二条 县级以上人民政府食品安全监督管理部门在食品安全监督管理工作中可以采用国家规定的快速检测方法对食品进行抽查检测。

对抽查检测结果表明可能不符合食品安全标准的食品，应当依照本法第八十七条的规定进行检验。抽查检测结果确定有关食品不符合食品安全标准的，可以作为行政处罚的依据。

第一百一十三条 县级以上人民政府食品安全监督管理部门应当建立食品生产经营者食品安全信用档案，记录许可颁发、日常监督检查结果、违法行为查处等情况，依法向社会公布并实时更新；对有不良信用记录的食品生产经营者增加监督检查频次，对违法行为情节严重的食品生产经营者，可以通报投资主管部门、证券监督管理机构和有关的金融机构。

第一百一十四条 食品生产经营过程中存在食品安全隐患，未及时采取措施消除的，县级以上人民政府食品安全监督管理部门可以对食品生产经营者的法定代表人或者主要负责人进行责任约谈。食品生产经营者应当立即采取措施，进行整改，消除隐患。责任约谈情况和整改情况应当纳入食品生产经营者食品安全信用档案。

第一百一十五条 县级以上人民政府食品安全监督管理等部门应当公布本部门的电子邮件地址或者电话，接受咨询、投诉、举报。接到咨询、投诉、举报，对属于本部门职责的，应当受理并在法定期限内及时答复、核实、处理；对不属于本部门职责的，应当移交有权处理的部门并书面通知咨询、投诉、举报人。有权处理的部门应当在法定期限内及时处理，不得推诿。对查证属实的举报，给予举报人奖励。

有关部门应当对举报人的信息予以保密，保护举报人的合法权益。举报人举报所在企业的，该企业不得以解除、变更劳动合同或者其他方式对举报人进行打击报复。

第一百一十六条 县级以上人民政府食品安全监督管理等部门应当加强对执法人员食品安全法律、法规、标准和专业知识与执法能力等的培训，并组织考核。不具备相应知识和能力的，不得从事食品安全执法工作。

食品生产经营者、食品行业协会、消费者协会等发现食品安全执法人员在执法过程中有违反法律、法规规定的行为以及不规范执法行为的，可以向本级或者上级人民政府食品安全监督管理等部门或者监察机关投诉、举报。接到投诉、举报的部门或者机关应当进行核实，并将经核实的情况向食品安全执法人员所在部门通报；涉嫌违法违纪的，按照本法和有关规定处理。

第一百一十七条 县级以上人民政府食品安全监督管理等部门未及时发现食品安全系统性风险，未及时消除监督管理区域内的食品安全隐患的，本级人民政府可以对其主要负责人进行责任约谈。

地方人民政府未履行食品安全职责，未及时消除区域性重大食品安全隐患的，上级人民政府可以对其主要负责人进行责任约谈。

被约谈的食品安全监督管理等部门、地方人民政府应当立即采取措施，对食品安全监督管理工作进行整改。

责任约谈情况和整改情况应当纳入地方人民政府和有关部门食品安全监督管理工作评议、考核记录。

第一百一十八条 国家建立统一的食品安全信息平台，实行食品安全信息统一公布制度。国家食品安全总体情况、食品安全风险警示信息、重大食品安全事故及其调查处理信息和国务院确定需要统一公布的其他信息由国务院食品安全监督管理部门统一公布。食品安全风险警示信息和重大食品安全事故及其调查处理信息的影响限于特定区域的，也可以由有关省、自治区、直辖市人民政府食品安全监督管理部门公布。未经授权不得发布上述信息。

县级以上人民政府食品安全监督管理、农业行政部门依据各自职责公布食品安全日常监督管理信息。

公布食品安全信息,应当做到准确、及时,并进行必要的解释说明,避免误导消费者和社会舆论。

第一百一十九条 县级以上地方人民政府食品安全监督管理、卫生行政、农业行政部门获知本法规定需要统一公布的信息,应当向上级主管部门报告,由上级主管部门立即报告国务院食品安全监督管理部门;必要时,可以直接向国务院食品安全监督管理部门报告。

县级以上人民政府食品安全监督管理、卫生行政、农业行政部门应当相互通报获知的食品安全信息。

第一百二十条 任何单位和个人不得编造、散布虚假食品安全信息。

县级以上人民政府食品安全监督管理部门发现可能误导消费者和社会舆论的食品安全信息,应当立即组织有关部门、专业机构、相关食品生产经营者等进行核实、分析,并及时公布结果。

第一百二十一条 县级以上人民政府食品安全监督管理等部门发现涉嫌食品安全犯罪的,应当按照有关规定及时将案件移送公安机关。对移送的案件,公安机关应当及时审查;认为有犯罪事实需要追究刑事责任的,应当立案侦查。

公安机关在食品安全犯罪案件侦查过程中认为没有犯罪事实,或者犯罪事实显著轻微,不需要追究刑事责任,但依法应当追究行政责任的,应当及时将案件移送食品安全监督管理等部门和监察机关,有关部门应当依法处理。

公安机关商请食品安全监督管理、生态环境等部门提供检验结论、认定意见以及对涉案物品进行无害化处理等协助的,有关部门应当及时提供,予以协助。

第九章 法律责任

第一百二十二条 违反本法规定,未取得食品生产经营许可从事食品生产经营活动,或者未取得食品添加剂生产许可从事食品添加剂生产活动的,由县级以上人民政府食品安全监督管理部门没收违法所得和违法生产经营的食品、食品添加剂以及用于违法生产经营的工具、设备、原料等物品;违法生产经营的食品、食品添加剂货值金额不足一万元的,并处五万元以上十万元以下罚款;货值金额一万元以上的,并处货值金额十倍以上二十倍以下罚款。

明知从事前款规定的违法行为,仍为其提供生产经营场所或者其他条件的,由县级以上人民政府食品安全监督管理部门责令停止违法行为,没收违法所得,并处五万元以上十万元以下罚款;使消费者的合法权益受到损害的,应当与食品、食品添加剂生产经营者承担连带责任。

第一百二十三条 违反本法规定,有下列情形之一,尚不构成犯罪的,由县级以上人民政府食品安全监督管理部门没收违法所得和违法生产经营的食品,并可以没收用于违法生产经营的工具、设备、原料等物品;违法生产经营的食品货值金额不足一万元的,并处十万元以上十五万元以下罚款;货值金额一万元以上的,并处货值金额十五倍以上三十倍以下罚款;情节严重的,吊销许可证,并可以由公安机关对其直接负责的主管人员和其他直接责任人员处五日以上十五日以下拘留:

(一)用非食品原料生产食品、在食品中添加食品添加剂以外的化学物质和其他可能危害人体健康的物质,或者用回收食品作为原料生产食品,或者经营上述食品;

(二)生产经营营养成分不符合食品安全标准的专供婴幼儿和其他特定人群的主辅食品;

(三)经营病死、毒死或者死因不明的禽、畜、兽、水产动物肉类,或者生产经营其制品;

(四)经营未按规定进行检疫或者检疫不合格的肉类,或者生产经营未经检验或者检验不合格的肉类制品;

（五）生产经营国家为防病等特殊需要明令禁止生产经营的食品；

（六）生产经营添加药品的食品。

明知从事前款规定的违法行为，仍为其提供生产经营场所或者其他条件的，由县级以上人民政府食品安全监督管理部门责令停止违法行为，没收违法所得，并处十万元以上二十万元以下罚款；使消费者的合法权益受到损害的，应当与食品生产经营者承担连带责任。

违法使用剧毒、高毒农药的，除依照有关法律、法规规定给予处罚外，可以由公安机关依照第一款规定给予拘留。

第一百二十四条 违反本法规定，有下列情形之一，尚不构成犯罪的，由县级以上人民政府食品安全监督管理部门没收违法所得和违法生产经营的食品、食品添加剂，并可以没收用于违法生产经营的工具、设备、原料等物品；违法生产经营的食品、食品添加剂货值金额不足一万元的，并处五万元以上十万元以下罚款；货值金额一万元以上的，并处货值金额十倍以上二十倍以下罚款；情节严重的，吊销许可证：

（一）生产经营致病性微生物，农药残留、兽药残留、生物毒素、重金属等污染物质以及其他危害人体健康的物质含量超过食品安全标准限量的食品、食品添加剂；

（二）用超过保质期的食品原料、食品添加剂生产食品、食品添加剂，或者经营上述食品、食品添加剂；

（三）生产经营超范围、超限量使用食品添加剂的食品；

（四）生产经营腐败变质、油脂酸败、霉变生虫、污秽不洁、混有异物、掺假掺杂或者感官性状异常的食品、食品添加剂；

（五）生产经营标注虚假生产日期、保质期或者超过保质期的食品、食品添加剂；

（六）生产经营未按规定注册的保健食品、特殊医学用途配方食品、婴幼儿配方乳粉，或者未按注册的产品配方、生产工艺等技术要求组织生产；

（七）以分装方式生产婴幼儿配方乳粉，或者同一企业以同一配方生产不同品牌的婴幼儿配方乳粉；

（八）利用新的食品原料生产食品，或者生产食品添加剂新品种，未通过安全性评估；

（九）食品生产经营者在食品安全监督管理部门责令其召回或者停止经营后，仍拒不召回或者停止经营。

除前款和本法第一百二十三条、第一百二十五条规定的情形外，生产经营不符合法律、法规或者食品安全标准的食品、食品添加剂的，依照前款规定给予处罚。

生产食品相关产品新品种，未通过安全性评估，或者生产不符合食品安全标准的食品相关产品的，由县级以上人民政府食品安全监督管理部门依照第一款规定给予处罚。

第一百二十五条 违反本法规定，有下列情形之一的，由县级以上人民政府食品安全监督管理部门没收违法所得和违法生产经营的食品、食品添加剂，并可以没收用于违法生产经营的工具、设备、原料等物品；违法生产经营的食品、食品添加剂货值金额不足一万元的，并处五千元以上五万元以下罚款；货值金额一万元以上的，并处货值金额五倍以上十倍以下罚款；情节严重的，责令停产停业，直至吊销许可证：

（一）生产经营被包装材料、容器、运输工具等污染的食品、食品添加剂；

（二）生产经营无标签的预包装食品、食品添加剂或者标签、说明书不符合本法规定的食品、食品添加剂；

（三）生产经营转基因食品未按规定进行标示；

（四）食品生产经营者采购或者使用不符合食品安全标准的食品原料、食品添加剂、食品相关产品。

生产经营的食品、食品添加剂的标签、说明书存在瑕疵但不影响食品安全且不会对消费者造成误导的，由县级以上人民政府食品安全监督管理部门责令改正；拒不改正的，处二千元以下罚款。

第一百二十六条 违反本法规定，有下列情形之一的，由县级以上人民政府食品安全监督管理部门责令改正，给予警告；拒不改正的，处五千元以上五万元以下罚款；情节严重的，责令停产停业，直至吊销许可证：

（一）食品、食品添加剂生产者未按规定对采购的食品原料和生产的食品、食品添加剂进行检验；

（二）食品生产经营企业未按规订建立食品安全管理制度，或者未按规定配备或者培训、考核食品安全管理人员；

（三）食品、食品添加剂生产经营者进货时未查验许可证和相关证明文件，或者未按规定建立并遵守进货查验记录、出厂检验记录和销售记录制度；

（四）食品生产经营企业未制订食品安全事故处置方案；

（五）餐具、饮具和盛放直接入口食品的容器，使用前未经洗净、消毒或者清洗消毒不合格，或者餐饮服务设施、设备未按规定定期维护、清洗、校验；

（六）食品生产经营者安排未取得健康证明或者患有国务院卫生行政部门规定的有碍食品安全疾病的人员从事接触直接入口食品的工作；

（七）食品经营者未按规定要求销售食品；

（八）保健食品生产企业未按规定向食品安全监督管理部门备案，或者未按备案的产品配方、生产工艺等技术要求组织生产；

（九）婴幼儿配方食品生产企业未将食品原料、食品添加剂、产品配方、标签等向食品安全监督管理部门备案；

（十）特殊食品生产企业未按规定建立生产质量管理体系并有效运行，或者未定期提交自查报告；

（十一）食品生产经营者未定期对食品安全状况进行检查评价，或者生产经营条件发生变化，未按规定处理；

（十二）学校、托幼机构、养老机构、建筑工地等集中用餐单位未按规定履行食品安全管理责任；

（十三）食品生产企业、餐饮服务提供者未按规定制定、实施生产经营过程控制要求。

餐具、饮具集中消毒服务单位违反本法规定用水，使用洗涤剂、消毒剂，或者出厂的餐具、饮具未按规定检验合格并随附消毒合格证明，或者未按规定在独立包装上标注相关内容的，由县级以上人民政府卫生行政部门依照前款规定给予处罚。

食品相关产品生产者未按规定对生产的食品相关产品进行检验的，由县级以上人民政府食品安全监督管理部门依照第一款规定给予处罚。

食用农产品销售者违反本法第六十五条规定的，由县级以上人民政府食品安全监督管理部门依照第一款规定给予处罚。

第一百二十七条 对食品生产加工小作坊、食品摊贩等的违法行为的处罚，依照省、自治区、直辖市制定的具体管理办法执行。

第一百二十八条 违反本法规定，事故单位在发生食品安全事故后未进行处置、报告的，由有关主管部门按照各自职责分工责令改正，给予警告；隐匿、伪造、毁灭有关证据的，责令停产停业，没收违法所得，并处十万元以上五十万元以下罚款；造成严重后果的，吊销许可证。

第一百二十九条 违反本法规定，有下列情形之一的，由出入境检验检疫机构依照本法第一百二十四条的规定给予处罚：

（一）提供虚假材料，进口不符合我国食品安全国家标准的食品、食品添加剂、食品相关产品；

（二）进口尚无食品安全国家标准的食品，未提交所执行的标准并经国务院卫生行政部门审查，或者进口利用新的食品原料生产的食品或者进口食品添加剂新品种、食品相关产品新品种，未通过安全性评估；

（三）未遵守本法的规定出口食品；

（四）进口商在有关主管部门责令其依照本法规定召回进口的食品后，仍拒不召回。

违反本法规定，进口商未建立并遵守食品、食品添加剂进口和销售记录制度、境外出口商或者生产企业审核制度的，由出入境检验检疫机构依照本法第一百二十六条的规定给予处罚。

第一百三十条 违反本法规定，集中交易市场的开办者、柜台出租者、展销会的举办者允许未依法取得许可的食品经营者进入市场销售食品，或者未履行检查、报告等义务的，由县级以上人民政府食品安全监督管理部门责令改正，没收违法所得，并处五万元以上二十万元以下罚款；造成严重后果的，责令停业，直至由原发证部门吊销许可证；使消费者的合法权益受到损害的，应当与食品经营者承担连带责任。

食用农产品批发市场违反本法第六十四条规定的，依照前款规定承担责任。

第一百三十一条 违反本法规定，网络食品交易第三方平台提供者未对入网食品经营者进行实名登记、审查许可证，或者未履行报告、停止提供网络交易平台服务等义务的，由县级以上人民政府食品安全监督管理部门责令改正，没收违法所得，并处五万元以上二十万元以下罚款；造成严重后果的，责令停业，直至由原发证部门吊销许可证；使消费者的合法权益受到损害的，应当与食品经营者承担连带责任。

消费者通过网络食品交易第三方平台购买食品，其合法权益受到损害的，可以向入网食品经营者或者食品生产者要求赔偿。网络食品交易第三方平台提供者不能提供入网食品经营者的真实名称、地址和有效联系方式的，由网络食品交易第三方平台提供者赔偿。网络食品交易第三方平台提供者赔偿后，有权向入网食品经营者或者食品生产者追偿。网络食品交易第三方平台提供者作出更有利于消费者承诺的，应当履行其承诺。

第一百三十二条 违反本法规定，未按要求进行食品贮存、运输和装卸的，由县级以上人民政府食品安全监督管理等部门按照各自职责分工责令改正，给予警告；拒不改正的，责令停产停业，并处一万元以上五万元以下罚款；情节严重的，吊销许可证。

第一百三十三条 违反本法规定，拒绝、阻挠、干涉有关部门、机构及其工作人员依法开展食品安全监督检查、事故调查处理、风险监测和风险评估的，由有关主管部门按照各自职责分工责令停产停业，并处二千元以上五万元以下罚款；情节严重的，吊销许可证；构成违反治安管理行为的，由公安机关依法给予治安管理处罚。

违反本法规定，对举报人以解除、变更劳动合同或者其他方式打击报复的，应当依照有关法律的规定承担责任。

第一百三十四条 食品生产经营者在一年内累计三次因违反本法规定受到责令停产停业、吊销许可证以外处罚的，由食品安全监督管理部门责令停产停业，直至吊销许可证。

第一百三十五条 被吊销许可证的食品生产经营者及其法定代表人、直接负责的主管人员和其他直接责任人员自处罚决定作出之日起五年内不得申请食品生产经营许可，或者从事食品生产经营管理工作、担任食品生产经营企业食品安全管理人员。

因食品安全犯罪被判处有期徒刑以上刑罚的，终身不得从事食品生产经营管理工作，也不得担任食品生产经营企业食品安全管理人员。

食品生产经营者聘用人员违反前两款规定的，由县级以上人民政府食品安全监督管理部门吊销许可证。

第一百三十六条 食品经营者履行了本法规定的进货查验等义务，有充分证据证明其不知道所采购的食品不符合食品安全标准，并能如实说明其进货来源的，可以免予处罚，但应当依法没收其不符合食品安全标准的食品；造成人身、财产或者其他损害的，依法承担赔偿责任。

第一百三十七条 违反本法规定，承担食品安全风险监测、风险评估工作的技术机构、技术人员提供虚假监测、评估信息的，依法对技术机构直接负责的主管人员和技术人员给予撤职、开除处分；有执业资格的，由授予其资格的主管部门吊销执业证书。

第一百三十八条 违反本法规定，食品检验机构、食品检验人员出具虚假检验报告的，由授予其资质的主管部门或者机构撤销该食品检验机构的检验资质，没收所收取的检验费用，并处检验费用五倍以上十倍以下罚款，检验费用不足一万元的，并处五万元以上十万元以下罚款；依法对食品检验机构直接负责的主管人员和食品检验人员给予撤职或者开除处分；导致发生重大食品安全事故的，对直接负责的主管人员和食品检验人员给予开除处分。

违反本法规定，受到开除处分的食品检验机构人员，自处分决定作出之日起十年内不得从事食品检验工作；因食品安全违法行为受到刑事处罚或者因出具虚假检验报告导致发生重大食品安全事故受到开除处分的食品检验机构人员，终身不得从事食品检验工作。食品检验机构聘用不得从事食品检验工作的人员的，由授予其资质的主管部门或者机构撤销该食品检验机构的检验资质。

食品检验机构出具虚假检验报告，使消费者的合法权益受到损害的，应当与食品生产经营者承担连带责任。

第一百三十九条 违反本法规定，认证机构出具虚假认证结论，由认证认可监督管理部门没收所收取的认证费用，并处认证费用五倍以上十倍以下罚款，认证费用不足一万元的，并处五万元以上十万元以下罚款；情节严重的，责令停业，直至撤销认证机构批准文件，并向社会公布；对直接负责的主管人员和负有直接责任的认证人员，撤销其执业资格。

认证机构出具虚假认证结论，使消费者的合法权益受到损害的，应当与食品生产经营者承担连带责任。

第一百四十条 违反本法规定，在广告中对食品作虚假宣传，欺骗消费者，或者发布未取得批准文件、广告内容与批准文件不一致的保健食品广告的，依照《中华人民共和国广告法》的规定给予处罚。

广告经营者、发布者设计、制作、发布虚假食品广告，使消费者的合法权益受到损害的，应当与食品生产经营者承担连带责任。

社会团体或者其他组织、个人在虚假广告或者其他虚假宣传中向消费者推荐食品，使消费者的合法权益受到损害的，应当与食品生产经营者承担连带责任。

违反本法规定，食品安全监督管理等部门、食品检验机构、食品行业协会以广告或者其他形式向消费者推荐食品，消费者组织以收取费用或者其他牟取利益的方式向消费者推荐食品的，由有关主管部门没收违法所得，依法对直接负责的主管人员和其他直接责任人员给予记大过、降级或者撤职处分；情节严重的，给予开除处分。

对食品作虚假宣传且情节严重的，由省级以上人民政府食品安全监督管理部门决定暂停销售该食品,并向社会公布;仍然销售该食品的,由县级以上人民政府食品安全监督管理部门没收违法所得和违法销售的食品,并处二万元以上五万元以下罚款。

第一百四十一条 违反本法规定,编造、散布虚假食品安全信息,构成违反治安管理行为的,由公安机关依法给予治安管理处罚。

媒体编造、散布虚假食品安全信息的,由有关主管部门依法给予处罚,并对直接负责的主管人员和其他直接责任人员给予处分;使公民、法人或者其他组织的合法权益受到损害的,依法承担消除影响、恢复名誉、赔偿损失、赔礼道歉等民事责任。

第一百四十二条 违反本法规定,县级以上地方人民政府有下列行为之一的,对直接负责的主管人员和其他直接责任人员给予记大过处分;情节较重的,给予降级或者撤职处分;情节严重的,给予开除处分;造成严重后果的,其主要负责人还应当引咎辞职:

(一)对发生在本行政区域内的食品安全事故,未及时组织协调有关部门开展有效处置,造成不良影响或者损失;

(二)对本行政区域内涉及多环节的区域性食品安全问题,未及时组织整治,造成不良影响或者损失;

(三)隐瞒、谎报、缓报食品安全事故;

(四)本行政区域内发生特别重大食品安全事故,或者连续发生重大食品安全事故。

第一百四十三条 违反本法规定,县级以上地方人民政府有下列行为之一的,对直接负责的主管人员和其他直接责任人员给予警告、记过或者记大过处分;造成严重后果的,给予降级或者撤职处分:

(一)未确定有关部门的食品安全监督管理职责,未建立健全食品安全全程监督管理工作机制和信息共享机制,未落实食品安全监督管理责任制;

(二)未制定本行政区域的食品安全事故应急预案,或者发生食品安全事故后未按规定立即成立事故处置指挥机构、启动应急预案。

第一百四十四条 违反本法规定,县级以上人民政府食品安全监督管理、卫生行政、农业行政等部门有下列行为之一的,对直接负责的主管人员和其他直接责任人员给予记大过处分;情节较重的,给予降级或者撤职处分;情节严重的,给予开除处分;造成严重后果的,其主要负责人还应当引咎辞职:

(一)隐瞒、谎报、缓报食品安全事故;

(二)未按规定查处食品安全事故,或者接到食品安全事故报告未及时处理,造成事故扩大或者蔓延;

(三)经食品安全风险评估得出食品、食品添加剂、食品相关产品不安全结论后,未及时采取相应措施,造成食品安全事故或者不良社会影响;

(四)对不符合条件的申请人准予许可,或者超越法定职权准予许可;

(五)不履行食品安全监督管理职责,导致发生食品安全事故。

第一百四十五条 违反本法规定,县级以上人民政府食品安全监督管理、卫生行政、农业行政等部门有下列行为之一,造成不良后果的,对直接负责的主管人员和其他直接责任人员给予警告、记过或者记大过处分;情节较重的,给予降级或者撤职处分;情节严重的,给予开除处分:

(一)在获知有关食品安全信息后,未按规定向上级主管部门和本级人民政府报告,或者未按规定相互通报;

(二)未按规定公布食品安全信息;

(三)不履行法定职责,对查处食品安全违法行为不配合,或者滥用职权、玩忽职守、徇私舞弊。

第一百四十六条 食品安全监督管理等部门在履行食品安全监督管理职责过程中，违法实施检查、强制等执法措施，给生产经营者造成损失的，应当依法予以赔偿，对直接负责的主管人员和其他直接责任人员依法给予处分。

第一百四十七条 违反本法规定，造成人身、财产或者其他损害的，依法承担赔偿责任。生产经营者财产不足以同时承担民事赔偿责任和缴纳罚款、罚金时，先承担民事赔偿责任。

第一百四十八条 消费者因不符合食品安全标准的食品受到损害的，可以向经营者要求赔偿损失，也可以向生产者要求赔偿损失。接到消费者赔偿要求的生产经营者，应当实行首负责任制，先行赔付，不得推诿；属于生产者责任的，经营者赔偿后有权向生产者追偿；属于经营者责任的，生产者赔偿后有权向经营者追偿。

生产不符合食品安全标准的食品或者经营明知是不符合食品安全标准的食品，消费者除要求赔偿损失外，还可以向生产者或者经营者要求支付价款十倍或者损失三倍的赔偿金；增加赔偿的金额不足一千元的，为一千元。但是，食品的标签、说明书存在不影响食品安全且不会对消费者造成误导的瑕疵的除外。

第一百四十九条 违反本法规定，构成犯罪的，依法追究刑事责任。

第十章 附 则

第一百五十条 本法下列用语的含义：

食品，指各种供人食用或者饮用的成品和原料以及按照传统既是食品又是中药材的物品，但是不包括以治疗为目的的物品。

食品安全，指食品无毒、无害，符合应当有的营养要求，对人体健康不造成任何急性、亚急性或者慢性危害。

预包装食品，指预先定量包装或者制作在包装材料、容器中的食品。

食品添加剂，指为改善食品品质和色、香、味以及为防腐、保鲜和加工工艺的需要而加入食品中的人工合成或者天然物质，包括营养强化剂。

用于食品的包装材料和容器，指包装、盛放食品或者食品添加剂用的纸、竹、木、金属、搪瓷、陶瓷、塑料、橡胶、天然纤维、化学纤维、玻璃等制品和直接接触食品或者食品添加剂的涂料。

用于食品生产经营的工具、设备，指在食品或者食品添加剂生产、销售、使用过程中直接接触食品或者食品添加剂的机械、管道、传送带、容器、用具、餐具等。

用于食品的洗涤剂、消毒剂，指直接用于洗涤或者消毒食品、餐具、饮具以及直接接触食品的工具、设备或者食品包装材料和容器的物质。

食品保质期，指食品在标明的贮存条件下保持品质的期限。

食源性疾病，指食品中致病因素进入人体引起的感染性、中毒性等疾病，包括食物中毒。

食品安全事故，指食源性疾病、食品污染等源于食品，对人体健康有危害或者可能有危害的事故。

第一百五十一条 转基因食品和食盐的食品安全管理，本法未作规定的，适用其他法律、行政法规的规定。

第一百五十二条 铁路、民航运营中食品安全的管理办法由国务院食品安全监督管理部门会同国务院有关部门依照本法制定。

保健食品的具体管理办法由国务院食品安全监督管理部门依照本法制定。

食品相关产品生产活动的具体管理办法由国务院食品安全监督管理部门依照本法制定。

国境口岸食品的监督管理由出入境检验检疫机构依照本法以及有关法律、行政法规的规定实施。

军队专用食品和自供食品的食品安全管理办法由中央军事委员会依照本法制定。

第一百五十三条 国务院根据实际需要，可以对食品安全监督管理体制作出调整。

第一百五十四条 本法自2015年10月1日起施行。

中华人民共和国农产品质量安全法

2006年4月29日第十届全国人民代表大会常务委员会第二十一次会议通过
根据2018年10月26日第十三届全国人民代表大会常务委员会第六次会议《关于修改〈中华人民共和国野生动物保护法〉等十五部法律的决定》修正

第一章 总 则

第一条 为保障农产品质量安全，维护公众健康，促进农业和农村经济发展，制定本法。

第二条 本法所称农产品，是指来源于农业的初级产品，即在农业活动中获得的植物、动物、微生物及其产品。

本法所称农产品质量安全，是指农产品质量符合保障人的健康、安全的要求。

第三条 县级以上人民政府农业行政主管部门负责农产品质量安全的监督管理工作；县级以上人民政府有关部门按照职责分工，负责农产品质量安全的有关工作。

第四条 县级以上人民政府应当将农产品质量安全管理工作纳入本级国民经济和社会发展规划，并安排农产品质量安全经费，用于开展农产品质量安全工作。

第五条 县级以上地方人民政府统一领导、协调本行政区域内的农产品质量安全工作，并采取措施，建立健全农产品质量安全服务体系，提高农产品质量安全水平。

第六条 国务院农业行政主管部门应当设立由有关方面专家组成的农产品质量安全风险评估专家委员会，对可能影响农产品质量安全的潜在危害进行风险分析和评估。

国务院农业行政主管部门应当根据农产品质量安全风险评估结果采取相应的管理措施，并将农产品质量安全风险评估结果及时通报国务院有关部门。

第七条 国务院农业行政主管部门和省、自治区、直辖市人民政府农业行政主管部门应当按照职责权限，发布有关农产品质量安全状况信息。

第八条 国家引导、推广农产品标准化生产，鼓励和支持生产优质农产品，禁止生产、销售不符合国家规定的农产品质量安全标准的农产品。

第九条 国家支持农产品质量安全科学技术研究，推行科学的质量安全管理方法，推广先进安全的生产技术。

第十条 各级人民政府及有关部门应当加强农产品质量安全知识的宣传，提高公众的农产品质量安全意识，引导农产品生产者、销售者加强质量安全管理，保障农产品消费安全。

第二章 农产品质量安全标准

第十一条 国家建立健全农产品质量安全标准体系。农产品质量安全标准是强制性的技术规范。

农产品质量安全标准的制定和发布，依照有关法律、行政法规的规定执行。

第十二条 制定农产品质量安全标准应当充分考虑农产品质量安全风险评估结果，并听取农产品生产者、销售者和消费者的意见，保障消费安全。

第十三条 农产品质量安全标准应当根据科学技术发展水平以及农产品质量安全的需要，及时修订。

第十四条 农产品质量安全标准由农业行政主管部门商有关部门组织实施。

第三章 农产品产地

第十五条 县级以上地方人民政府农业行政主管部门按照保障农产品质量安全的要求，根据农产品品种特性和生产区域大气、土壤、水体中有毒有害物质状况等因素，认为不适宜特定农产品生产的，提出禁止生产的区域，报本级人民政府批准后公布。具体办法由国务院农业行政主管部门商国务院生态环境主管部门制定。

农产品禁止生产区域的调整，依照前款规定的程序办理。

第十六条 县级以上人民政府应当采取措施，加强农产品基地建设，改善农产品的生产条件。

县级以上人民政府农业行政主管部门应当采取措施，推进保障农产品质量安全的标准化生产综合示范区、示范农场、养殖小区和无规定动植物疫病区的建设。

第十七条 禁止在有毒有害物质超过规定标准的区域生产、捕捞、采集食用农产品和建立农产品生产基地。

第十八条 禁止违反法律、法规的规定向农产品产地排放或者倾倒废水、废气、固体废物或者其他有毒有害物质。

农业生产用水和用作肥料的固体废物，应当符合国家规定的标准。

第十九条 农产品生产者应当合理使用化肥、农药、兽药、农用薄膜等化工产品，防止对农产品产地造成污染。

第四章 农产品生产

第二十条 国务院农业行政主管部门和省、自治区、直辖市人民政府农业行政主管部门应当制定保障农产品质量安全的生产技术要求和操作规程。县级以上人民政府农业行政主管部门应当加强对农产品生产的指导。

第二十一条 对可能影响农产品质量安全的农药、兽药、饲料和饲料添加剂、肥料、兽医器械，依照有关法律、行政法规的规定实行许可制度。

国务院农业行政主管部门和省、自治区、直辖市人民政府农业行政主管部门应当定期对可能危及农产品质量安全的农药、兽药、饲料和饲料添加剂、肥料等农业投入品进行监督抽查，并公布抽查结果。

第二十二条 县级以上人民政府农业行政主管部门应当加强对农业投入品使用的管理和指导，建立健全农业投入品的安全使用制度。

第二十三条 农业科研教育机构和农业技术推广机构应当加强对农产品生产者质量安全知识和技能的培训。

第二十四条 农产品生产企业和农民专业合作经济组织应当建立农产品生产记录，如实记载下列事项：

（一）使用农业投入品的名称、来源、用法、用量和使用、停用的日期；
（二）动物疫病、植物病虫草害的发生和防治情况；
（三）收获、屠宰或者捕捞的日期。

农产品生产记录应当保存二年。禁止伪造农产品生产记录。

国家鼓励其他农产品生产者建立农产品生产记录。

第二十五条 农产品生产者应当按照法律、行政法规和国务院农业行政主管部门的规定，合理使用农业投入品，严格执行农业投入品使用安全间隔期或者休药期的规定，防止危及农产品质量安全。

禁止在农产品生产过程中使用国家明令禁止使用的农业投入品。

第二十六条 农产品生产企业和农民专业合作经济组织，应当自行或者委托检测机构对农产品质量安全状况进行检测；经检测不符合农产品质量安全标准的农产品，不得销售。

第二十七条 农民专业合作经济组织和农产品行业协会对其成员应当及时提供生产技术服务，建立农产品质量安全管理制度，健全农产品质量安全控制体系，加强自律管理。

第五章　农产品包装和标识

第二十八条 农产品生产企业、农民专业合作经济组织以及从事农产品收购的单位或者个人销售的农产品，按照规定应当包装或者附加标识的，须经包装或者附加标识后方可销售。包装物或者标识上应当按照规定标明产品的品名、产地、生产者、生产日期、保质期、产品质量等级等内容；使用添加剂的，还应当按照规定标明添加剂的名称。具体办法由国务院农业行政主管部门制定。

第二十九条 农产品在包装、保鲜、贮存、运输中所使用的保鲜剂、防腐剂、添加剂等材料，应当符合国家有关强制性的技术规范。

第三十条 属于农业转基因生物的农产品，应当按照农业转基因生物安全管理的有关规定进行标识。

第三十一条 依法需要实施检疫的动植物及其产品，应当附具检疫合格标志、检疫合格证明。

第三十二条 销售的农产品必须符合农产品质量安全标准，生产者可以申请使用无公害农产品标志。农产品质量符合国家规定的有关优质农产品标准的，生产者可以申请使用相应的农产品质量标志。

禁止冒用前款规定的农产品质量标志。

第六章　监督检查

第三十三条 有下列情形之一的农产品，不得销售：

（一）含有国家禁止使用的农药、兽药或者其他化学物质的；

（二）农药、兽药等化学物质残留或者含有的重金属等有毒有害物质不符合农产品质量安全标准的；

（三）含有的致病性寄生虫、微生物或者生物毒素不符合农产品质量安全标准的；

（四）使用的保鲜剂、防腐剂、添加剂等材料不符合国家有关强制性的技术规范的；

（五）其他不符合农产品质量安全标准的。

第三十四条 国家建立农产品质量安全监测制度。县级以上人民政府农业行政主管部门应当按照保障农产品质量安全的要求，制订并组织实施农产品质量安全监测计划，对生产中或者市场上销售的农产品进行监督抽查。监督抽查结果由国务院农业行政主管部门或者省、自治区、直辖市人民政府农业行政主管部门按照权限予以公布。

监督抽查检测应当委托符合本法第三十五条规定条件的农产品质量安全检测机构进行，不得向被抽查人收取费用，抽取的样品不得超过国务院农业行政主管部门规定的数量。上级农业行政主管部门监督抽查的农产品，下级农业行政主管部门不得另行重复抽查。

第三十五条 农产品质量安全检测应当充分利用现有的符合条件的检测机构。

从事农产品质量安全检测的机构，必须具备相应的检测条件和能力，由省级以上人民政府农业行政主管部门或者其授权的部门考核合格。具体办法由国务院农业行政主管部门制定。

农产品质量安全检测机构应当依法经计量认证合格。

第三十六条 农产品生产者、销售者对监督抽查检测结果有异议的，可以自收到检测结果之日起五日内，向组织实施农产品质量安全监督抽查的农业行政主管部门或者其上级农业行政主管部门申请复检。

采用国务院农业行政主管部门会同有关部门认定的快速检测方法进行农产品质量安全监督抽查检测，被抽查人对检测结果有异议的，可以自收到检测结果时起四小时内申请复检。复检不得采用快速检测方法。

因检测结果错误给当事人造成损害的，依法承担赔偿责任。

第三十七条 农产品批发市场应当设立或者委托农产品质量安全检测机构，对进场销售的农产品质量安全状况进行抽查检测；发现不符合农产品质量安全标准的，应当要求销售者立即停止销售，并向农业行政主管部门报告。

农产品销售企业对其销售的农产品，应当建立健全进货检查验收制度；经查验不符合农产品质量安全标准的，不得销售。

第三十八条 国家鼓励单位和个人对农产品质量安全进行社会监督。任何单位和个人都有权对违反本法的行为进行检举、揭发和控告。有关部门收到相关的检举、揭发和控告后，应当及时处理。

第三十九条 县级以上人民政府农业行政主管部门在农产品质量安全监督检查中，可以对生产、销售的农产品进行现场检查，调查了解农产品质量安全的有关情况，查阅、复制与农产品质量安全有关的记录和其他资料；对经检测不符合农产品质量安全标准的农产品，有权查封、扣押。

第四十条 发生农产品质量安全事故时，有关单位和个人应当采取控制措施，及时向所在地乡级人民政府和县级人民政府农业行政主管部门报告；收到报告的机关应当及时处理并报上一级人民政府和有关部门。发生重大农产品质量安全事故时，农业行政主管部门应当及时通报同级市场监督管理部门。

第四十一条 县级以上人民政府农业行政主管部门在农产品质量安全监督管理中，发现有本法第三十三条所列情形之一的农产品，应当按照农产品质量安全责任追究制度的要求，查明责任人，依法予以处理或者提出处理建议。

第四十二条 进口的农产品必须按照国家规定的农产品质量安全标准进行检验；尚未制定有关农产品质量安全标准的，应当依法及时制定，未制定之前，可以参照国家有关部门指定的国外有关标准进行检验。

第七章 法律责任

第四十三条 农产品质量安全监督管理人员不依法履行监督职责，或者滥用职权的，依法给予行政处分。

第四十四条 农产品质量安全检测机构伪造检测结果的，责令改正，没收违法所得，并处五万元以上十万元以下罚款，对直接负责的主管人员和其他直接责任人员处一万元以上五万元以下罚款；情节严重的，撤销其检测资格；造成损害的，依法承担赔偿责任。

农产品质量安全检测机构出具检测结果不实，造成损害的，依法承担赔偿责任；造成重大损害的，并撤销其检测资格。

第四十五条 违反法律、法规规定，向农产品产地排放或者倾倒废水、废气、固体废物或者其他有毒有害物质的，依照有关环境保护法律、法规的规定处罚；造成损害的，依法承担赔偿责任。

第四十六条 使用农业投入品违反法律、行政法规和国务院农业行政主管部门的规定的，依照有关法律、行政法规的规定处罚。

第四十七条 农产品生产企业、农民专业合作经济组织未建立或者未按照规定保存农产品生产记录的，或者伪造农产品生产记录的，责令限期改正；逾期不改正的，可以处二千元以下罚款。

第四十八条 违反本法第二十八条规定，销售的农产品未按照规定进行包装、标识的，责令限期改正；逾期不改正的，可以处二千元以下罚款。

第四十九条 有本法第三十三条第四项规定情形，使用的保鲜剂、防腐剂、添加剂等材料不符合国家有关强制性的技术规范的，责令停止销售，对被污染的农产品进行无害化处理，对不能进行无害化处理的予以监督销毁；没收违法所得，并处二千元以上二万元以下罚款。

第五十条 农产品生产企业、农民专业合作经济组织销售的农产品有本法第三十三条第一项至第三项或者第五项所列情形之一的，责令停止销售，追回已经销售的农产品，对违法销售的农产品进行无害化处理或者予以监督销毁；没收违法所得，并处二千元以上二万元以下罚款。

农产品销售企业销售的农产品有前款所列情形的，依照前款规定处理、处罚。

农产品批发市场中销售的农产品有第一款所列情形的，对违法销售的农产品依照第一款规定处理，对农产品销售者依照第一款规定处罚。

农产品批发市场违反本法第三十七条第一款规定的，责令改正，处二千元以上二万元以下罚款。

第五十一条 违反本法第三十二条规定，冒用农产品质量标志的，责令改正，没收违法所得，并处二千元以上二万元以下罚款。

第五十二条 本法第四十四条，第四十七条至第四十九条，第五十条第一款、第四款和第五十一条规定的处理、处罚，由县级以上人民政府农业行政主管部门决定；第五十条第二款、第三款规定的处理、处罚，由市场监督管理部门决定。

法律对行政处罚及处罚机关有其他规定的，从其规定。但是，对同一违法行为不得重复处罚。

第五十三条 违反本法规定，构成犯罪的，依法追究刑事责任。

第五十四条 生产、销售本法第三十三条所列农产品，给消费者造成损害的，依法承担赔偿责任。

农产品批发市场中销售的农产品有前款规定情形的，消费者可以向农产品批发市场要求赔偿；属于生产者、销售者责任的，农产品批发市场有权追偿。消费者也可以直接向农产品生产者、销售者要求赔偿。

第八章 附 则

第五十五条 生猪屠宰的管理按照国家有关规定执行。

第五十六条 本法自2006年11月1日起施行。

国务院关于加强食品等产品安全监督管理的特别规定

2007年7月25日国务院第186次常务会议通过，2007年7月26日中华人民共和国国务院令第503号公布自公布之日起施行。

第一条 为了加强食品等产品安全监督管理，进一步明确生产经营者、监督管理部门和地方人民政府的责任，加强各监督管理部门的协调、配合，保障人体健康和生命安全，制定本规定。

第二条 本规定所称产品除食品外，还包括食用农产品、药品等与人体健康和生命安全有关的产品。

对产品安全监督管理，法律有规定的，适用法律规定；法律没有规定或者规定不明确的，适用本规定。

第三条 生产经营者应当对其生产、销售的产品安全负责，不得生产、销售不符合法定要求的产品。

依照法律、行政法规规定生产、销售产品需要取得许可证照或者需要经过认证的，应当按照法定条件、要求从事生产经营活动。不按照法定条件、要求从事生产经营活动或者生产、销售不符合法定要求产品的，由农业、卫生、质检、商务、工商、药品等监督管理部门依据各自职责，没收违法所得、产品和用于违法生产的工具、设备、原材料等物品，货值金额不足5000元的，并处5万元罚款；货值金额5000元以上不足1万元的，并处10万元罚款；货值金额1万元以上的，并处货值金额10倍以上20倍以下的罚款；造成严重后果的，由原发证部门吊销许可证照；构成非法经营罪或者生产、销售伪劣商品罪等犯罪的，依法追究刑事责任。

生产经营者不再符合法定条件、要求，继续从事生产经营活动的，由原发证部门吊销许可证照，并在当地主要媒体上公告被吊销许可证照的生产经营者名单；构成非法经营罪或者销售伪劣商品罪等犯罪的，依法追究刑事责任。

依法应当取得许可证照而未取得许可证照从事生产经营活动的，由农业、卫生、质检、商务、工商、药品等监督管理部门依据各自职责，没收违法所得、产品和用于违法生产的工具、设备、原材料等物品，货值金额不足1万元的，并处10万元罚款；货值金额1万元以上的，并处货值金额10倍以上20倍以下的罚款；构成非法经营罪的，依法追究刑事责任。

有关行业协会应当加强行业自律，监督生产经营者的生产经营活动；加强公众健康知识的普及、宣传，引导消费者选择合法生产经营者生产、销售的产品以及有合法标识的产品。

第四条 生产者生产产品所使用的原料、辅料、添加剂、农业投入品，应当符合法律、行政法规的规定和国家强制性标准。

违反前款规定，违法使用原料、辅料、添加剂、农业投入品的，由农业、卫生、质检、商务、药品等监督管理部门依据各自职责没收违法所得，货值金额不足5000元的，并处2万元罚款；货值金额5000元以上不足1万元的，并处5万元罚款；货值金额1万元以上的，并处货值金额5倍以上10倍以下的罚款；造成严重后果的，由原发证部门吊销许可证照；构成生产、销售伪劣商品罪的，依法追究刑事责任。

第五条 销售者必须建立并执行进货检查验收制度，审验供货商的经营资格，验明产品合格证明和产品标识，并建立产品进货台账，如实记录产品名称、规格、数量、供货商及其联系方式、进货时间等内容。从事产品批发业务的销售企业应当建立产品销售台账，如实记录批发的产品品种、规格、数量、流向等内容。在产品集中交易场所销售自制产品的生产企业应当比照从事产品批发业务的销售企业的规定，履行建立产品销售台账的义务。进货台账和销售台账保存期限不得少于 2 年。销售者应当向供货商按照产品生产批次索要符合法定条件的检验机构出具的检验报告或者由供货商签字或者盖章的检验报告复印件；不能提供检验报告或者检验报告复印件的产品，不得销售。

违反前款规定的，由工商、药品监督管理部门依据各自职责责令停止销售；不能提供检验报告或者检验报告复印件销售产品的，没收违法所得和违法销售的产品，并处货值金额 3 倍的罚款；造成严重后果的，由原发证部门吊销许可证照。

第六条 产品集中交易市场的开办企业、产品经营柜台出租企业、产品展销会的举办企业，应当审查入场销售者的经营资格，明确入场销售者的产品安全管理责任，定期对入场销售者的经营环境、条件、内部安全管理制度和经营产品是否符合法定要求进行检查，发现销售不符合法定要求产品或者其他违法行为的，应当及时制止并立即报告所在地工商行政管理部门。

违反前款规定的，由工商行政管理部门处以 1000 元以上 5 万元以下的罚款；情节严重的，责令停业整顿；造成严重后果的，吊销营业执照。

第七条 出口产品的生产经营者应当保证其出口产品符合进口国（地区）的标准或者合同要求。法律规定产品必须经过检验方可出口的，应当经符合法律规定的机构检验合格。

出口产品检验人员应当依照法律、行政法规规定和有关标准、程序、方法进行检验，对其出具的检验证单等负责。

出入境检验检疫机构和商务、药品等监督管理部门应当建立出口产品的生产经营者良好记录和不良记录，并予以公布。对有良好记录的出口产品的生产经营者，简化检验检疫手续。

出口产品的生产经营者逃避产品检验或者弄虚作假的，由出入境检验检疫机构和药品监督管理部门依据各自职责，没收违法所得和产品，并处货值金额 3 倍的罚款；构成犯罪的，依法追究刑事责任。

第八条 进口产品应当符合我国国家技术规范的强制性要求以及我国与出口国（地区）签订的协议规定的检验要求。

质检、药品监督管理部门依据生产经营者的诚信度和质量管理水平以及进口产品风险评估的结果，对进口产品实施分类管理，并对进口产品的收货人实施备案管理。进口产品的收货人应当如实记录进口产品流向。记录保存期限不得少于 2 年。

质检、药品监督管理部门发现不符合法定要求产品时，可以将不符合法定要求产品的进货人、报检人、代理人列入不良记录名单。进口产品的进货人、销售者弄虚作假的，由质检、药品监督管理部门依据各自职责，没收违法所得和产品，并处货值金额 3 倍的罚款；构成犯罪的，依法追究刑事责任。进口产品的报检人、代理人弄虚作假的，取消报检资格，并处货值金额等值的罚款。

第九条 生产企业发现其生产的产品存在安全隐患，可能对人体健康和生命安全造成损害的，应当向社会公布有关信息，通知销售者停止销售，告知消费者停止使用，主动召回产品，并向有关监督管理部门报告；销售者应当立即停止销售该产品。销售者发现其销售的产品存在安全隐患，可能对人体健康和生命安全造成损害的，应当立即停止销售该产品，通知生产企业或者供货商，并向有关监督管理部门报告。

生产企业和销售者不履行前款规定义务的，由农业、卫生、质检、商务、工商、药品等监督管理部门依据各自职责，责令生产企业召回产品、销售者停止销售，对生产企业并处货值金额 3 倍的罚款，对销售者并处 1000 元以上 5 万元以下的罚款；造成严重后果的，由原发证部门吊销许可证照。

第十条 县级以上地方人民政府应当将产品安全监督管理纳入政府工作考核目标，对本行政区域内的产品安全监督管理负总责，统一领导、协调本行政区域内的监督管理工作，建立健全监督管理协调机制，加强对行政执法的协调、监督；统一领导、指挥产品安全突发事件应对工作，依法组织查处产品安全事故；建立监督管理责任制，对各监督管理部门进行评议、考核。质检、工商和药品等监督管理部门应当在所在地同级人民政府的统一协调下，依法做好产品安全监督管理工作。

县级以上地方人民政府不履行产品安全监督管理的领导、协调职责，本行政区域内一年多次出现产品安全事故、造成严重社会影响的，由监察机关或者任免机关对政府的主要负责人和直接负责的主管人员给予记大过、降级或者撤职的处分。

第十一条 国务院质检、卫生、农业等主管部门在各自职责范围内尽快制定、修改或者起草相关国家标准，加快建立统一管理、协调配套、符合实际、科学合理的产品标准体系。

第十二条 县级以上人民政府及其部门对产品安全实施监督管理，应当按照法定权限和程序履行职责，做到公开、公平、公正。对生产经营者同一违法行为，不得给予2次以上罚款的行政处罚；对涉嫌构成犯罪、依法需要追究刑事责任的，应当依照《行政执法机关移送涉嫌犯罪案件的规定》，向公安机关移送。

农业、卫生、质检、商务、工商、药品等监督管理部门应当依据各自职责对生产经营者进行监督检查，并对其遵守强制性标准、法定要求的情况予以记录，由监督检查人员签字后归档。监督检查记录应当作为其直接负责主管人员定期考核的内容。公众有权查阅监督检查记录。

第十三条 生产经营者有下列情形之一的，农业、卫生、质检、商务、工商、药品等监督管理部门应当依据各自职责采取措施，纠正违法行为，防止或者减少危害发生，并依照本规定予以处罚：

（一）依法应当取得许可证照而未取得许可证照从事生产经营活动的；

（二）取得许可证照或者经过认证后，不按照法定条件、要求从事生产经营活动或者生产、销售不符合法定要求产品的；

（三）生产经营者不再符合法定条件、要求继续从事生产经营活动的；

（四）生产者生产产品不按照法律、行政法规的规定和国家强制性标准使用原料、辅料、添加剂、农业投入品的；

（五）销售者没有建立并执行进货检查验收制度，并建立产品进货台账的；

（六）生产企业和销售者发现其生产、销售的产品存在安全隐患，可能对人体健康和生命安全造成损害，不履行本规定的义务的；

（七）生产经营者违反法律、行政法规和本规定的其他有关规定的。

农业、卫生、质检、商务、工商、药品等监督管理部门不履行前款规定职责、造成后果的，由监察机关或者任免机关对其主要负责人、直接负责的主管人员和其他直接责任人员给予记大过或者降级的处分；造成严重后果的，给予其主要负责人、直接负责的主管人员和其他直接责任人员撤职或者开除的处分；其主要负责人、直接负责的主管人员和其他直接责任人员构成渎职罪的，依法追究刑事责任。

违反本规定，滥用职权或者有其他渎职行为的，由监察机关或者任免机关对其主要负责人、直接负责的主管人员和其他直接责任人员给予记过或者记大过的处分；造成严重后果的，给予其主要负责人、直接负责的主管人员和其他直接责任人员降级或者撤职的处分；其主要负责人、直接负责的主管人员和其他直接责任人员构成渎职罪的，依法追究刑事责任。

第十四条 农业、卫生、质检、商务、工商、药品等监督管理部门发现违反本规定的行为，属于其他监督管理部门职责的，应当立即书面通知并移交有权处理的监督管理部门处理。有权处理的部门应当立即处理，不得推诿；因不立即处理或者推诿造成后果的，由监察机关或者任免机关对其主要负责人、直接负责的主管人员和其他直接责任人员给予记大过或者降级的处分。

第十五条 农业、卫生、质检、商务、工商、药品等监督管理部门履行各自产品安全监督管理职责，有下列职权：

（一）进入生产经营场所实施现场检查；

（二）查阅、复制、查封、扣押有关合同、票据、账簿以及其他有关资料；

（三）查封、扣押不符合法定要求的产品，违法使用的原料、辅料、添加剂、农业投入品以及用于违法生产的工具、设备；

（四）查封存在危害人体健康和生命安全重大隐患的生产经营场所。

第十六条 农业、卫生、质检、商务、工商、药品等监督管理部门应当建立生产经营者违法行为记录制度，对违法行为的情况予以记录并公布；对有多次违法行为记录的生产经营者，吊销许可证照。

第十七条 检验检测机构出具虚假检验报告，造成严重后果的，由授予其资质的部门吊销其检验检测资质；构成犯罪的，对直接负责的主管人员和其他直接责任人员依法追究刑事责任。

第十八条 发生产品安全事故或者其他对社会造成严重影响的产品安全事件时，农业、卫生、质检、商务、工商、药品等监督管理部门必须在各自职责范围内及时作出反应，采取措施，控制事态发展，减少损失，依照国务院规定发布信息，做好有关善后工作。

第十九条 任何组织或者个人对违反本规定的行为有权举报。接到举报的部门应当为举报人保密。举报经调查属实的，受理举报的部门应当给予举报人奖励。

农业、卫生、质检、商务、工商、药品等监督管理部门应当公布本单位的电子邮件地址或者举报电话；对接到的举报，应当及时、完整地进行记录并妥善保存。举报的事项属于本部门职责的，应当受理，并依法进行核实、处理、答复；不属于本部门职责的，应当转交有权处理的部门，并告知举报人。

第二十条 本规定自公布之日起施行。

河南省畜产品质量安全管理办法

2007年6月26日省政府第185次常务会议通过，河南省人民政府令第109号公布，自2007年9月1日起施行。

第一条 为保障畜产品质量安全，维护公众健康，根据《中华人民共和国农产品质量安全法》等有关法律、法规，结合本省实际，制定本办法。

第二条 本办法适用于本省行政区域内的畜产品质量安全管理活动。

本办法所称畜产品，是指人工饲养并用于食用的畜禽及其产品。

本办法所称畜产品质量安全，是指畜产品质量符合保障人的健康、安全的要求。

第三条 县级以上人民政府应当加强对本行政区域内畜产品质量安全工作的领导，建立健全畜产品质量安全服务体系，提高畜产品质量安全水平，支持无公害畜产品生产，鼓励生产者申请无公害畜产品产地认定和产品认证，并安排畜产品质量安全经费用于开展畜产品质量安全工作。

第四条 县级以上人民政府畜牧兽医行政主管部门负责本行政区域内畜产品质量安全的监督管理工作。

商务、工商、卫生、质量技术监督等有关行政管理部门应当按照各自职责，共同做好畜产品质量安全管理工作。

第五条 畜牧兽医技术推广机构、专业协会、农民专业合作经济组织应当通过技术服务，推广畜禽优良品种，促进健康养殖，提高畜产品质量。

第六条 畜禽养殖场应当按照国家规定的标准和技术规范饲养畜禽。养殖小区、养殖专业户应当逐步实行标准化饲养。

畜禽饲养场、养殖小区、养殖专业户应当加强畜禽卫生管理，对畜禽饲养场所、器具定期清洗、消毒，对畜禽粪便、废水及其他废弃物应当及时清运或者进行资源化、无害化处理，保证畜禽饲养场所的环境卫生符合国家规定的标准。

畜禽养殖场应当建立畜禽养殖档案，记载《中华人民共和国畜牧法》第四十一条规定的内容；养殖小区、养殖专业户应当建立畜禽养殖记录，记载畜禽的品种、数量、来源以及兽药、饲料和饲料添加剂购买、使用和疫病防治等情况。养殖档案、记录保存时间不得少于2年。

第七条 从事畜禽养殖不得有下列行为：

（一）使用危害人体健康或者在畜禽体内产生有害残留的清洗、消毒物品；

（二）使用未经高温处理的餐馆、食堂的泔水饲喂畜禽；

（三）在垃圾场或者使用垃圾场中的物质饲喂畜禽；

（四）超限量使用兽药、饲料添加剂或者违反畜禽休药期规定用药；

（五）将原料药直接或者添加到饲料、饮用水中饲喂畜禽；

（六）将人用药用于畜禽。

第八条 禁止将盐酸克伦特罗（瘦肉精）、苏丹红等国家明令禁止使用的药物和其他化合物用于畜禽。

禁止任何单位和个人向畜禽养殖者销售、提供或者诱导畜禽养殖者使用盐酸克伦特罗、苏丹红等禁用药物和其他化合物。

第九条 畜禽屠宰企业应当建立畜产品生产记录，记载品名、来源、数量、日期、检疫证号、品质检验和无害化处理等内容。记录保存时间不得少于2年。

第十条 有下列情形之一的畜产品，不得销售：

（一）无检疫证明、验讫标志的；

（二）染疫、病死、毒死或者死因不明的；

（三）含有国家规定的畜禽禁用药物及其他化合物的；

（四）药物残留或者有毒有害物质含量超过国家规定标准的；

（五）注水或者注入其他物质的；

（六）使用有毒有害物质屠宰、加工的；

（七）国家规定禁止经营的其他畜产品。

第十一条 有关科研、教学及动物诊疗机构应当配备污水、污物、病死畜禽无害化处理和清洗消毒设施、设备，对科研、教学、诊疗过程中产生的污水、污物、病死及死因不明的畜禽进行无害化处理，严禁诊疗、解剖的病死及死因不明畜禽流入市场。

第十二条 畜产品批发市场应当与进入市场的畜产品经营者签订质量安全协议，并建立质量安全信用管理制度，引导经营者合法、诚信经营。

畜产品批发市场应当设立或者委托畜产品质量安全检测机构对进场销售的畜产品质量安全状况进行抽查检测；发现不符合畜产品质量安全标准的，应当要求销售者立即停止销售，并向当地县级以上人民政府畜牧兽医行政主管部门报告。

畜产品批发市场、销售企业应当建立畜产品购销记录，记载品名、来源、数量、日期、检疫证号和销向等内容。记录保存时间不得少于1年。

第十三条 省人民政府畜牧兽医行政主管部门应当对可能影响畜产品质量安全的兽药、饲料和饲料添加剂等畜禽生产投入品制定监督计划，定期进行监督抽查，并公布抽查结果。

第十四条 县级以上人民政府畜牧兽医行政主管部门应当建立畜产品质量安全监测制度，制订并组织实施畜产品质量安全监测计划，对生产或者销售的畜产品进行监督抽查。

监督抽查检测应当委托符合规定条件的畜产品质量安全检测机构进行，监督抽查检测经费列入本级政府财政预算，不得向被抽查人收取费用，禁止重复抽查。

第十五条 从事畜产品质量安全检测的机构必须具备相应的检测条件和能力，经省级以上人民政府畜牧兽医行政主管部门或者其授权部门考核合格。

畜产品质量安全检测机构应当依法经计量认证合格。

第十六条 县级以上人民政府畜牧兽医行政主管部门对经检测不符合畜产品质量安全标准的畜产品有权查封、扣押，并按照下列规定处理：

（一）对含有禁用药物的畜禽或者含有禁用药物及药物残留超出规定标准的畜禽产品，责令并监督当事人进行无害化处理；已经售出的，予以追回并进行无害化处理；

（二）对含有国家允许使用的药物但药物残留超出规定标准的畜禽，责令当事人暂停出售、屠宰，并实行监控饲养、定期检测，直至符合规定标准后方可出售、屠宰；未经批准，当事人不得擅自转移或者销售。

监控饲养、检测和无害化处理所发生的费用由当事人承担。

第十七条 县级以上人民政府畜牧兽医行政主管部门在畜产品质量安全监督管理中，发现有本办法第七条、第十条所列情形之一的，应当按照畜产品质量安全责任追究制度的要求，查明责任人，依法予以处理或者提出处理建议。

第十八条 违反本办法第八条规定的，由县级以上人民政府畜牧兽医行政主管部门没收违禁药物和其他化合物，并处以10000元以上30000元以下的罚款；给他人造成损失的，依法承担赔偿责任；构成犯罪的，依法追究刑事责任。

第十九条 违反本办法第十一条规定,对病死及死因不明的畜禽不进行无害化处理或者致使病死及死因不明的畜禽流入市场的,由县级以上人民政府畜牧兽医行政主管部门责令改正,处以1000元以上5000元以下的罚款。

第二十条 违反本办法第六条、第九条、第十二条规定,未建立或者未按照规定保存畜产品质量安全记录的,或者伪造畜产品质量安全记录的,由县级以上人民政府畜牧兽医行政主管部门责令限期改正;逾期未改正的,可处以2000元以下的罚款。

第二十一条 违反本办法第十六条规定,在饲养或者运输过程中有下列行为之一的,由县级以上人民政府畜牧兽医行政主管部门责令改正,并按照下列规定处罚:

(一)擅自销售、转移、销毁被查封或者扣押的畜禽、畜禽产品的,没收畜禽、畜禽产品,并处以畜禽、畜禽产品货值金额1倍以上5倍以下的罚款,但最高罚款数额不得超过30000元;

(二)擅自转移或者销售监控饲养的畜禽的,处以1000元以上5000元以下的罚款;货值金额超过5000元的,处以货值金额1倍以上5倍以下的罚款,但最高罚款数额不得超过30000元。

第二十二条 畜产品质量安全检测机构伪造检测结果或者出具检测结果不实的,依照《中华人民共和国农产品质量安全法》第四十四条的规定处理。

第二十三条 畜产品质量安全监督管理人员有下列行为之一的,依法给予行政处分;构成犯罪的,依法追究刑事责任:

(一)不依法履行监督管理职责或者发现违法行为不予查处的;

(二)违反规定收取费用的;

(三)对畜产品质量安全的举报投诉未依法处理并答复的;

(四)其他滥用职权、玩忽职守、徇私舞弊的行为。

第二十四条 合法捕获、经人工饲养并用于食用的野生动物及其产品的质量安全管理参照本办法执行。

第二十五条 本办法自2007年9月1日起施行。

第二篇　饲料及饲料添加剂

饲料和饲料添加剂管理条例

1999年5月29日中华人民共和国国务院令第266号发布。根据2001年11月29日《国务院关于修改〈饲料和饲料添加剂管理条例〉的决定》第一次修订，根据2013年12月07日《国务院关于修改部分行政法规的决定》第二次修订，根据2016年02月06日《国务院关于修改部分行政法规的决定》第三次修订，根据2017年3月1日《国务院关于修改和废止部分行政法规的决定》第四次修订。

第一章　总　则

第一条　为了加强对饲料、饲料添加剂的管理，提高饲料、饲料添加剂的质量，保障动物产品质量安全，维护公众健康，制定本条例。

第二条　本条例所称饲料，是指经工业化加工、制作的供动物食用的产品，包括单一饲料、添加剂预混合饲料、浓缩饲料、配合饲料和精料补充料。

本条例所称饲料添加剂，是指在饲料加工、制作、使用过程中添加的少量或者微量物质，包括营养性饲料添加剂和一般饲料添加剂。

饲料原料目录和饲料添加剂品种目录由国务院农业行政主管部门制定并公布。

第三条　国务院农业行政主管部门负责全国饲料、饲料添加剂的监督管理工作。

县级以上地方人民政府负责饲料、饲料添加剂管理的部门（以下简称饲料管理部门），负责本行政区域饲料、饲料添加剂的监督管理工作。

第四条　县级以上地方人民政府统一领导本行政区域饲料、饲料添加剂的监督管理工作，建立健全监督管理机制，保障监督管理工作的开展。

第五条　饲料、饲料添加剂生产企业、经营者应当建立健全质量安全制度，对其生产、经营的饲料、饲料添加剂的质量安全负责。

第六条　任何组织或者个人有权举报在饲料、饲料添加剂生产、经营、使用过程中违反本条例的行为，有权对饲料、饲料添加剂监督管理工作提出意见和建议。

第二章　审定和登记

第七条　国家鼓励研制新饲料、新饲料添加剂。

研制新饲料、新饲料添加剂，应当遵循科学、安全、有效、环保的原则，保证新饲料、新饲料添加剂的质量安全。

第八条　研制的新饲料、新饲料添加剂投入生产前，研制者或者生产企业应当向国务院农业行政主管部门提出审定申请，并提供该新饲料、新饲料添加剂的样品和下列资料：

（一）名称、主要成分、理化性质、研制方法、生产工艺、质量标准、检测方法、检验报告、稳定性试验报告、环境影响报告和污染防治措施；

（二）国务院农业行政主管部门指定的试验机构出具的该新饲料、新饲料添加剂的饲喂效果、残留消解动态以及毒理学安全性评价报告。

申请新饲料添加剂审定的，还应当说明该新饲料添加剂的添加目的、使用方法，并提供该饲料添加剂残留可能对人体健康造成影响的分析评价报告。

第九条 国务院农业行政主管部门应当自受理申请之日起5个工作日内，将新饲料、新饲料添加剂的样品和申请资料交全国饲料评审委员会，对该新饲料、新饲料添加剂的安全性、有效性及其对环境的影响进行评审。

全国饲料评审委员会由养殖、饲料加工、动物营养、毒理、药理、代谢、卫生、化工合成、生物技术、质量标准、环境保护、食品安全风险评估等方面的专家组成。全国饲料评审委员会对新饲料、新饲料添加剂的评审采取评审会议的形式，评审会议应当有9名以上全国饲料评审委员会专家参加，根据需要也可以邀请1至2名全国饲料评审委员会专家以外的专家参加，参加评审的专家对评审事项具有表决权。评审会议应当形成评审意见和会议纪要，并由参加评审的专家审核签字；有不同意见的，应当注明。参加评审的专家应当依法公平、公正履行职责，对评审资料保密，存在回避事由的，应当主动回避。

全国饲料评审委员会应当自收到新饲料、新饲料添加剂的样品和申请资料之日起9个月内出具评审结果并提交国务院农业行政主管部门；但是，全国饲料评审委员会决定由申请人进行相关试验的，经国务院农业行政主管部门同意，评审时间可以延长3个月。

国务院农业行政主管部门应当自收到评审结果之日起10个工作日内作出是否核发新饲料、新饲料添加剂证书的决定；决定不予核发的，应当书面通知申请人并说明理由。

第十条 国务院农业行政主管部门核发新饲料、新饲料添加剂证书，应当同时按照职责权限公布该新饲料、新饲料添加剂的产品质量标准。

第十一条 新饲料、新饲料添加剂的监测期为5年。新饲料、新饲料添加剂处于监测期的，不受理其他就该新饲料、新饲料添加剂的生产申请和进口登记申请，但超过3年不投入生产的除外。

生产企业应当收集处于监测期的新饲料、新饲料添加剂的质量稳定性及其对动物产品质量安全的影响等信息，并向国务院农业行政主管部门报告；国务院农业行政主管部门应当对新饲料、新饲料添加剂的质量安全状况组织跟踪监测，证实其存在安全问题的，应当撤销新饲料、新饲料添加剂证书并予以公告。

第十二条 向中国出口中国境内尚未使用但出口国已经批准生产和使用的饲料、饲料添加剂的，由出口方驻中国境内的办事机构或者其委托的中国境内代理机构向国务院农业行政主管部门申请登记，并提供该饲料、饲料添加剂的样品和下列资料：

（一）商标、标签和推广应用情况；

（二）生产地批准生产、使用的证明和生产地以外其他国家、地区的登记资料；

（三）主要成分、理化性质、研制方法、生产工艺、质量标准、检测方法、检验报告、稳定性试验报告、环境影响报告和污染防治措施；

（四）国务院农业行政主管部门指定的试验机构出具的该饲料、饲料添加剂的饲喂效果、残留消解动态以及毒理学安全性评价报告。

申请饲料添加剂进口登记的，还应当说明该饲料添加剂的添加目的、使用方法，并提供该饲料添加剂残留可能对人体健康造成影响的分析评价报告。

国务院农业行政主管部门应当依照本条例第九条规定的新饲料、新饲料添加剂的评审程序组织评审，并决定是否核发饲料、饲料添加剂进口登记证。

首次向中国出口中国境内已经使用且出口国已经批准生产和使用的饲料、饲料添加剂的，应当依照本条第一款、第二款的规定申请登记。国务院农业行政主管部门应当自受理申请之日起 10 个工作日内对申请资料进行审查；审查合格的，将样品交由指定的机构进行复核检测；复核检测合格的，国务院农业行政主管部门应当在 10 个工作日内核发饲料、饲料添加剂进口登记证。

饲料、饲料添加剂进口登记证有效期为 5 年。进口登记证有效期满需要继续向中国出口饲料、饲料添加剂的，应当在有效期届满 6 个月前申请续展。

禁止进口未取得饲料、饲料添加剂进口登记证的饲料、饲料添加剂。

第十三条 国家对已经取得新饲料、新饲料添加剂证书或者饲料、饲料添加剂进口登记证的、含有新化合物的饲料、饲料添加剂的申请人提交的其自己所取得且未披露的试验数据和其他数据实施保护。

自核发证书之日起 6 年内，对其他申请人未经已取得新饲料、新饲料添加剂证书或者饲料、饲料添加剂进口登记证的申请人同意，使用前款规定的数据申请新饲料、新饲料添加剂审定或者饲料、饲料添加剂进口登记的，国务院农业行政主管部门不予审定或者登记；但是，其他申请人提交其自己所取得的数据的除外。

除下列情形外，国务院农业行政主管部门不得披露本条第一款规定的数据：

（一）公共利益需要；

（二）已采取措施确保该类信息不会被不正当地进行商业使用。

第三章 生产、经营和使用

第十四条 设立饲料、饲料添加剂生产企业，应当符合饲料工业发展规划和产业政策，并具备下列条件：

（一）有与生产饲料、饲料添加剂相适应的厂房、设备和仓储设施；

（二）有与生产饲料、饲料添加剂相适应的专职技术人员；

（三）有必要的产品质量检验机构、人员、设施和质量管理制度；

（四）有符合国家规定的安全、卫生要求的生产环境；

（五）有符合国家环境保护要求的污染防治措施；

（六）国务院农业行政主管部门制定的饲料、饲料添加剂质量安全管理规范规定的其他条件。

第十五条 申请设立饲料添加剂、添加剂预混合饲料生产企业，申请人应当向省、自治区、直辖市人民政府饲料管理部门提出申请。省、自治区、直辖市人民政府饲料管理部门应当自受理申请之日起 20 个工作日内进行书面审查和现场审核，并将相关资料和审查、审核意见上报国务院农业行政主管部门。国务院农业行政主管部门收到资料和审查、审核意见后应当组织评审，根据评审结果在 10 个工作日内作出是否核发生产许可证的决定，并将决定抄送省、自治区、直辖市人民政府饲料管理部门。

申请设立其他饲料生产企业，申请人应当向省、自治区、直辖市人民政府饲料管理部门提出申请。省、自治区、直辖市人民政府饲料管理部门应当自受理申请之日起 10 个工作日内进行书面审查；审查合格的，组织进行现场审核，并根据审核结果在 10 个工作日内作出是否核发生产许可证的决定。

申请人凭生产许可证办理工商登记手续。

生产许可证有效期为5年。生产许可证有效期满需要继续生产饲料、饲料添加剂的，应当在有效期届满6个月前申请续展。

第十六条 饲料添加剂、添加剂预混合饲料生产企业取得国务院农业行政主管部门核发的生产许可证后，由省、自治区、直辖市人民政府饲料管理部门按照国务院农业行政主管部门的规定，核发相应的产品批准文号。

第十七条 饲料、饲料添加剂生产企业应当按照国务院农业行政主管部门的规定和有关标准，对采购的饲料原料、单一饲料、饲料添加剂、药物饲料添加剂、添加剂预混合饲料和用于饲料添加剂生产的原料进行查验或者检验。

饲料生产企业使用限制使用的饲料原料、单一饲料、饲料添加剂、药物饲料添加剂、添加剂预混合饲料生产饲料的，应当遵守国务院农业行政主管部门的限制性规定。禁止使用国务院农业行政主管部门公布的饲料原料目录、饲料添加剂品种目录和药物饲料添加剂品种目录以外的任何物质生产饲料。

饲料、饲料添加剂生产企业应当如实记录采购的饲料原料、单一饲料、饲料添加剂、药物饲料添加剂、添加剂预混合饲料和用于饲料添加剂生产的原料的名称、产地、数量、保质期、许可证明文件编号、质量检验信息、生产企业名称或者供货者名称及其联系方式、进货日期等。记录保存期限不得少于2年。

第十八条 饲料、饲料添加剂生产企业，应当按照产品质量标准以及国务院农业行政主管部门制定的饲料、饲料添加剂质量安全管理规范和饲料添加剂安全使用规范组织生产，对生产过程实施有效控制并实行生产记录和产品留样观察制度。

第十九条 饲料、饲料添加剂生产企业应当对生产的饲料、饲料添加剂进行产品质量检验；检验合格的，应当附具产品质量检验合格证。未经产品质量检验、检验不合格或者未附具产品质量检验合格证的，不得出厂销售。

饲料、饲料添加剂生产企业应当如实记录出厂销售的饲料、饲料添加剂的名称、数量、生产日期、生产批次、质量检验信息、购货者名称及其联系方式、销售日期等。记录保存期限不得少于2年。

第二十条 出厂销售的饲料、饲料添加剂应当包装，包装应当符合国家有关安全、卫生的规定。

饲料生产企业直接销售给养殖者的饲料可以使用罐装车运输。罐装车应当符合国家有关安全、卫生的规定，并随罐装车附具符合本条例第二十一条规定的标签。

易燃或者其他特殊的饲料、饲料添加剂的包装应当有警示标志或者说明，并注明储运注意事项。

第二十一条 饲料、饲料添加剂的包装上应当附具标签。标签应当以中文或者适用符号标明产品名称、原料组成、产品成分分析保证值、净重或者净含量、贮存条件、使用说明、注意事项、生产日期、保质期、生产企业名称以及地址、许可证明文件编号和产品质量标准等。加入药物饲料添加剂的，还应当标明"加入药物饲料添加剂"字样，并标明其通用名称、含量和休药期。乳和乳制品以外的动物源性饲料，还应当标明"本产品不得饲喂反刍动物"字样。

第二十二条 饲料、饲料添加剂经营者应当符合下列条件：

（一）有与经营饲料、饲料添加剂相适应的经营场所和仓储设施；

（二）有具备饲料、饲料添加剂使用、贮存等知识的技术人员；

(三) 有必要的产品质量管理和安全管理制度。

第二十三条 饲料、饲料添加剂经营者进货时应当查验产品标签、产品质量检验合格证和相应的许可证明文件。

饲料、饲料添加剂经营者不得对饲料、饲料添加剂进行拆包、分装，不得对饲料、饲料添加剂进行再加工或者添加任何物质。

禁止经营用国务院农业行政主管部门公布的饲料原料目录、饲料添加剂品种目录和药物饲料添加剂品种目录以外的任何物质生产的饲料。

饲料、饲料添加剂经营者应当建立产品购销台账，如实记录购销产品的名称、许可证明文件编号、规格、数量、保质期、生产企业名称或者供货者名称及其联系方式、购销时间等。购销台账保存期限不得少于 2 年。

第二十四条 向中国出口的饲料、饲料添加剂应当包装，包装应当符合中国有关安全、卫生的规定，并附具符合本条例第二十一条规定的标签。

向中国出口的饲料、饲料添加剂应当符合中国有关检验检疫的要求，由出入境检验检疫机构依法实施检验检疫，并对其包装和标签进行核查。包装和标签不符合要求的，不得入境。

境外企业不得直接在中国销售饲料、饲料添加剂。境外企业在中国销售饲料、饲料添加剂的，应当依法在中国境内设立销售机构或者委托符合条件的中国境内代理机构销售。

第二十五条 养殖者应当按照产品使用说明和注意事项使用饲料。在饲料或者动物饮用水中添加饲料添加剂的，应当符合饲料添加剂使用说明和注意事项的要求，遵守国务院农业行政主管部门制定的饲料添加剂安全使用规范。

养殖者使用自行配制的饲料的，应当遵守国务院农业行政主管部门制定的自行配制饲料使用规范，并不得对外提供自行配制的饲料。

使用限制使用的物质养殖动物的，应当遵守国务院农业行政主管部门的限制性规定。禁止在饲料、动物饮用水中添加国务院农业行政主管部门公布禁用的物质以及对人体具有直接或者潜在危害的其他物质，或者直接使用上述物质养殖动物。禁止在反刍动物饲料中添加乳和乳制品以外的动物源性成分。

第二十六条 国务院农业行政主管部门和县级以上地方人民政府饲料管理部门应当加强饲料、饲料添加剂质量安全知识的宣传，提高养殖者的质量安全意识，指导养殖者安全、合理使用饲料、饲料添加剂。

第二十七条 饲料、饲料添加剂在使用过程中被证实对养殖动物、人体健康或者环境有害的，由国务院农业行政主管部门决定禁用并予以公布。

第二十八条 饲料、饲料添加剂生产企业发现其生产的饲料、饲料添加剂对养殖动物、人体健康有害或者存在其他安全隐患的，应当立即停止生产，通知经营者、使用者，向饲料管理部门报告，主动召回产品，并记录召回和通知情况。召回的产品应当在饲料管理部门监督下予以无害化处理或者销毁。

饲料、饲料添加剂经营者发现其销售的饲料、饲料添加剂具有前款规定情形的，应当立即停止销售，通知生产企业、供货者和使用者，向饲料管理部门报告，并记录通知情况。

养殖者发现其使用的饲料、饲料添加剂具有本条第一款规定情形的，应当立即停止使用，通知供货者，并向饲料管理部门报告。

第二十九条 禁止生产、经营、使用未取得新饲料、新饲料添加剂证书的新饲料、新饲料添加剂以及禁用的饲料、饲料添加剂。

禁止经营、使用无产品标签、无生产许可证、无产品质量标准、无产品质量检验合格证的饲料、饲料添加剂。禁止经营、使用无产品批准文号的饲料添加剂、添加剂预混合饲料。禁止经营、使用未取得饲料、饲料添加剂进口登记证的进口饲料、进口饲料添加剂。

第三十条 禁止对饲料、饲料添加剂作具有预防或者治疗动物疾病作用的说明或者宣传。但是，饲料中添加药物饲料添加剂的，可以对所添加的药物饲料添加剂的作用加以说明。

第三十一条 国务院农业行政主管部门和省、自治区、直辖市人民政府饲料管理部门应当按照职责权限对全国或者本行政区域饲料、饲料添加剂的质量安全状况进行监测，并根据监测情况发布饲料、饲料添加剂质量安全预警信息。

第三十二条 国务院农业行政主管部门和县级以上地方人民政府饲料管理部门，应当根据需要定期或者不定期组织实施饲料、饲料添加剂监督抽查；饲料、饲料添加剂监督抽查检测工作由国务院农业行政主管部门或者省、自治区、直辖市人民政府饲料管理部门指定的具有相应技术条件的机构承担。饲料、饲料添加剂监督抽查不得收费。

国务院农业行政主管部门和省、自治区、直辖市人民政府饲料管理部门应当按照职责权限公布监督抽查结果，并可以公布具有不良记录的饲料、饲料添加剂生产企业、经营者名单。

第三十三条 县级以上地方人民政府饲料管理部门应当建立饲料、饲料添加剂监督管理档案，记录日常监督检查、违法行为查处等情况。

第三十四条 国务院农业行政主管部门和县级以上地方人民政府饲料管理部门在监督检查中可以采取下列措施：

（一）对饲料、饲料添加剂生产、经营、使用场所实施现场检查；

（二）查阅、复制有关合同、票据、账簿和其他相关资料；

（三）查封、扣押有证据证明用于违法生产饲料的饲料原料、单一饲料、饲料添加剂、药物饲料添加剂、添加剂预混合饲料，用于违法生产饲料添加剂的原料，用于违法生产饲料、饲料添加剂的工具、设施，违法生产、经营、使用的饲料、饲料添加剂；

（四）查封违法生产、经营饲料、饲料添加剂的场所。

第四章 法律责任

第三十五条 国务院农业行政主管部门、县级以上地方人民政府饲料管理部门或者其他依照本条例规定行使监督管理权的部门及其工作人员，不履行本条例规定的职责或者滥用职权、玩忽职守、徇私舞弊的，对直接负责的主管人员和其他直接责任人员，依法给予处分；直接负责的主管人员和其他直接责任人员构成犯罪的，依法追究刑事责任。

第三十六条 提供虚假的资料、样品或者采取其他欺骗方式取得许可证明文件的，由发证机关撤销相关许可证明文件，处5万元以上10万元以下罚款，申请人3年内不得就同一事项申请行政许可。以欺骗方式取得许可证明文件给他人造成损失的，依法承担赔偿责任。

第三十七条 假冒、伪造或者买卖许可证明文件的，由国务院农业行政主管部门或者县级以上地方人民政府饲料管理部门按照职责权限收缴或者吊销、撤销相关许可证明文件；构成犯罪的，依法追究刑事责任。

第三十八条 未取得生产许可证生产饲料、饲料添加剂的，由县级以上地方人民政府饲料管理部门责令停止生产，没收违法所得、违法生产的产品和用于违法生产饲料的饲料原料、单一饲料、饲料添加剂、药物饲料添加剂、添加剂预混合饲料以及用于违法生产饲料添加剂的原料，违法生产的产品货值金额不足1万元的，并处1万元以上5万元以下罚款，货值金额1万元以上的，并处货值金额5倍以上10倍以下罚款；情节严重的，没收其生产设备，生产企业的主要负责人和直接负责的主管人员10年内不得从事饲料、饲料添加剂生产、经营活动。

已经取得生产许可证，但不再具备本条例第十四条规定的条件而继续生产饲料、饲料添加剂的，由县级以上地方人民政府饲料管理部门责令停止生产、限期改正，并处 1 万元以上 5 万元以下罚款；逾期不改正的，由发证机关吊销生产许可证。

已经取得生产许可证，但未取得产品批准文号而生产饲料添加剂、添加剂预混合饲料的，由县级以上地方人民政府饲料管理部门责令停止生产，没收违法所得、违法生产的产品和用于违法生产饲料的饲料原料、单一饲料、饲料添加剂、药物饲料添加剂以及用于违法生产饲料添加剂的原料，限期补办产品批准文号，并处违法生产的产品货值金额 1 倍以上 3 倍以下罚款；情节严重的，由发证机关吊销生产许可证。

第三十九条 饲料、饲料添加剂生产企业有下列行为之一的，由县级以上地方人民政府饲料管理部门责令改正，没收违法所得、违法生产的产品和用于违法生产饲料的饲料原料、单一饲料、饲料添加剂、药物饲料添加剂、添加剂预混合饲料以及用于违法生产饲料添加剂的原料，违法生产的产品货值金额不足 1 万元的，并处 1 万元以上 5 万元以下罚款，货值金额 1 万元以上的，并处货值金额 5 倍以上 10 倍以下罚款；情节严重的，由发证机关吊销、撤销相关许可证明文件，生产企业的主要负责人和直接负责的主管人员 10 年内不得从事饲料、饲料添加剂生产、经营活动；构成犯罪的，依法追究刑事责任：

（一）使用限制使用的饲料原料、单一饲料、饲料添加剂、药物饲料添加剂、添加剂预混合饲料生产饲料，不遵守国务院农业行政主管部门的限制性规定的；

（二）使用国务院农业行政主管部门公布的饲料原料目录、饲料添加剂品种目录和药物饲料添加剂品种目录以外的物质生产饲料的；

（三）生产未取得新饲料、新饲料添加剂证书的新饲料、新饲料添加剂或者禁用的饲料、饲料添加剂的。

第四十条 饲料、饲料添加剂生产企业有下列行为之一的，由县级以上地方人民政府饲料管理部门责令改正，处 1 万元以上 2 万元以下罚款；拒不改正的，没收违法所得、违法生产的产品和用于违法生产饲料的饲料原料、单一饲料、饲料添加剂、药物饲料添加剂、添加剂预混合饲料以及用于违法生产饲料添加剂的原料，并处 5 万元以上 10 万元以下罚款；情节严重的，责令停止生产，可以由发证机关吊销、撤销相关许可证明文件：

（一）不按照国务院农业行政主管部门的规定和有关标准对采购的饲料原料、单一饲料、饲料添加剂、药物饲料添加剂、添加剂预混合饲料和用于饲料添加剂生产的原料进行查验或者检验的；

（二）饲料、饲料添加剂生产过程中不遵守国务院农业行政主管部门制定的饲料、饲料添加剂质量安全管理规范和饲料添加剂安全使用规范的；

（三）生产的饲料、饲料添加剂未经产品质量检验的。

第四十一条 饲料、饲料添加剂生产企业不依照本条例规定实行采购、生产、销售记录制度或者产品留样观察制度的，由县级以上地方人民政府饲料管理部门责令改正，处 1 万元以上 2 万元以下罚款；拒不改正的，没收违法所得、违法生产的产品和用于违法生产饲料的饲料原料、单一饲料、饲料添加剂、药物饲料添加剂、添加剂预混合饲料以及用于违法生产饲料添加剂的原料，处 2 万元以上 5 万元以下罚款，并可以由发证机关吊销、撤销相关许可证明文件。

饲料、饲料添加剂生产企业销售的饲料、饲料添加剂未附具产品质量检验合格证或者包装、标签不符合规定的，由县级以上地方人民政府饲料管理部门责令改正；情节严重的，没收违法所得和违法销售的产品，可以处违法销售的产品货值金额 30% 以下罚款。

第四十二条 不符合本条例第二十二条规定的条件经营饲料、饲料添加剂的，由县级人民政府饲料管理部门责令限期改正；逾期不改正的，没收违法所得和违法经营的产品，违法经营的产品货值金额不足 1 万元的，并处 2000 元以上 2 万元以下罚款，货值金额 1 万元以上的，并处货值金额 2 倍以上 5 倍以下罚款；情节严重的，责令停止经营，并通知工商行政管理部门，由工商行政管理部门吊销营业执照。

第四十三条 饲料、饲料添加剂经营者有下列行为之一的，由县级人民政府饲料管理部门责令改正，没收违法所得和违法经营的产品，违法经营的产品货值金额不足 1 万元的，并处 2000 元以上 2 万元以下罚款，货值金额 1 万元以上的，并处货值金额 2 倍以上 5 倍以下罚款；情节严重的，责令停止经营，并通知工商行政管理部门，由工商行政管理部门吊销营业执照；构成犯罪的，依法追究刑事责任：

（一）对饲料、饲料添加剂进行再加工或者添加物质的；

（二）经营无产品标签、无生产许可证、无产品质量检验合格证的饲料、饲料添加剂的；

（三）经营无产品批准文号的饲料添加剂、添加剂预混合饲料的；

（四）经营用国务院农业行政主管部门公布的饲料原料目录、饲料添加剂品种目录和药物饲料添加剂品种目录以外的物质生产的饲料的；

（五）经营未取得新饲料、新饲料添加剂证书的新饲料、新饲料添加剂或者未取得饲料、饲料添加剂进口登记证的进口饲料、进口饲料添加剂以及禁用的饲料、饲料添加剂的。

第四十四条 饲料、饲料添加剂经营者有下列行为之一的，由县级人民政府饲料管理部门责令改正，没收违法所得和违法经营的产品，并处 2000 元以上 1 万元以下罚款：

（一）对饲料、饲料添加剂进行拆包、分装的；

（二）不依照本条例规定实行产品购销台账制度的；

（三）经营的饲料、饲料添加剂失效、霉变或者超过保质期的。

第四十五条 对本条例第二十八条规定的饲料、饲料添加剂，生产企业不主动召回的，由县级以上地方人民政府饲料管理部门责令召回，并监督生产企业对召回的产品予以无害化处理或者销毁；情节严重的，没收违法所得，并处应召回的产品货值金额 1 倍以上 3 倍以下罚款，可以由发证机关吊销、撤销相关许可证明文件；生产企业对召回的产品不予以无害化处理或者销毁的，由县级人民政府饲料管理部门代为销毁，所需费用由生产企业承担。

对本条例第二十八条规定的饲料、饲料添加剂，经营者不停止销售的，由县级以上地方人民政府饲料管理部门责令停止销售；拒不停止销售的，没收违法所得，处 1000 元以上 5 万元以下罚款；情节严重的，责令停止经营，并通知工商行政管理部门，由工商行政管理部门吊销营业执照。

第四十六条 饲料、饲料添加剂生产企业、经营者有下列行为之一的，由县级以上地方人民政府饲料管理部门责令停止生产、经营，没收违法所得和违法生产、经营的产品，违法生产、经营的产品货值金额不足 1 万元的，并处 2000 元以上 2 万元以下罚款，货值金额 1 万元以上的，并处货值金额 2 倍以上 5 倍以下罚款；构成犯罪的，依法追究刑事责任：

（一）在生产、经营过程中，以非饲料、非饲料添加剂冒充饲料、饲料添加剂或者以此种饲料、饲料添加剂冒充他种饲料、饲料添加剂的；

（二）生产、经营无产品质量标准或者不符合产品质量标准的饲料、饲料添加剂的；

（三）生产、经营的饲料、饲料添加剂与标签标示的内容不一致的。

饲料、饲料添加剂生产企业有前款规定的行为，情节严重的，由发证机关吊销、撤销相关许可证明文件；饲料、饲料添加剂经营者有前款规定的行为，情节严重的，通知工商行政管理部门，由工商行政管理部门吊销营业执照。

第四十七条 养殖者有下列行为之一的，由县级人民政府饲料管理部门没收违法使用的产品和非法添加物质，对单位处 1 万元以上 5 万元以下罚款，对个人处 5000 元以下罚款；构成犯罪的，依法追究刑事责任：

（一）使用未取得新饲料、新饲料添加剂证书的新饲料、新饲料添加剂或者未取得饲料、饲料添加剂进口登记证的进口饲料、进口饲料添加剂的；

（二）使用无产品标签、无生产许可证、无产品质量标准、无产品质量检验合格证的饲料、饲料添加剂的；

（三）使用无产品批准文号的饲料添加剂、添加剂预混合饲料的；

（四）在饲料或者动物饮用水中添加饲料添加剂，不遵守国务院农业行政主管部门制定的饲料添加剂安全使用规范的；

（五）使用自行配制的饲料，不遵守国务院农业行政主管部门制定的自行配制饲料使用规范的；

（六）使用限制使用的物质养殖动物，不遵守国务院农业行政主管部门的限制性规定的；

（七）在反刍动物饲料中添加乳和乳制品以外的动物源性成分的。

在饲料或者动物饮用水中添加国务院农业行政主管部门公布禁用的物质以及对人体具有直接或者潜在危害的其他物质，或者直接使用上述物质养殖动物的，由县级以上地方人民政府饲料管理部门责令其对饲喂了违禁物质的动物进行无害化处理，处 3 万元以上 10 万元以下罚款；构成犯罪的，依法追究刑事责任。

第四十八条 养殖者对外提供自行配制的饲料的，由县级人民政府饲料管理部门责令改正，处 2000 元以上 2 万元以下罚款。

第五章　附　则

第四十九条 本条例下列用语的含义：

（一）饲料原料，是指来源于动物、植物、微生物或者矿物质，用于加工制作饲料但不属于饲料添加剂的饲用物质。

（二）单一饲料，是指来源于一种动物、植物、微生物或者矿物质，用于饲料产品生产的饲料。

（三）添加剂预混合饲料，是指由两种（类）或者两种（类）以上营养性饲料添加剂为主，与载体或者稀释剂按照一定比例配制的饲料，包括复合预混合饲料、微量元素预混合饲料、维生素预混合饲料。

（四）浓缩饲料，是指主要由蛋白质、矿物质和饲料添加剂按照一定比例配制的饲料。

（五）配合饲料，是指根据养殖动物营养需要，将多种饲料原料和饲料添加剂按照一定比例配制的饲料。

（六）精料补充料，是指为补充草食动物的营养，将多种饲料原料和饲料添加剂按照一定比例配制的饲料。

（七）营养性饲料添加剂，是指为补充饲料营养成分而掺入饲料中的少量或者微量物质，包括饲料级氨基酸、维生素、矿物质微量元素、酶制剂、非蛋白氮等。

（八）一般饲料添加剂，是指为保证或者改善饲料品质、提高饲料利用率而掺入饲料中的少量或者微量物质。

（九）药物饲料添加剂，是指为预防、治疗动物疾病而掺入载体或者稀释剂的兽药的预混合物质。

（十）许可证明文件，是指新饲料、新饲料添加剂证书，饲料、饲料添加剂进口登记证，饲料、饲料添加剂生产许可证，饲料添加剂、添加剂预混合饲料产品批准文号。

第五十条 药物饲料添加剂的管理，依照《兽药管理条例》的规定执行。

第五十一条 本条例自 2012 年 5 月 1 日起施行。

新饲料和新饲料添加剂管理办法

为加强新饲料、新饲料添加剂管理，保障养殖动物产品质量安全，根据《饲料和饲料添加剂管理条例》，制定《新饲料和新饲料添加剂管理办法》。该《办法》经 2012 年农业部第 6 次常务会议审议通过，2012 年 5 月 2 日中华人民共和国农业部令 2012 年 第 4 号公布。《办法》共 24 条，自 2012 年 7 月 1 日起施行。2016 年农业部第 3 号令《农业部关于废止和修改部分规章、规范性文件的决定》第一次修订。农业部 2000 年 8 月 17 日发布的《新饲料和新饲料添加剂管理办法》予以废止。

第一条 为加强新饲料、新饲料添加剂管理，保障养殖动物产品质量安全，根据《饲料和饲料添加剂管理条例》，制定本办法。

第二条 本办法所称新饲料，是指我国境内新研制开发的尚未批准使用的单一饲料。

本办法所称新饲料添加剂，是指我国境内新研制开发的尚未批准使用的饲料添加剂。

第三条 有下列情形之一的，应当向农业部提出申请，参照本办法规定的新饲料、新饲料添加剂审定程序进行评审，评审通过的，由农业部公告作为饲料、饲料添加剂生产和使用，但不发给新饲料、新饲料添加剂证书：

（一）饲料添加剂扩大适用范围的；

（二）饲料添加剂含量规格低于饲料添加剂安全使用规范要求的，但由饲料添加剂与载体或者稀释剂按照一定比例配制的除外；

（三）饲料添加剂生产工艺发生重大变化的；

（四）新饲料、新饲料添加剂自获证之日起超过 3 年未投入生产，其他企业申请生产的；

（五）农业部规定的其他情形。

第四条 研制新饲料、新饲料添加剂，应当遵循科学、安全、有效、环保的原则，保证新饲料、新饲料添加剂的质量安全。

第五条 农业部负责新饲料、新饲料添加剂审定。

全国饲料评审委员会（以下简称评审委）组织对新饲料、新饲料添加剂的安全性、有效性及其对环境的影响进行评审。

第六条 新饲料、新饲料添加剂投入生产前，研制者或者生产企业（以下简称申请人）应当向农业部提出审定申请，并提交新饲料、新饲料添加剂的申请资料和样品。

第七条 申请资料包括：

（一）新饲料、新饲料添加剂审定申请表；

（二）产品名称及命名依据、产品研制目的；

（三）有效组分、理化性质及有效组分化学结构的鉴定报告，或者动物、植物、微生物的分类（菌种）鉴定报告，微生物发酵制品还应当提供生产所用菌株的菌种鉴定报告；

（四）适用范围、使用方法、在配合饲料或全混合日粮中的推荐用量，必要时提供最高限量值；

（五）生产工艺、制造方法及产品稳定性试验报告；

（六）质量标准草案及其编制说明和产品检测报告；有最高限量要求的，还应提供有效组分在配合饲料、浓缩饲料、精料补充料、添加剂预混合饲料中的检测方法；

（七）农业部指定的试验机构出具的产品有效性评价试验报告、安全性评价试验报告（包括靶动物耐受性评价报告、毒理学安全评价报告、代谢和残留评价报告等）；申请新饲料添加剂审定的，还应当提供该新饲料添加剂在养殖产品中的残留可能对人体健康造成影响的分析评价报告；

（八）标签式样、包装要求、贮存条件、保质期和注意事项；

（九）中试生产总结和"三废"处理报告；

（十）对他人的专利不构成侵权的声明。

第八条 产品样品应当符合以下要求：

（一）来自中试或工业化生产线；

（二）每个产品提供连续3个批次的样品，每个批次4份样品，每份样品不少于检测需要量的5倍；

（三）必要时提供相关的标准品或化学对照品。

第九条 有效性评价试验机构和安全性评价试验机构应当按照农业部制定的技术指导文件或行业公认的技术标准，科学、客观、公正开展试验，不得与研制者、生产企业存在利害关系。

承担试验的专家不得参与该新饲料、新饲料添加剂的评审工作。

第十条 农业部自受理申请之日起5个工作日内，将申请资料和样品交评审委进行评审。

第十一条 新饲料、新饲料添加剂的评审采取评审会议的形式。评审会议应当有9名以上评审委专家参加，根据需要也可以邀请1至2名评审委专家以外的专家参加。参加评审的专家对评审事项具有表决权。

评审会议应当形成评审意见和会议纪要，并由参加评审的专家审核签字；有不同意见的，应当注明。

第十二条 参加评审的专家应当依法履行职责，科学、客观、公正提出评审意见。

评审专家与研制者、生产企业有利害关系的，应当回避。

第十三条 评审会议原则通过的，由评审委将样品交农业部指定的饲料质量检验机构进行质量复核。质量复核机构应当自收到样品之日起3个月内完成质量复核，并将质量复核报告和复核意见报评审委，同时送达申请人。需用特殊方法检测的，质量复核时间可以延长1个月。

质量复核包括标准复核和样品检测，有最高限量要求的，还应当对申报产品有效组分在饲料产品中的检测方法进行验证。

申请人对质量复核结果有异议的，可以在收到质量复核报告后15个工作日内申请复检。

第十四条 评审过程中，农业部可以组织对申请人的试验或生产条件进行现场核查，或者对试验数据进行核查或验证。

第十五条 评审委应当自收到新饲料、新饲料添加剂申请资料和样品之日起9个月内向农业部提交评审结果；但是，评审委决定由申请人进行相关试验的，经农业部同意，评审时间可以延长3个月。

第十六条 农业部自收到评审结果之日起10个工作日内作出是否核发新饲料、新饲料添加剂证书的决定。

决定核发新饲料、新饲料添加剂证书的，由农业部予以公告，同时发布该产品的质量标准。新饲料、新饲料添加剂投入生产后，按照公告中的质量标准进行监测和监督抽查。

决定不予核发的，书面通知申请人并说明理由。

第十七条 新饲料、新饲料添加剂在生产前，生产者应当按照农业部有关规定取得生产许可证。生产新饲料添加剂的，还应当取得相应的产品批准文号。

第十八条 新饲料、新饲料添加剂的监测期为 5 年,自新饲料、新饲料添加剂证书核发之日起计算。

监测期内不受理其他就该新饲料、新饲料添加剂提出的生产申请和进口登记申请,但该新饲料、新饲料添加剂超过 3 年未投入生产的除外。

第十九条 新饲料、新饲料添加剂生产企业应当收集处于监测期内的产品质量、靶动物安全和养殖动物产品质量安全等相关信息,并向农业部报告。

农业部对新饲料、新饲料添加剂的质量安全状况组织跟踪监测,必要时进行再评价,证实其存在安全问题的,撤销新饲料、新饲料添加剂证书并予以公告。

第二十条 从事新饲料、新饲料添加剂审定工作的相关单位和人员,应当对申请人提交的需要保密的技术资料保密。

第二十一条 从事新饲料、新饲料添加剂审定工作的相关人员,不履行本办法规定的职责或者滥用职权、玩忽职守、徇私舞弊的,依法给予处分;构成犯罪的,依法追究刑事责任。

第二十二条 申请人隐瞒有关情况或者提供虚假材料申请新饲料、新饲料添加剂审定的,农业部不予受理或者不予许可,并给予警告;申请人在 1 年内不得再次申请新饲料、新饲料添加剂审定。

以欺骗、贿赂等不正当手段取得新饲料、新饲料添加剂证书的,由农业部撤销新饲料、新饲料添加剂证书,申请人在 3 年内不得再次申请新饲料、新饲料添加剂审定;以欺骗方式取得新饲料、新饲料添加剂证书的,并处 5 万元以上 10 万元以下罚款;构成犯罪的,依法移送司法机关追究刑事责任。

第二十三条 其他违反本办法规定的,依照《饲料和饲料添加剂管理条例》的有关规定进行处罚。

第二十四条 本办法自 2012 年 7 月 1 日起施行。农业部 2000 年 8 月 17 日发布的《新饲料和新饲料添加剂管理办法》同时废止。

饲料质量安全管理规范

《饲料质量安全管理规范》经2013年12月27日农业部第11次常务会议审议通过，2014年1月13日中华人民共和国农业部令2014年第1号公布。该《规范》分总则、原料采购与管理、生产过程控制、产品质量控制、产品贮存与运输、产品投诉与召回、卫生和记录管理、附则8章44条，自2015年7月1日起施行。2017年《农业部关于修改和废止部分规章、规范性文件的决定》农业部第8号令第一次修订。

第一章 总 则

第一条 为规范饲料企业生产行为，保障饲料产品质量安全，根据《饲料和饲料添加剂管理条例》，制定本规范。

第二条 本规范适用于添加剂预混合饲料、浓缩饲料、配合饲料和精料补充料生产企业（以下简称企业）。

第三条 企业应当按照本规范的要求组织生产，实现从原料采购到产品销售的全程质量安全控制。

第四条 企业应当及时收集、整理、记录本规范执行情况和生产经营状况，认真履行饲料统计义务。

有委托生产行为的，托方和受托方应当分别向所在地省级人民政府饲料管理部门备案。

第五条 县级以上人民政府饲料管理部门应当制订年度监督检查计划，对企业实施本规范的情况进行监督检查。

第二章 原料采购与管理

第六条 企业应当加强对饲料原料、单一饲料、饲料添加剂、药物饲料添加剂、添加剂预混合饲料和浓缩饲料（以下简称原料）的采购管理，全面评估原料生产企业和经销商（以下简称供应商）的资质和产品质量保障能力，建立供应商评价和再评价制度，编制合格供应商名录，填写并保存供应商评价记录：

（一）供应商评价和再评价制度应当规定供应商评价及再评价流程、评价内容、评价标准、评价记录等内容；

（二）从原料生产企业采购的，供应商评价记录应当包括生产企业名称及生产地址、联系方式、许可证明文件编号（评价单一饲料、饲料添加剂、药物饲料添加剂、添加剂预混合饲料、浓缩饲料生产企业时填写）、原料通用名称及商品名称、评价内容、评价结论、评价日期、评价人等信息；

（三）从原料经销商采购的，供应商评价记录应当包括经销商名称及注册地址、联系方式、营业执照注册号、原料通用名称及商品名称、评价内容、评价结论、评价日期、评价人等信息；

（四）合格供应商名录应当包括供应商的名称、原料通用名称及商品名称、许可证明文件编号（供应商为单一饲料、饲料添加剂、药物饲料添加剂、添加剂预混合饲料、浓缩饲料生产企业时填写）、评价日期等信息。

企业统一采购原料供分支机构使用的，分支机构应当复制、保存前款规定的合格供应商名录和供应商评价记录。

第七条 企业应当建立原料采购验收制度和原料验收标准，逐批对采购的原料进行查验或者检验：

（一）原料采购验收制度应当规定采购验收流程、查验要求、检验要求、原料验收标准、不合格原料处置、查验记录等内容；

（二）原料验收标准应当规定原料的通用名称、主成分指标验收值、卫生指标验收值等内容，卫生指标验收值应当符合有关法律法规和国家、行业标准的规定；

（三）企业采购实施行政许可的国产单一饲料、饲料添加剂、药物饲料添加剂、添加剂预混合饲料、浓缩饲料的，应当逐批查验许可证明文件编号和产品质量检验合格证，填写并保存查验记录；

查验记录应当包括原料通用名称、生产企业、生产日期、查验内容、查验结果、查验人等信息；无许可证明文件编号和产品质量检验合格证的，或者经查验许可证明文件编号不实的，不得接收、使用；

（四）企业采购实施登记或者注册管理的进口单一饲料、饲料添加剂、药物饲料添加剂、添加剂预混合饲料、浓缩饲料的，应当逐批查验进口许可证明文件编号，填写并保存查验记录；查验记录应当包括原料通用名称、生产企业、生产日期、查验内容、查验结果、查验人等信息；无进口许可证明文件编号的，或者经查验进口许可证明文件编号不实的，不得接收、使用；

（五）企业采购不需行政许可的原料的，应当依据原料验收标准逐批查验供应商提供的该批原料的质量检验报告；无质量检验报告的，企业应当逐批对原料的主成分指标进行自行检验或者委托检验；不符合原料验收标准的，不得接收、使用；原料质量检验报告、自行检验结果、委托检验报告应当归档保存；

（六）企业应当每3个月至少选择5种原料，自行或者委托有资质的机构对其主要卫生指标进行检测，根据检测结果进行原料安全性评价，保存检测结果和评价报告；委托检测的，应当索取并保存受委托检测机构的计量认证或者实验室认可证书及附表复印件。

第八条 企业应当填写并保存原料进货台账，进货台账应当包括原料通用名称及商品名称、生产企业或者供货者名称、联系方式、产地、数量、生产日期、保质期、查验或者检验信息、进货日期、经办人等信息。

进货台账保存期限不得少于2年。

第九条 企业应当建立原料仓储管理制度，填写并保存出入库记录：

（一）原料仓储管理制度应当规定库位规划、堆放方式、垛位标识、库房盘点、环境要求、虫鼠防范、库房安全、出入库记录等内容；

（二）出入库记录应当包括原料名称、包装规格、生产日期、供应商简称或者代码、入库数量和日期、出库数量和日期、库存数量、保管人等信息。

第十条 企业应当按照"一垛一卡"的原则对原料实施垛位标识卡管理，垛位标识卡应当标明原料名称、供应商简称或者代码、垛位总量、已用数量、检验状态等信息。

第十一条 企业应当对维生素、微生物和酶制剂等热敏物质的贮存温度进行监控，填写并保存温度监控记录。监控记录应当包括设定温度、实际温度、监控时间、记录人等信息。

监控中发现实际温度超出设定温度范围的，应当采取有效措施及时处置。

第十二条 按危险化学品管理的亚硒酸钠等饲料添加剂的贮存间或者贮存柜应当设立清晰的警示标识，采用双人双锁管理。

第十三条 企业应当根据原料种类、库存时间、保质期、气候变化等因素建立长期库存原料质量监控制度，填写并保存监控记录：

（一）质量监控制度应当规定监控方式、监控内容、监控频次、异常情况界定、处置方式、处置权限、监控记录等内容；

（二）监控记录应当包括原料名称、监控内容、异常情况描述、处置方式、处置结果、监控日期、监控人等信息。

第三章　生产过程控制

第十四条　企业应当制定工艺设计文件，设定生产工艺参数。

工艺设计文件应当包括生产工艺流程图、工艺说明和生产设备清单等内容。

生产工艺应当至少设定以下参数：粉碎工艺设定筛片孔径，混合工艺设定混合时间，制粒工艺设定调质温度、蒸汽压力、环模规格、环模长径比、分级筛筛网孔径，膨化工艺设定调质温度、模板孔径。

第十五条　企业应当根据实际工艺流程，制定以下主要作业岗位操作规程：

（一）小料（指生产过程中，将微量添加的原料预先进行配料或者配料混合后获得的中间产品）配料岗位操作规程，规定小料原料的领取与核实、小料原料的放置与标识、称重电子秤校准与核查、现场清洁卫生、小料原料领取记录、小料配料记录等内容；

（二）小料预混合岗位操作规程，规定载体或者稀释剂领取、投料顺序、预混合时间、预混合产品分装与标识、现场清洁卫生、小料预混合记录等内容；

（三）小料投料与复核岗位操作规程，规定小料投放指令、小料复核、现场清洁卫生、小料投料与复核记录等内容；

（四）大料投料岗位操作规程，规定投料指令、垛位取料、感官检查、现场清洁卫生、大料投料记录等内容；

（五）粉碎岗位操作规程，规定筛片锤片检查与更换、粉碎粒度、粉碎料入仓检查、喂料器和磁选设备清理、粉碎作业记录等内容；

（六）中控岗位操作规程，规定设备开启与关闭原则、微机配料软件启动与配方核对、混合时间设置、配料误差核查、进仓原料核实、中控作业记录等内容；

（七）制粒岗位操作规程，规定设备开启与关闭原则、环模与分级筛网更换、破碎机轧距调节、制粒机润滑、调质参数监视、设备（制粒室、调质器、冷却器）清理、感官检查、现场清洁卫生、制粒作业记录等内容；

（八）膨化岗位操作规程，规定设备开启与关闭原则、调质参数监视、设备（膨化室、调质器、冷却器、干燥器）清理、感官检查、现场清洁卫生、膨化作业记录等内容；

（九）包装岗位操作规程，规定标签与包装袋领取、标签与包装袋核对、感官检查、包重校验、现场清洁卫生、包装作业记录等内容；

（十）生产线清洗操作规程，规定清洗原则、清洗实施与效果评价、清洗料的放置与标识、清洗料使用、生产线清洗记录等内容。

第十六条　企业应当根据实际工艺流程，制定生产记录表单，填写并保存相关记录：

（一）小料原料领取记录，包括小料原料名称、领用数量、领取时间、领取人等信息；

（二）小料配料记录，包括小料名称、理论值、实际称重值、配料数量、作业时间、配料人等信息；

（三）小料预混合记录，包括小料名称、重量、批次、混合时间、作业时间、操作人等信息；

（四）小料投料与复核记录，包括产品名称、接收批数、投料批数、重量复核、剩余批数、作业时间、投料人等信息；

（五）大料投料记录，包括大料名称、投料数量、感官检查、作业时间、投料人等信息；

（六）粉碎作业记录，包括物料名称、粉碎机号、筛片规格、作业时间、操作人等信息；

（七）大料配料记录，包括配方编号、大料名称、配料仓号、理论值、实际值、作业时间、配料人等信息；

（八）中控作业记录，包括产品名称、配方编号、清洗料、理论产量、成品仓号、洗仓情况、作业时间、操作人等信息；

（九）制粒作业记录，包括产品名称、制粒机号、制粒仓号、调质温度、蒸汽压力、环模孔径、环模长径比、分级筛筛网孔径、感官检查、作业时间、操作人等信息；

（十）膨化作业记录，包括产品名称、调质温度、模板孔径、膨化温度、感官检查、作业时间、操作人等信息；

（十一）包装作业记录，包括产品名称、实际产量、包装规格、包数、感官检查、头尾包数量、作业时间、操作人等信息；

（十二）标签领用记录，包括产品名称、领用数量、班次用量、损毁数量、剩余数量、领取时间、领用人等信息；

（十三）生产线清洗记录，包括班次、清洗料名称、清洗料重量、清洗过程描述、作业时间、清洗人等信息；

（十四）清洗料使用记录，包括清洗料名称、生产班次、清洗料使用情况描述、使用时间、操作人等信息。

第十七条 企业应当采取有效措施防止生产过程中的交叉污染：

（一）按照"无药物的在先、有药物的在后"原则制订生产计划；

（二）生产含有药物饲料添加剂的产品后，生产不含药物饲料添加剂或者改变所用药物饲料添加剂品种的产品的，应当对生产线进行清洗；清洗料回用的，应当明确标识并回置于同品种产品中；

（三）盛放饲料添加剂、药物饲料添加剂、添加剂预混合饲料、含有药物饲料添加剂的产品及其中间产品的器具或者包装物应当明确标识，不得交叉混用；

（四）设备应当定期清理，及时清除残存料、粉尘积垢等残留物。

第十八条 企业应当采取有效措施防止外来污染：

（一）生产车间应当配备防鼠、防鸟等设施，地面平整，无污垢积存；

（二）生产现场的原料、中间产品、返工料、清洗料、不合格品等应当分类存放，清晰标识；

（三）保持生产现场清洁，及时清理杂物；

（四）按照产品说明书规范使用润滑油、清洗剂；

（五）不得使用易碎、易断裂、易生锈的器具作为称量或者盛放用具；

（六）不得在饲料生产过程中进行维修、焊接、气割等作业。

第十九条 企业应当建立配方管理制度，规定配方的设计、审核、批准、更改、传递、使用等内容。

第二十条 企业应当建立产品标签管理制度，规定标签的设计、审核、保管、使用、销毁等内容。

产品标签应当专库（柜）存放，专人管理。

第二十一条 企业应当对生产配方中添加比例小于 0.2% 的原料进行预混合。

第二十二条 企业应当根据产品混合均匀度要求，确定产品的最佳混合时间，填写并保存最佳混合时间实验记录。实验记录应当包括混合机编号、混合物料名称、混合次数、混合时间、检验结果、最佳混合时间、检验日期、检验人等信息。

企业应当每 6 个月按照产品类别（添加剂预混合饲料、配合饲料、浓缩饲料、精料补充料）进行至少 1 次混合均匀度验证，填写并保存混合均匀度验证记录。验证记录应当包括产品名称、混合机编号、混合时间、检验方法、检验结果、验证结论、检验日期、检验人等信息。

混合机发生故障经修复投入生产前，应当按照前款规定进行混合均匀度验证。

第二十三条 企业应当建立生产设备管理制度和档案，制定粉碎机、混合机、制粒机、膨化机、空气压缩机等关键设备操作规程，填写并保存维护保养记录和维修记录：

（一）生产设备管理制度应当规定采购与验收、档案管理、使用操作、维护保养、备品备件管理、维护保养记录、维修记录等内容；

（二）设备操作规程应当规定开机前准备、启动与关闭、操作步骤、关机后整理、日常维护保养等内容；

（三）维护保养记录应当包括设备名称、设备编号、保养项目、保养日期、保养人等信息；

（四）维修记录应当包括设备名称、设备编号、维修部位、故障描述、维修方式及效果、维修日期、维修人等信息；

（五）关键设备应当实行"一机一档"管理，档案包括基本信息表（名称、编号、规格型号、制造厂家、联系方式、安装日期、投入使用日期）、使用说明书、操作规程、维护保养记录、维修记录等内容。

第二十四条 企业应当严格执行国家安全生产相关法律法规。

生产设备、辅助系统应当处于正常工作状态；锅炉、压力容器等特种设备应当通过安全检查；计量秤、地磅、压力表等测量设备应当定期检定或者校验。

第四章 产品质量控制

第二十五条 企业应当建立现场质量巡查制度，填写并保存现场质量巡查记录：

（一）现场质量巡查制度应当规定巡查位点、巡查内容、巡查频次、异常情况界定、处置方式、处置权限、巡查记录等内容；

（二）现场质量巡查记录应当包括巡查位点、巡查内容、异常情况描述、处置方式、处置结果、巡查时间、巡查人等信息。

第二十六条 企业应当建立检验管理制度，规定人员资质与职责、样品抽取与检验、检验结果判定、检验报告编制与审核、产品质量检验合格证签发等内容。

第二十七条 企业应当根据产品质量标准实施出厂检验，填写并保存产品出厂检验记录；检验记录应当包括产品名称或者编号、检验项目、检验方法、计算公式中符号的含义和数值、检验结果、检验日期、检验人等信息。

产品出厂检验记录保存期限不得少于 2 年。

第二十八条 企业应当每周从其生产的产品中至少抽取 5 个批次的产品自行检验下列主成分指标：

（一）维生素预混合饲料：两种以上维生素；

（二）微量元素预混合饲料：两种以上微量元素；

（三）复合预混合饲料：两种以上维生素和两种以上微量元素；

（四）浓缩饲料、配合饲料、精料补充料：粗蛋白质、粗灰分、钙、总磷。

主成分指标检验记录保存期限不得少于2年。

第二十九条 企业应当根据仪器设备配置情况，建立分析天平、高温炉、干燥箱、酸度计、分光光度计、高效液相色谱仪、原子吸收分光光度计等主要仪器设备操作规程和档案，填写并保存仪器设备使用记录：

（一）仪器设备操作规程应当规定开机前准备、开机顺序、操作步骤、关机顺序、关机后整理、日常维护、使用记录等内容；

（二）仪器设备使用记录应当包括仪器设备名称、型号或者编号、使用日期、样品名称或者编号、检验项目、开始时间、完毕时间、仪器设备运行前后状态、使用人等信息；

（三）仪器设备应当实行"一机一档"管理，档案包括仪器基本信息表（名称、编号、型号、制造厂家、联系方式、安装日期、投入使用日期）、使用说明书、购置合同、操作规程、使用记录等内容。

第三十条 企业应当建立化学试剂和危险化学品管理制度，规定采购、贮存要求、出入库、使用、处理等内容。

化学试剂、危险化学品以及试验溶液的使用，应当遵循GB/T601、GB/T602、GB/T603以及检验方法标准的要求。

企业应当填写并保存危险化学品出入库记录，记录应当包括危险化学品名称、入库数量和日期、出库数量和日期、保管人等信息。

第三十一条 企业应当每年选择5个检验项目，采取以下一项或者多项措施进行检验能力验证，对验证结果进行评价并编制评价报告：

（一）同具有法定资质的检验机构进行检验比对；

（二）利用购买的标准物质或者高纯度化学试剂进行检验验证；

（三）在实验室内部进行不同人员、不同仪器的检验比对；

（四）对曾经检验过的留存样品进行再检验；

（五）利用检验质量控制图等数理统计手段识别异常数据。

第三十二条 企业应当建立产品留样观察制度，对每批次产品实施留样观察，填写并保存留样观察记录：

（一）留样观察制度应当规定留样数量、留样标识、贮存环境、观察内容、观察频次、异常情况界定、处置方式、处置权限、到期样品处理、留样观察记录等内容；

（二）留样观察记录应当包括产品名称或者编号、生产日期或者批号、保质截止日期、观察内容、异常情况描述、处置方式、处置结果、观察日期、观察人等信息。

留样保存时间应当超过产品保质期1个月。

第三十三条 企业应当建立不合格品管理制度，填写并保存不合格品处置记录：

（一）不合格品管理制度应当规定不合格品的界定、标识、贮存、处置方式、处置权限、处置记录等内容；

（二）不合格品处置记录应当包括不合格品的名称、数量、不合格原因、处置方式、处置结果、处置日期、处置人等信息。

第五章　产品贮存与运输

第三十四条 企业应当建立产品仓储管理制度，填写并保存出入库记录：

（一）仓储管理制度应当规定库位规划、堆放方式、垛位标识、库房盘点、环境要求、虫鼠防范、库房安全、出入库记录等内容；

（二）出入库记录应当包括产品名称、规格或者等级、生产日期、入库数量和日期、出库数量和日期、库存数量、保管人等信息；

（三）不同产品的垛位之间应当保持适当距离；

（四）不合格产品和过期产品应当隔离存放并有清晰标识。

第三十五条 企业应当在产品装车前对运输车辆的安全、卫生状况实施检查。

第三十六条 企业使用罐装车运输产品的，应当专车专用，并随车附具产品标签和产品质量检验合格证。

装运不同产品时，应当对罐体进行清理。

第三十七条 企业应当填写并保存产品销售台账。销售台账应当包括产品的名称、数量、生产日期、生产批次、质量检验信息、购货者名称及其联系方式、销售日期等信息。

销售台账保存期限不得少于2年。

第六章 产品投诉与召回

第三十八条 企业应当建立客户投诉处理制度，填写并保存客户投诉处理记录：

（一）投诉处理制度应当规定投诉受理、处理方法、处理权限、投诉处理记录等内容；

（二）投诉处理记录应当包括投诉日期、投诉人姓名和地址、产品名称、生产日期、投诉内容、处理结果、处理日期、处理人等信息。

第三十九条 企业应当建立产品召回制度，填写并保存召回记录：

（一）召回制度应当规定召回流程、召回产品的标识和贮存、召回记录等内容；

（二）召回记录应当包括产品名称、召回产品使用者、召回数量、召回日期等信息。

企业应当每年至少进行1次产品召回模拟演练，综合评估演练结果并编制模拟演练总结报告。

第四十条 企业应当在饲料管理部门的监督下对召回产品进行无害化处理或者销毁，填写并保存召回产品处置记录。处置记录应当包括处置产品名称、数量、处置方式、处置日期、处置人、监督人等信息。

第七章 培训、卫生和记录管理

第四十一条 企业应当建立人员培训制度，制订年度培训计划，每年对员工进行至少2次饲料质量安全知识培训，填写并保存培训记录：

（一）人员培训制度应当规定培训范围、培训内容、培训方式、考核方式、效果评价、培训记录等内容；

（二）培训记录应当包括培训对象、内容、师资、日期、地点、考核方式、考核结果等信息。

第四十二条 厂区环境卫生应当符合国家有关规定。

第四十三条 企业应当建立记录管理制度，规定记录表单的编制、格式、编号、审批、印发、修订、填写、存档、保存期限等内容。

除本规范中明确规定保存期限的记录外，其他记录保存期限不得少于1年。

第八章 附 则

第四十四条 本规范自2015年7月1日起施行。

第三篇 兽 药

兽药管理条例

2004年4月9日国务院令第404号发布；根据2014年7月29日《国务院关于修改部分行政法规的决定》第一次修订；根据2016年2月6日《国务院关于修改部分行政法规的决定》第二次修订。

第一章 总 则

第一条 为了加强兽药管理，保证兽药质量，防治动物疾病，促进养殖业的发展，维护人体健康，制定本条例。

第二条 在中华人民共和国境内从事兽药的研制、生产、经营、进出口、使用和监督管理，应当遵守本条例。

第三条 国务院兽医行政管理部门负责全国的兽药监督管理工作。

县级以上地方人民政府兽医行政管理部门负责本行政区域内的兽药监督管理工作。

第四条 国家实行兽用处方药和非处方药分类管理制度。兽用处方药和非处方药分类管理的办法和具体实施步骤，由国务院兽医行政管理部门规定。

第五条 国家实行兽药储备制度。

发生重大动物疫情、灾情或者其他突发事件时，国务院兽医行政管理部门可以紧急调用国家储备的兽药；必要时，也可以调用国家储备以外的兽药。

第二章 新兽药研制

第六条 国家鼓励研制新兽药，依法保护研制者的合法权益。

第七条 研制新兽药，应当具有与研制相适应的场所、仪器设备、专业技术人员、安全管理规范和措施。

研制新兽药，应当进行安全性评价。从事兽药安全性评价的单位应当遵守国务院兽医行政管理部门制定的兽药非临床研究质量管理规范和兽药临床试验质量管理规范。

省级以上人民政府兽医行政管理部门应当对兽药安全性评价单位是否符合兽药非临床研究质量管理规范和兽药临床试验质量管理规范的要求进行监督检查，并公布监督检查结果。

第八条 研制新兽药，应当在临床试验前向省、自治区、直辖市人民政府兽医行政管理部门提出申请，并附具该新兽药实验室阶段安全性评价报告及其他临床前研究资料；省、自治区、直辖市人民政府兽医行政管理部门应当自收到申请之日起60个工作日内将审查结果书面通知申请人。

研制的新兽药属于生物制品的，应当在临床试验前向国务院兽医行政管理部门提出申请，国务院兽医行政管理部门应当自收到申请之日起60个工作日内将审查结果书面通知申请人。

研制新兽药需要使用一类病原微生物的，还应当具备国务院兽医行政管理部门规定的条件，并在实验室阶段前报国务院兽医行政管理部门批准。

第九条 临床试验完成后，新兽药研制者向国务院兽医行政管理部门提出新兽药注册申请时，应当提交该新兽药的样品和下列资料：

（一）名称、主要成分、理化性质；
（二）研制方法、生产工艺、质量标准和检测方法；
（三）药理和毒理试验结果、临床试验报告和稳定性试验报告；
（四）环境影响报告和污染防治措施。

研制的新兽药属于生物制品的，还应当提供菌（毒、虫）种、细胞等有关材料和资料。菌（毒、虫）种、细胞由国务院兽医行政管理部门指定的机构保藏。

研制用于食用动物的新兽药，还应当按照国务院兽医行政管理部门的规定进行兽药残留试验并提供休药期、最高残留限量标准、残留检测方法及其制定依据等资料。

国务院兽医行政管理部门应当自收到申请之日起10个工作日内，将决定受理的新兽药资料送其设立的兽药评审机构进行评审，将新兽药样品送其指定的检验机构复核检验，并自收到评审和复核检验结论之日起60个工作日内完成审查。审查合格的，发给新兽药注册证书，并发布该兽药的质量标准；不合格的，应当书面通知申请人。

第十条 国家对依法获得注册的、含有新化合物的兽药的申请人提交的其自己所取得且未披露的试验数据和其他数据实施保护。

自注册之日起6年内，对其他申请人未经已获得注册兽药的申请人同意，使用前款规定的数据申请兽药注册的，兽药注册机关不予注册；但是，其他申请人提交其自己所取得的数据的除外。

除下列情况外，兽药注册机关不得披露本条第一款规定的数据：

（一）公共利益需要；
（二）已采取措施确保该类信息不会被不正当地进行商业使用。

第三章 兽药生产

第十一条 从事兽药生产的企业，应当符合国家兽药行业发展规划和产业政策，并具备下列条件：

（一）与所生产的兽药相适应的兽医学、药学或者相关专业的技术人员；
（二）与所生产的兽药相适应的厂房、设施；
（三）与所生产的兽药相适应的兽药质量管理和质量检验的机构、人员、仪器设备；
（四）符合安全、卫生要求的生产环境；
（五）兽药生产质量管理规范规定的其他生产条件。

符合前款规定条件的，申请人方可向省、自治区、直辖市人民政府兽医行政管理部门提出申请，并附具符合前款规定条件的证明材料；省、自治区、直辖市人民政府兽医行政管理部门应当自收到申请之日起40个工作日内完成审查。经审查合格的，发给兽药生产许可证；不合格的，应当书面通知申请人。

第十二条 兽药生产许可证应当载明生产范围、生产地点、有效期和法定代表人姓名、住址等事项。

兽药生产许可证有效期为 5 年。有效期届满，需要继续生产兽药的，应当在许可证有效期届满前 6 个月到发证机关申请换发兽药生产许可证。

第十三条 兽药生产企业变更生产范围、生产地点的，应当依照本条例第十一条的规定申请换发兽药生产许可证；变更企业名称、法定代表人的，应当在办理工商变更登记手续后 15 个工作日内，到发证机关申请换发兽药生产许可证。

第十四条 兽药生产企业应当按照国务院兽医行政管理部门制定的兽药生产质量管理规范组织生产。

省级以上人民政府兽医行政管理部门，应当对兽药生产企业是否符合兽药生产质量管理规范的要求进行监督检查，并公布检查结果。

第十五条 兽药生产企业生产兽药，应当取得国务院兽医行政管理部门核发的产品批准文号，产品批准文号的有效期为 5 年。兽药产品批准文号的核发办法由国务院兽医行政管理部门制定。

第十六条 兽药生产企业应当按照兽药国家标准和国务院兽医行政管理部门批准的生产工艺进行生产。兽药生产企业改变影响兽药质量的生产工艺的，应当报原批准部门审核批准。

兽药生产企业应当建立生产记录，生产记录应当完整、准确。

第十七条 生产兽药所需的原料、辅料，应当符合国家标准或者所生产兽药的质量要求。

直接接触兽药的包装材料和容器应当符合药用要求。

第十八条 兽药出厂前应当经过质量检验，不符合质量标准的不得出厂。

兽药出厂应当附有产品质量合格证。

禁止生产假、劣兽药。

第十九条 兽药生产企业生产的每批兽用生物制品，在出厂前应当由国务院兽医行政管理部门指定的检验机构审查核对，并在必要时进行抽查检验；未经审查核对或者抽查检验不合格的，不得销售。

强制免疫所需兽用生物制品，由国务院兽医行政管理部门指定的企业生产。

第二十条 兽药包装应当按照规定印有或者贴有标签，附具说明书，并在显著位置注明"兽用"字样。

兽药的标签和说明书经国务院兽医行政管理部门批准并公布后，方可使用。

兽药的标签或者说明书，应当以中文注明兽药的通用名称、成分及其含量、规格、生产企业、产品批准文号（进口兽药注册证号）、产品批号、生产日期、有效期、适应症或者功能主治、用法、用量、休药期、禁忌、不良反应、注意事项、运输贮存保管条件及其他应当说明的内容。有商品名称的，还应当注明商品名称。

除前款规定的内容外，兽用处方药的标签或者说明书还应当印有国务院兽医行政管理部门规定的警示内容，其中兽用麻醉药品、精神药品、毒性药品和放射性药品还应当印有国务院兽医行政管理部门规定的特殊标志；兽用非处方药的标签或者说明书还应当印有国务院兽医行政管理部门规定的非处方药标志。

第二十一条 国务院兽医行政管理部门，根据保证动物产品质量安全和人体健康的需要，可以对新兽药设立不超过 5 年的监测期；在监测期内，不得批准其他企业生产或者进口该新兽药。生产企业应当在监测期内收集该新兽药的疗效、不良反应等资料，并及时报送国务院兽医行政管理部门。

第四章 兽药经营

第二十二条 经营兽药的企业，应当具备下列条件：

（一）与所经营的兽药相适应的兽药技术人员；

（二）与所经营的兽药相适应的营业场所、设备、仓库设施；

（三）与所经营的兽药相适应的质量管理机构或者人员；

（四）兽药经营质量管理规范规定的其他经营条件。

符合前款规定条件的，申请人方可向市、县人民政府兽医行政管理部门提出申请，并附具符合前款规定条件的证明材料；经营兽用生物制品的，应当向省、自治区、直辖市人民政府兽医行政管理部门提出申请，并附具符合前款规定条件的证明材料。

县级以上地方人民政府兽医行政管理部门，应当自收到申请之日起30个工作日内完成审查。审查合格的，发给兽药经营许可证；不合格的，应当书面通知申请人。

第二十三条 兽药经营许可证应当载明经营范围、经营地点、有效期和法定代表人姓名、住址等事项。

兽药经营许可证有效期为5年。有效期届满，需要继续经营兽药的，应当在许可证有效期届满前6个月到发证机关申请换发兽药经营许可证。

第二十四条 兽药经营企业变更经营范围、经营地点的，应当依照本条例第二十二条的规定申请换发兽药经营许可证；变更企业名称、法定代表人的，应当在办理工商变更登记手续后15个工作日内，到发证机关申请换发兽药经营许可证。

第二十五条 兽药经营企业，应当遵守国务院兽医行政管理部门制定的兽药经营质量管理规范。

县级以上地方人民政府兽医行政管理部门，应当对兽药经营企业是否符合兽药经营质量管理规范的要求进行监督检查，并公布检查结果。

第二十六条 兽药经营企业购进兽药，应当将兽药产品与产品标签或者说明书、产品质量合格证核对无误。

第二十七条 兽药经营企业，应当向购买者说明兽药的功能主治、用法、用量和注意事项。销售兽用处方药的，应当遵守兽用处方药管理办法。

兽药经营企业销售兽用中药材的，应当注明产地。

禁止兽药经营企业经营人用药品和假、劣兽药。

第二十八条 兽药经营企业购销兽药，应当建立购销记录。购销记录应当载明兽药的商品名称、通用名称、剂型、规格、批号、有效期、生产厂商、购销单位、购销数量、购销日期和国务院兽医行政管理部门规定的其他事项。

第二十九条 兽药经营企业，应当建立兽药保管制度，采取必要的冷藏、防冻、防潮、防虫、防鼠等措施，保持所经营兽药的质量。

兽药入库、出库，应当执行检查验收制度，并有准确记录。

第三十条 强制免疫所需兽用生物制品的经营，应当符合国务院兽医行政管理部门的规定。

第三十一条 兽药广告的内容应当与兽药说明书内容相一致，在全国重点媒体发布兽药广告的，应当经国务院兽医行政管理部门审查批准，取得兽药广告审查批准文号。在地方媒体发布兽药广告的，应当经省、自治区、直辖市人民政府兽医行政管理部门审查批准，取得兽药广告审查批准文号；未经批准的，不得发布。

第五章 兽药进出口

第三十二条 首次向中国出口的兽药，由出口方驻中国境内的办事机构或者其委托的中国境内代理机构向国务院兽医行政管理部门申请注册，并提交下列资料和物品：

（一）生产企业所在国家（地区）兽药管理部门批准生产、销售的证明文件；

（二）生产企业所在国家（地区）兽药管理部门颁发的符合兽药生产质量管理规范的证明文件；

（三）兽药的制造方法、生产工艺、质量标准、检测方法、药理和毒理试验结果、临床试验报告、稳定性试验报告及其他相关资料；用于食用动物的兽药的休药期、最高残留限量标准、残留检测方法及其制定依据等资料；

（四）兽药的标签和说明书样本；

（五）兽药的样品、对照品、标准品；

（六）环境影响报告和污染防治措施；

（七）涉及兽药安全性的其他资料。

申请向中国出口兽用生物制品的，还应当提供菌（毒、虫）种、细胞等有关材料和资料。

第三十三条 国务院兽医行政管理部门，应当自收到申请之日起10个工作日内组织初步审查。经初步审查合格的，应当将决定受理的兽药资料送其设立的兽药评审机构进行评审，将该兽药样品送其指定的检验机构复核检验，并自收到评审和复核检验结论之日起60个工作日内完成审查。经审查合格的，发给进口兽药注册证书，并发布该兽药的质量标准；不合格的，应当书面通知申请人。

在审查过程中，国务院兽医行政管理部门可以对向中国出口兽药的企业是否符合兽药生产质量管理规范的要求进行考查，并有权要求该企业在国务院兽医行政管理部门指定的机构进行该兽药的安全性和有效性试验。

国内急需兽药、少量科研用兽药或者注册兽药的样品、对照品、标准品的进口，按照国务院兽医行政管理部门的规定办理。

第三十四条 进口兽药注册证书的有效期为5年。有效期届满，需要继续向中国出口兽药的，应当在有效期届满前6个月到发证机关申请再注册。

第三十五条 境外企业不得在中国直接销售兽药。境外企业在中国销售兽药，应当依法在中国境内设立销售机构或者委托符合条件的中国境内代理机构。

进口在中国已取得进口兽药注册证书的兽用生物制品的，中国境内代理机构应当向国务院兽医行政管理部门申请允许进口兽用生物制品证明文件，凭允许进口兽用生物制品证明文件到口岸所在地人民政府兽医行政管理部门办理进口兽药通关单；进口在中国已取得进口兽药注册证书的其他兽药的，凭进口兽药注册证书到口岸所在地人民政府兽医行政管理部门办理进口兽药通关单。海关凭进口兽药通关单放行。兽药进口管理办法由国务院兽医行政管理部门会同海关总署制定。

兽用生物制品进口后，应当依照本条例第十九条的规定进行审查核对和抽查检验。其他兽药进口后，由当地兽医行政管理部门通知兽药检验机构进行抽查检验。

第三十六条 禁止进口下列兽药：

（一）药效不确定、不良反应大以及可能对养殖业、人体健康造成危害或者存在潜在风险的；

（二）来自疫区可能造成疫病在中国境内传播的兽用生物制品；

(三) 经考查生产条件不符合规定的;
(四) 国务院兽医行政管理部门禁止生产、经营和使用的。

第三十七条 向中国境外出口兽药,进口方要求提供兽药出口证明文件的,国务院兽医行政管理部门或者企业所在地的省、自治区、直辖市人民政府兽医行政管理部门可以出具出口兽药证明文件。

国内防疫急需的疫苗,国务院兽医行政管理部门可以限制或者禁止出口。

第六章 兽药使用

第三十八条 兽药使用单位,应当遵守国务院兽医行政管理部门制定的兽药安全使用规定,并建立用药记录。

第三十九条 禁止使用假、劣兽药以及国务院兽医行政管理部门规定禁止使用的药品和其他化合物。禁止使用的药品和其他化合物目录由国务院兽医行政管理部门制定公布。

第四十条 有休药期规定的兽药用于食用动物时,饲养者应当向购买者或者屠宰者提供准确、真实的用药记录;购买者或者屠宰者应当确保动物及其产品在用药期、休药期内不被用于食品消费。

第四十一条 国务院兽医行政管理部门,负责制定公布在饲料中允许添加的药物饲料添加剂品种目录。

禁止在饲料和动物饮用水中添加激素类药品和国务院兽医行政管理部门规定的其他禁用药品。

经批准可以在饲料中添加的兽药,应当由兽药生产企业制成药物饲料添加剂后方可添加。禁止将原料药直接添加到饲料及动物饮用水中或者直接饲喂动物。

禁止将人用药品用于动物。

第四十二条 国务院兽医行政管理部门,应当制订并组织实施国家动物及动物产品兽药残留监控计划。

县级以上人民政府兽医行政管理部门,负责组织对动物产品中兽药残留量的检测。兽药残留检测结果,由国务院兽医行政管理部门或者省、自治区、直辖市人民政府兽医行政管理部门按照权限予以公布。

动物产品的生产者、销售者对检测结果有异议的,可以自收到检测结果之日起7个工作日内向组织实施兽药残留检测的兽医行政管理部门或者其上级兽医行政管理部门提出申请,由受理申请的兽医行政管理部门指定检验机构进行复检。兽药残留限量标准和残留检测方法,由国务院兽医行政管理部门制定发布。

第四十三条 禁止销售含有违禁药物或者兽药残留量超过标准的食用动物产品。

第七章 兽药监督管理

第四十四条 县级以上人民政府兽医行政管理部门行使兽药监督管理权。

兽药检验工作由国务院兽医行政管理部门和省、自治区、直辖市人民政府兽医行政管理部门设立的兽药检验机构承担。国务院兽医行政管理部门,可以根据需要认定其他检验机构承担兽药检验工作。

当事人对兽药检验结果有异议的,可以自收到检验结果之日起7个工作日内向实施检验的机构或者上级兽医行政管理部门设立的检验机构申请复检。

第四十五条 兽药应当符合兽药国家标准。

国家兽药典委员会拟定的、国务院兽医行政管理部门发布的《中华人民共和国兽药典》和国务院兽医行政管理部门发布的其他兽药质量标准为兽药国家标准。

兽药国家标准的标准品和对照品的标定工作由国务院兽医行政管理部门设立的兽药检验机构负责。

第四十六条 兽医行政管理部门依法进行监督检查时，对有证据证明可能是假、劣兽药的，应当采取查封、扣押的行政强制措施，并自采取行政强制措施之日起7个工作日内作出是否立案的决定；需要检验的，应当自检验报告书发出之日起15个工作日内作出是否立案的决定；不符合立案条件的，应当解除行政强制措施；需要暂停生产的，由国务院兽医行政管理部门或者省、自治区、直辖市人民政府兽医行政管理部门按照权限作出决定；需要暂停经营、使用的，由县级以上人民政府兽医行政管理部门按照权限作出决定。

未经行政强制措施决定机关或者其上级机关批准，不得擅自转移、使用、销毁、销售被查封或者扣押的兽药及有关材料。

第四十七条 有下列情形之一的，为假兽药：

（一）以非兽药冒充兽药或者以他种兽药冒充此种兽药的；

（二）兽药所含成分的种类、名称与兽药国家标准不符的。

有下列情形之一的，按照假兽药处理：

（一）国务院兽医行政管理部门规定禁止使用的；

（二）依照本条例规定应当经审查批准而未经审查批准即生产、进口的，或者依照本条例规定应当经抽查检验、审查核对而未经抽查检验、审查核对即销售、进口的；

（三）变质的；

（四）被污染的；

（五）所标明的适应症或者功能主治超出规定范围的。

第四十八条 有下列情形之一的，为劣兽药：

（一）成分含量不符合兽药国家标准或者不标明有效成分的；

（二）不标明或者更改有效期或者超过有效期的；

（三）不标明或者更改产品批号的；

（四）其他不符合兽药国家标准，但不属于假兽药的。

第四十九条 禁止将兽用原料药拆零销售或者销售给兽药生产企业以外的单位和个人。

禁止未经兽医开具处方销售、购买、使用国务院兽医行政管理部门规定实行处方药管理的兽药。

第五十条 国家实行兽药不良反应报告制度。

兽药生产企业、经营企业、兽药使用单位和开具处方的兽医人员发现可能与兽药使用有关的严重不良反应，应当立即向所在地人民政府兽医行政管理部门报告。

第五十一条 兽药生产企业、经营企业停止生产、经营超过6个月或者关闭的，由发证机关责令其交回兽药生产许可证、兽药经营许可证。

第五十二条 禁止买卖、出租、出借兽药生产许可证、兽药经营许可证和兽药批准证明文件。

第五十三条 兽药评审检验的收费项目和标准，由国务院财政部门会同国务院价格主管部门制定，并予以公告。

第五十四条 各级兽医行政管理部门、兽药检验机构及其工作人员，不得参与兽药生产、经营活动，不得以其名义推荐或者监制、监销兽药。

第八章　法律责任

第五十五条　兽医行政管理部门及其工作人员利用职务上的便利收取他人财物或者谋取其他利益，对不符合法定条件的单位和个人核发许可证、签署审查同意意见，不履行监督职责，或者发现违法行为不予查处，造成严重后果，构成犯罪的，依法追究刑事责任；尚不构成犯罪的，依法给予行政处分。

第五十六条　违反本条例规定，无兽药生产许可证、兽药经营许可证生产、经营兽药的，或者虽有兽药生产许可证、兽药经营许可证，生产、经营假、劣兽药的，或者兽药经营企业经营人用药品的，责令其停止生产、经营，没收用于违法生产的原料、辅料、包装材料及生产、经营的兽药和违法所得，并处违法生产、经营的兽药（包括已出售的和未出售的兽药，下同）货值金额2倍以上5倍以下罚款，货值金额无法查证核实的，处10万元以上20万元以下罚款；无兽药生产许可证生产兽药，情节严重的，没收其生产设备；生产、经营假、劣兽药，情节严重的，吊销兽药生产许可证、兽药经营许可证；构成犯罪的，依法追究刑事责任；给他人造成损失的，依法承担赔偿责任。生产、经营企业的主要负责人和直接负责的主管人员终身不得从事兽药的生产、经营活动。

擅自生产强制免疫所需兽用生物制品的，按照无兽药生产许可证生产兽药处罚。

第五十七条　违反本条例规定，提供虚假的资料、样品或者采取其他欺骗手段取得兽药生产许可证、兽药经营许可证或者兽药批准证明文件的，吊销兽药生产许可证、兽药经营许可证或者撤销兽药批准证明文件，并处5万元以上10万元以下罚款；给他人造成损失的，依法承担赔偿责任。其主要负责人和直接负责的主管人员终身不得从事兽药的生产、经营和进出口活动。

第五十八条　买卖、出租、出借兽药生产许可证、兽药经营许可证和兽药批准证明文件的，没收违法所得，并处1万元以上10万元以下罚款；情节严重的，吊销兽药生产许可证、兽药经营许可证或者撤销兽药批准证明文件；构成犯罪的，依法追究刑事责任；给他人造成损失的，依法承担赔偿责任。

第五十九条　违反本条例规定，兽药安全性评价单位、临床试验单位、生产和经营企业未按照规定实施兽药研究试验、生产、经营质量管理规范的，给予警告，责令其限期改正；逾期不改正的，责令停止兽药研究试验、生产、经营活动，并处5万元以下罚款；情节严重的，吊销兽药生产许可证、兽药经营许可证；给他人造成损失的，依法承担赔偿责任。

违反本条例规定，研制新兽药不具备规定的条件擅自使用一类病原微生物或者在实验室阶段前未经批准的，责令其停止实验，并处5万元以上10万元以下罚款；构成犯罪的，依法追究刑事责任；给他人造成损失的，依法承担赔偿责任。

第六十条　违反本条例规定，兽药的标签和说明书未经批准的，责令其限期改正；逾期不改正的，按照生产、经营假兽药处罚；有兽药产品批准文号的，撤销兽药产品批准文号；给他人造成损失的，依法承担赔偿责任。

兽药包装上未附有标签和说明书，或者标签和说明书与批准的内容不一致的，责令其限期改正；情节严重的，依照前款规定处罚。

第六十一条　违反本条例规定，境外企业在中国直接销售兽药的，责令其限期改正，没收直接销售的兽药和违法所得，并处5万元以上10万元以下罚款；情节严重的，吊销进口兽药注册证书；给他人造成损失的，依法承担赔偿责任。

第六十二条　违反本条例规定，未按照国家有关兽药安全使用规定使用兽药的、未建立用药记录或者记录不完整真实的，或者使用禁止使用的药品和其他化合物的，或者将人用药品用于动物的，责令其立即改正，并对饲喂了违禁药物及其他化合物的动物及其产品进行无害化处理；对违法单位处1万元以上5万元以下罚款；给他人造成损失的，依法承担赔偿责任。

第六十三条 违反本条例规定，销售尚在用药期、休药期内的动物及其产品用于食品消费的，或者销售含有违禁药物和兽药残留超标的动物产品用于食品消费的，责令其对含有违禁药物和兽药残留超标的动物产品进行无害化处理，没收违法所得，并处3万元以上10万元以下罚款；构成犯罪的，依法追究刑事责任；给他人造成损失的，依法承担赔偿责任。

第六十四条 违反本条例规定，擅自转移、使用、销毁、销售被查封或者扣押的兽药及有关材料的，责令其停止违法行为，给予警告，并处5万元以上10万元以下罚款。

第六十五条 违反本条例规定，兽药生产企业、经营企业、兽药使用单位和开具处方的兽医人员发现可能与兽药使用有关的严重不良反应，不向所在地人民政府兽医行政管理部门报告的，给予警告，并处5000元以上1万元以下罚款。

生产企业在新兽药监测期内不收集或者不及时报送该新兽药的疗效、不良反应等资料的，责令其限期改正，并处1万元以上5万元以下罚款；情节严重的，撤销该新兽药的产品批准文号。

第六十六条 违反本条例规定，未经兽医开具处方销售、购买、使用兽用处方药的，责令其限期改正，没收违法所得，并处5万元以下罚款；给他人造成损失的，依法承担赔偿责任。

第六十七条 违反本条例规定，兽药生产、经营企业把原料药销售给兽药生产企业以外的单位和个人的，或者兽药经营企业拆零销售原料药的，责令其立即改正，给予警告，没收违法所得，并处2万元以上5万元以下罚款；情节严重的，吊销兽药生产许可证、兽药经营许可证；给他人造成损失的，依法承担赔偿责任。

第六十八条 违反本条例规定，在饲料和动物饮用水中添加激素类药品和国务院兽医行政管理部门规定的其他禁用药品，依照《饲料和饲料添加剂管理条例》的有关规定处罚；直接将原料药添加到饲料及动物饮用水中，或者饲喂动物的，责令其立即改正，并处1万元以上3万元以下罚款；给他人造成损失的，依法承担赔偿责任。

第六十九条 有下列情形之一的，撤销兽药的产品批准文号或者吊销进口兽药注册证书：

（一）抽查检验连续2次不合格的；

（二）药效不确定、不良反应大以及可能对养殖业、人体健康造成危害或者存在潜在风险的；

（三）国务院兽医行政管理部门禁止生产、经营和使用的兽药。

被撤销产品批准文号或者被吊销进口兽药注册证书的兽药，不得继续生产、进口、经营和使用。已经生产、进口的，由所在地兽医行政管理部门监督销毁，所需费用由违法行为人承担；给他人造成损失的，依法承担赔偿责任。

第七十条 本条例规定的行政处罚由县级以上人民政府兽医行政管理部门决定；其中吊销兽药生产许可证、兽药经营许可证、撤销兽药批准证明文件或者责令停止兽药研究试验的，由发证、批准部门决定。

上级兽医行政管理部门对下级兽医行政管理部门违反本条例的行政行为，应当责令限期改正；逾期不改正的，有权予以改变或者撤销。

第七十一条 本条例规定的货值金额以违法生产、经营兽药的标价计算；没有标价的，按照同类兽药的市场价格计算。

第九章 附 则

第七十二条 本条例下列用语的含义是：

（一）兽药，是指用于预防、治疗、诊断动物疾病或者有目的地调节动物生理机能的物质（含药物饲料添加剂），主要包括：血清制品、疫苗、诊断制品、微生态制品、中药材、中成药、化学药品、抗生素、生化药品、放射性药品及外用杀虫剂、消毒剂等。

（二）兽用处方药，是指凭兽医处方方可购买和使用的兽药。

（三）兽用非处方药，是指由国务院兽医行政管理部门公布的、不需要凭兽医处方就可以自行购买并按照说明书使用的兽药。

（四）兽药生产企业，是指专门生产兽药的企业和兼产兽药的企业，包括从事兽药分装的企业。

（五）兽药经营企业，是指经营兽药的专营企业或者兼营企业。

（六）新兽药，是指未曾在中国境内上市销售的兽用药品。

（七）兽药批准证明文件，是指兽药产品批准文号、进口兽药注册证书、允许进口兽用生物制品证明文件、出口兽药证明文件、新兽药注册证书等文件。

第七十三条 兽用麻醉药品、精神药品、毒性药品和放射性药品等特殊药品，依照国家有关规定管理。

第七十四条 水产养殖中的兽药使用、兽药残留检测和监督管理以及水产养殖过程中违法用药的行政处罚，由县级以上人民政府渔业主管部门及其所属的渔政监督管理机构负责。

第七十五条 本条例自 2004 年 11 月 1 日起施行。

兽药经营质量管理规范

2010年1月15日农业部令2010年第3号公布，2017年11月30日农业部令2017年第8号修订。

第一章 总　则

第一条 为加强兽药经营质量管理，保证兽药质量，根据《兽药管理条例》，制定本规范。

第二条 本规范适用于中华人民共和国境内的兽药经营企业。

第二章 场所与设施

第三条 兽药经营企业应当具有固定的经营场所和仓库，其面积应当符合省、自治区、直辖市人民政府兽医行政管理部门的规定。经营场所和仓库应当布局合理，相对独立。

经营场所的面积、设施和设备应当与经营的兽药品种、经营规模相适应。兽药经营区域与生活区域、动物诊疗区域应当分别独立设置，避免交叉污染。

第四条 兽药经营企业的经营地点应当与《兽药经营许可证》载明的地点一致。《兽药经营许可证》应当悬挂在经营场所的显著位置。

变更经营地点的，应当申请换发兽药经营许可证。

变更经营场所面积的，应当在变更后30个工作日内向发证机关备案。

第五条 兽药经营企业应当具有与经营的兽药品种、经营规模适应并能够保证兽药质量的常温库、阴凉库（柜）、冷库（柜）等仓库和相关设施、设备。

仓库面积和相关设施、设备应当满足合格兽药区、不合格兽药区、待验兽药区、退货兽药区等不同区域划分和不同兽药品种分区、分类保管、储存的要求。

变更仓库位置，增加、减少仓库数量、面积以及相关设施、设备的，应当在变更后30个工作日内向发证机关备案。

第六条 兽药直营连锁经营企业在同一县（市）内有多家经营门店的，可以统一配置仓储和相关设施、设备。

第七条 兽药经营企业的经营场所和仓库的地面、墙壁、顶棚等应当平整、光洁，门、窗应当严密、易清洁。

第八条 兽药经营企业的经营场所和仓库应当具有下列设施、设备：

（一）与经营兽药相适应的货架、柜台；

（二）避光、通风、照明的设施、设备；

（三）与储存兽药相适应的控制温度、湿度的设施、设备；

（四）防尘、防潮、防霉、防污染和防虫、防鼠、防鸟的设施、设备；

（五）进行卫生清洁的设施、设备等；

（六）实施兽药电子追溯管理的相关设备。

第九条 兽药经营企业经营场所和仓库的设施、设备应当齐备、整洁、完好，并根据兽药品种、类别、用途等设立醒目标志。

第三章 机构与人员

第十条 兽药经营企业直接负责的主管人员应当熟悉兽药管理法律、法规及政策规定，具备相应兽药专业知识。

第十一条 兽药经营企业应当配备与经营兽药相适应的质量管理人员。有条件的，可以建立质量管理机构。

第十二条 兽药经营企业主管质量的负责人和质量管理机构的负责人应当具备相应兽药专业知识，且其专业学历或技术职称应当符合省、自治区、直辖市人民政府兽医行政管理部门的规定。

兽药质量管理人员应当具有兽药、兽医等相关专业中专以上学历，或者具有兽药、兽医等相关专业初级以上专业技术职称。经营兽用生物制品的，兽药质量管理人员应当具有兽药、兽医等相关专业大专以上学历，或者具有兽药、兽医等相关专业中级以上专业技术职称，并具备兽用生物制品专业知识。

兽药质量管理人员不得在本企业以外的其他单位兼职。

主管质量的负责人、质量管理机构的负责人、质量管理人员发生变更的，应当在变更后30个工作日内向发证机关备案。

第十三条 兽药经营企业从事兽药采购、保管、销售、技术服务等工作的人员，应当具有高中以上学历，并具有相应兽药、兽医等专业知识，熟悉兽药管理法律、法规及政策规定。

第十四条 兽药经营企业应当制订培训计划，定期对员工进行兽药管理法律、法规、政策规定和相关专业知识、职业道德培训、考核，并建立培训、考核档案。

第四章 规章制度

第十五条 兽药经营企业应当建立质量管理体系，制定管理制度、操作程序等质量管理文件。

质量管理文件应当包括下列内容：

（一）企业质量管理目标；
（二）企业组织机构、岗位和人员职责；
（三）对供货单位和所购兽药的质量评估制度；
（四）兽药采购、验收、入库、陈列、储存、运输、销售、出库等环节的管理制度；
（五）环境卫生的管理制度；
（六）兽药不良反应报告制度；
（七）不合格兽药和退货兽药的管理制度；
（八）质量事故、质量查询和质量投诉的管理制度；
（九）企业记录、档案和凭证的管理制度；
（十）质量管理培训、考核制度；
（十一）兽药产品追溯管理制度。

第十六条 兽药经营企业应当建立下列记录：

（一）人员培训、考核记录；
（二）控制温度、湿度的设施、设备的维护、保养、清洁、运行状态记录；
（三）兽药质量评估记录；

（四）兽药采购、验收、入库、储存、销售、出库等记录；
（五）兽药清查记录；
（六）兽药质量投诉、质量纠纷、质量事故、不良反应等记录；
（七）不合格兽药和退货兽药的处理记录；
（八）兽医行政管理部门的监督检查情况记录；
（九）兽药产品追溯记录。

记录应当真实、准确、完整、清晰，不得随意涂改、伪造和变造。确需修改的，应当签名、注明日期，原数据应当清晰可辨。

第十七条 兽药经营企业应当建立兽药质量管理档案，设置档案管理室或者档案柜，并由专人负责。

质量管理档案应当包括：
（一）人员档案、培训档案、设备设施档案、供应商质量评估档案、产品质量档案；
（二）开具的处方、进货及销售凭证；
（三）购销记录及本规范规定的其他记录。

质量管理档案不得涂改，保存期限不得少于 2 年；购销等记录和凭证应当保存至产品有效期后一年。

第五章 采购与入库

第十八条 兽药经营企业应当采购合法兽药产品。兽药经营企业应当对供货单位的资质、质量保证能力、质量信誉和产品批准证明文件进行审核，并与供货单位签订采购合同。

第十九条 兽药经营企业购进兽药时，应当依照国家兽药管理规定、兽药标准和合同约定，对每批兽药的包装、标签、说明书、质量合格证等内容进行检查，符合要求的方可购进。必要时，应当对购进兽药进行检验或者委托兽药检验机构进行检验，检验报告应当与产品质量档案一起保存。

兽药经营企业应当保存采购兽药的有效凭证，建立真实、完整的采购记录，做到有效凭证、账、货相符。采购记录应当载明兽药的通用名称、商品名称、批准文号、批号、剂型、规格、有效期、生产单位、供货单位、购入数量、购入日期、经手人或者负责人等内容。

第二十条 兽药入库时，应当进行检查验收，将兽药入库的信息上传兽药产品追溯系统，并做好记录。

有下列情形之一的兽药，不得入库：
（一）与进货单不符的；
（二）内、外包装破损可能影响产品质量的；
（三）没有标识或者标识模糊不清的；
（四）质量异常的；
（五）其他不符合规定的。

兽用生物制品入库，应当由两人以上进行检查验收。

第六章 陈列与储存

第二十一条 陈列、储存兽药应当符合下列要求：
（一）按照品种、类别、用途以及温度、湿度等储存要求，分类、分区或者专库存放；

(二) 按照兽药外包装图示标志的要求搬运和存放;

(三) 与仓库地面、墙、顶等之间保持一定间距;

(四) 内用兽药与外用兽药分开存放,兽用处方药与非处方药分开存放;易串味兽药、危险药品等特殊兽药与其他兽药分库存放;

(五) 待验兽药、合格兽药、不合格兽药、退货兽药分区存放;

(六) 同一企业的同一批号的产品集中存放。

第二十二条 不同区域、不同类型的兽药应当具有明显的识别标识。标识应当放置准确、字迹清楚。

不合格兽药以红色字体标识;待验和退货兽药以黄色字体标识;合格兽药以绿色字体标识。

第二十三条 兽药经营企业应当定期对兽药及其陈列、储存的条件和设施、设备的运行状态进行检查,并做好记录。

第二十四条 兽药经营企业应当及时清查兽医行政管理部门公布的假劣兽药,并做好记录。

第七章 销售与运输

第二十五条 兽药经营企业销售兽药,应当遵循先产先出和按批号出库的原则。兽药出库时,应当进行检查、核对,建立出库记录,并将出库信息上传兽药产品追溯系统。兽药出库记录应当包括兽药通用名称、商品名称、批号、剂型、规格、生产厂商、数量、日期、经手人或者负责人等内容。

有下列情形之一的兽药,不得出库销售:

(一) 标识模糊不清或者脱落的;

(二) 外包装出现破损、封口不牢、封条严重损坏的;

(三) 超出有效期限的;

(四) 其他不符合规定的。

第二十六条 兽药经营企业应当建立销售记录。销售记录应当载明兽药通用名称、商品名称、批准文号、批号、有效期、剂型、规格、生产厂商、购货单位、销售数量、销售日期、经手人或者负责人等内容。

第二十七条 兽药经营企业销售兽药,应当开具有效凭证,做到有效凭证、账、货、记录相符。

第二十八条 兽药经营企业销售兽用处方药的,应当遵守兽用处方药管理规定;销售兽用中药材、中药饮片的,应当注明产地。

第二十九条 兽药拆零销售时,不得拆开最小销售单元。

第三十条 兽药经营企业应当按照兽药外包装图示标志的要求运输兽药。有温度控制要求的兽药,在运输时应当采取必要的温度控制措施,并建立详细记录。

第八章 售后服务

第三十一条 兽药经营企业应当按照兽医行政管理部门批准的兽药标签、说明书及其他规定进行宣传,不得误导购买者。

第三十二条 兽药经营企业应当向购买者提供技术咨询服务,在经营场所明示服务公约和质量承诺,指导购买者科学、安全、合理使用兽药。

第三十三条 兽药经营企业应当注意收集兽药使用信息,发现假、劣兽药和质量可疑兽药以及严重兽药不良反应时,应当及时向所在地兽医行政管理部门报告,并根据规定做好相关工作。

第九章 附 则

第三十四条 兽药经营企业经营兽用麻醉药品、精神药品、易制毒化学药品、毒性药品、放射性药品等特殊药品,还应当遵守国家其他有关规定。

第三十五条 动物防疫机构依法从事兽药经营活动的,应当遵守本规范。

第三十六条 各省、自治区、直辖市人民政府兽医行政管理部门可以根据本规范,结合本地实际,制定实施细则,并报农业部备案。

第三十七条 本规范自 2010 年 3 月 1 日起施行。

本规范施行前已开办的兽药经营企业,应当自本规范施行之日起 24 个月内达到本规范的要求,并依法申领兽药经营许可证。

兽用处方药和非处方药管理办法

中华人民共和国农业部令 2013 年第 2 号

《兽用处方药和非处方药管理办法》已于 2013 年 8 月 1 日经农业部第 7 次常务会议审议通过，现予发布，自 2014 年 3 月 1 日起施行。

部长：韩长赋
2013 年 9 月 11 日

第一条 为加强兽药监督管理，促进兽医临床合理用药，保障动物产品安全，根据《兽药管理条例》，制定本办法。

第二条 国家对兽药实行分类管理，根据兽药的安全性和使用风险程度，将兽药分为兽用处方药和非处方药。

兽用处方药是指凭兽医处方笺方可购买和使用的兽药。

兽用非处方药是指不需要兽医处方笺即可自行购买并按照说明书使用的兽药。

兽用处方药目录由农业部制定并公布。兽用处方药目录以外的兽药为兽用非处方药。

第三条 农业部主管全国兽用处方药和非处方药管理工作。

县级以上地方人民政府兽医行政管理部门负责本行政区域内兽用处方药和非处方药的监督管理，具体工作可以委托所属执法机构承担。

第四条 兽用处方药的标签和说明书应当标注"兽用处方药"字样，兽用非处方药的标签和说明书应当标注"兽用非处方药"字样。

前款字样应当在标签和说明书的右上角以宋体红色标注，背景应当为白色，字体大小根据实际需要设定，但必须醒目、清晰。

第五条 兽药生产企业应当跟踪本企业所生产兽药的安全性和有效性，发现不适合按兽用非处方药管理的，应当及时向农业部报告。

兽药经营者、动物诊疗机构、行业协会或者其他组织和个人发现兽用非处方药有前款规定情形的，应当向当地兽医行政管理部门报告。

第六条 兽药经营者应当在经营场所显著位置悬挂或者张贴"兽用处方药必须凭兽医处方购买"的提示语。

兽药经营者对兽用处方药、兽用非处方药应当分区或分柜摆放。兽用处方药不得采用开架自选方式销售。

第七条 兽用处方药凭兽医处方笺方可买卖，但下列情形除外：

（一）进出口兽用处方药的；

（二）向动物诊疗机构、科研单位、动物疫病预防控制机构和其他兽药生产企业、经营者销售兽用处方药的；

（三）向聘有依照《执业兽医管理办法》规定注册的专职执业兽医的动物饲养场（养殖小区）、动物园、实验动物饲育场等销售兽用处方药的。

第八条 兽医处方笺由依法注册的执业兽医按照其注册的执业范围开具。

第九条 兽医处方笺应当记载下列事项：

（一）畜主姓名或动物饲养场名称；

(二）动物种类、年（日）龄、体重及数量；

(三）诊断结果；

(四）兽药通用名称、规格、数量、用法、用量及休药期；

(五）开具处方日期及开具处方执业兽医注册号和签章。

处方笺一式三联，第一联由开具处方药的动物诊疗机构或执业兽医保存，第二联由兽药经营者保存，第三联由畜主或动物饲养场保存。动物饲养场（养殖小区）、动物园、实验动物饲育场等单位专职执业兽医开具的处方签由专职执业兽医所在单位保存。

处方笺应当保存二年以上。

第十条 兽药经营者应当对兽医处方笺进行查验，单独建立兽用处方药的购销记录，并保存二年以上。

第十一条 兽用处方药应当依照处方笺所载事项使用。

第十二条 乡村兽医应当按照农业部制定、公布的《乡村兽医基本用药目录》使用兽药。

第十三条 兽用麻醉药品、精神药品、毒性药品等特殊药品的生产、销售和使用，还应当遵守国家有关规定。

第十四条 违反本办法第四条规定的，依照《兽药管理条例》第六十条第二款的规定进行处罚。

第十五条 违反本办法规定，未经注册执业兽医开具处方销售、购买、使用兽用处方药的，依照《兽药管理条例》第六十六条的规定进行处罚。

第十六条 违反本办法规定，有下列情形之一的，依照《兽药管理条例》第五十九条第一款的规定进行处罚：

（一）兽药经营者未在经营场所明显位置悬挂或者张贴提示语的；

（二）兽用处方药与兽用非处方药未分区或分柜摆放的；

（三）兽用处方药采用开架自选方式销售的；

（四）兽医处方笺和兽用处方药购销记录未按规定保存的。

第十七条 违反本办法其他规定的，依照《中华人民共和国动物防疫法》《兽药管理条例》有关规定进行处罚。

第十八条 本办法自 2014 年 3 月 1 日起施行。

第四篇　生鲜乳管理

乳品质量安全监督管理条例

2008年10月6日国务院第28次常务会议通过，2008年10月9日国务院令第536号公布，自2008年10月9日起实施。

第一章　总　则

第一条　为了加强乳品质量安全监督管理，保证乳品质量安全，保障公众身体健康和生命安全，促进奶业健康发展，制定本条例。

第二条　本条例所称乳品，是指生鲜乳和乳制品。

乳品质量安全监督管理适用本条例；法律对乳品质量安全监督管理另有规定的，从其规定。

第三条　奶畜养殖者、生鲜乳收购者、乳制品生产企业和销售者对其生产、收购、运输、销售的乳品质量安全负责，是乳品质量安全的第一责任者。

第四条　县级以上地方人民政府对本行政区域内的乳品质量安全监督管理负总责。

县级以上人民政府畜牧兽医主管部门负责奶畜饲养以及生鲜乳生产环节、收购环节的监督管理。县级以上质量监督检验检疫部门负责乳制品生产环节和乳品进出口环节的监督管理。县级以上工商行政管理部门负责乳制品销售环节的监督管理。县级以上食品药品监督部门负责乳制品餐饮服务环节的监督管理。县级以上人民政府卫生主管部门依照职权负责乳品质量安全监督管理的综合协调、组织查处食品安全重大事故。县级以上人民政府其他有关部门在各自职责范围内负责乳品质量安全监督管理的其他工作。

第五条　发生乳品质量安全事故，应当依照有关法律、行政法规的规定及时报告、处理；造成严重后果或者恶劣影响的，对有关人民政府、有关部门负有领导责任的负责人依法追究责任。

第六条　生鲜乳和乳制品应当符合乳品质量安全国家标准。乳品质量安全国家标准由国务院卫生主管部门组织制定，并根据风险监测和风险评估的结果及时组织修订。

乳品质量安全国家标准应当包括乳品中的致病性微生物、农药残留、兽药残留、重金属以及其他危害人体健康物质的限量规定，乳品生产经营过程的卫生要求，通用的乳品检验方法与规程，与乳品安全有关的质量要求，以及其他需要制定为乳品质量安全国家标准的内容。

制定婴幼儿奶粉的质量安全国家标准应当充分考虑婴幼儿身体特点和生长发育需要，保证婴幼儿生长发育所需的营养成分。

国务院卫生主管部门应当根据疾病信息和监督管理部门的监督管理信息等，对发现添加或者可能添加到乳品中的非食品用化学物质和其他可能危害人体健康的物质，立即组织进行风险评估，采取相应的监测、检测和监督措施。

第七条　禁止在生鲜乳生产、收购、贮存、运输、销售过程中添加任何物质。

禁止在乳制品生产过程中添加非食品用化学物质或者其他可能危害人体健康的物质。

第八条 国务院畜牧兽医主管部门会同国务院发展改革部门、工业和信息化部门、商务部门，制定全国奶业发展规划，加强奶源基地建设，完善服务体系，促进奶业健康发展。

县级以上地方人民政府应当根据全国奶业发展规划，合理确定本行政区域内奶畜养殖规模，科学安排生鲜乳的生产、收购布局。

第九条 有关行业协会应当加强行业自律，推动行业诚信建设，引导、规范奶畜养殖者、生鲜乳收购者、乳制品生产企业和销售者依法生产经营。

第二章 奶畜养殖

第十条 国家采取有效措施，鼓励、引导、扶持奶畜养殖者提高生鲜乳质量安全水平。省级以上人民政府应当在本级财政预算内安排支持奶业发展资金，并鼓励对奶畜养殖者、奶农专业生产合作社等给予信贷支持。

国家建立奶畜政策性保险制度，对参保奶畜养殖者给予保费补助。

第十一条 畜牧兽医技术推广机构应当向奶畜养殖者提供养殖技术培训、良种推广、疫病防治等服务。

国家鼓励乳制品生产企业和其他相关生产经营者为奶畜养殖者提供所需的服务。

第十二条 设立奶畜养殖场、养殖小区应当具备下列条件：

（一）符合所在地人民政府确定的本行政区域奶畜养殖规模；
（二）有与其养殖规模相适应的场所和配套设施；
（三）有为其服务的畜牧兽医技术人员；
（四）具备法律、行政法规和国务院畜牧兽医主管部门规定的防疫条件；
（五）有对奶畜粪便、废水和其他固体废物进行综合利用的沼气池等设施或者其他无害化处理设施；
（六）有生鲜乳生产、销售、运输管理制度；
（七）法律、行政法规规定的其他条件。

奶畜养殖场、养殖小区开办者应当将养殖场、养殖小区的名称、养殖地址、奶畜品种和养殖规模向养殖场、养殖小区所在地县级人民政府畜牧兽医主管部门备案。

第十三条 奶畜养殖场应当建立养殖档案，载明以下内容：

（一）奶畜的品种、数量、繁殖记录、标识情况、来源和进出场日期；
（二）饲料、饲料添加剂、兽药等投入品的来源、名称、使用对象、时间和用量；
（三）检疫、免疫、消毒情况；
（四）奶畜发病、死亡和无害化处理情况；
（五）生鲜乳生产、检测、销售情况；
（六）国务院畜牧兽医主管部门规定的其他内容。

奶畜养殖小区开办者应当逐步建立养殖档案。

第十四条 从事奶畜养殖，不得使用国家禁用的饲料、饲料添加剂、兽药以及其他对动物和人体具有直接或者潜在危害的物质。

禁止销售在规定用药期和休药期内的奶畜产的生鲜乳。

第十五条 奶畜养殖者应当确保奶畜符合国务院畜牧兽医主管部门规定的健康标准，并确保奶畜接受强制免疫。

动物疫病预防控制机构应当对奶畜的健康情况进行定期检测；经检测不符合健康标准的，应当立即隔离、治疗或者做无害化处理。

第十六条 奶畜养殖者应当做好奶畜和养殖场所的动物防疫工作，发现奶畜染疫或者疑似染疫的，应当立即报告，停止生鲜乳生产，并采取隔离等控制措施，防止疫病扩散。

奶畜养殖者对奶畜养殖过程中的排泄物、废弃物应当及时清运、处理。

第十七条 奶畜养殖者应当遵守国务院畜牧兽医主管部门制定的生鲜乳生产技术规程。直接从事挤奶工作的人员应当持有有效的健康证明。

奶畜养殖者对挤奶设施、生鲜乳贮存设施等应当及时清洗、消毒，避免对生鲜乳造成污染。

第十八条 生鲜乳应当冷藏。超过2小时未冷藏的生鲜乳，不得销售。

第三章 生鲜乳收购

第十九条 省、自治区、直辖市人民政府畜牧兽医主管部门应当根据当地奶源分布情况，按照方便奶畜养殖者、促进规模化养殖的原则，对生鲜乳收购站的建设进行科学规划和合理布局。必要时，可以实行生鲜乳集中定点收购。

国家鼓励乳制品生产企业按照规划布局，自行建设生鲜乳收购站或者收购原有生鲜乳收购站。

第二十条 生鲜乳收购站应当由取得工商登记的乳制品生产企业、奶畜养殖场、奶农专业生产合作社开办，并具备下列条件，取得所在地县级人民政府畜牧兽医主管部门颁发的生鲜乳收购许可证：

（一）符合生鲜乳收购站建设规划布局；
（二）有符合环保和卫生要求的收购场所；
（三）有与收奶量相适应的冷却、冷藏、保鲜设施和低温运输设备；
（四）有与检测项目相适应的化验、计量、检测仪器设备；
（五）有经培训合格并持有有效健康证明的从业人员；
（六）有卫生管理和质量安全保障制度。

生鲜乳收购许可证有效期2年；生鲜乳收购站不再办理工商登记。

禁止其他单位或者个人开办生鲜乳收购站。禁止其他单位或者个人收购生鲜乳。

国家对生鲜乳收购站给予扶持和补贴，提高其机械化挤奶和生鲜乳冷藏运输能力。

第二十一条 生鲜乳收购站应当及时对挤奶设施、生鲜乳贮存运输设施等进行清洗、消毒，避免对生鲜乳造成污染。

生鲜乳收购站应当按照乳品质量安全国家标准对收购的生鲜乳进行常规检测。检测费用不得向奶畜养殖者收取。

生鲜乳收购站应当保持生鲜乳的质量。

第二十二条 生鲜乳收购站应当建立生鲜乳收购、销售和检测记录。生鲜乳收购、销售和检测记录应当包括畜主姓名、单次收购量、生鲜乳检测结果、销售去向等内容，并保存2年。

第二十三条 县级以上地方人民政府价格主管部门应当加强对生鲜乳价格的监控和通报，及时发布市场供求信息和价格信息。必要时，县级以上地方人民政府建立由价格、畜牧兽医等部门以及行业协会、乳制品生产企业、生鲜乳收购者、奶畜养殖者代表组成的生鲜乳价格协调委员会，确定生鲜乳交易参考价格，供购销双方签订合同时参考。

生鲜乳购销双方应当签订书面合同。生鲜乳购销合同示范文本由国务院畜牧兽医主管部门会同国务院工商行政管理部门制定并公布。

第二十四条 禁止收购下列生鲜乳：

（一）经检测不符合健康标准或者未经检疫合格的奶畜产的；
（二）奶畜产犊7日内的初乳，但以初乳为原料从事乳制品生产的除外；
（三）在规定用药期和休药期内的奶畜产的；
（四）其他不符合乳品质量安全国家标准的。

对前款规定的生鲜乳，经检测无误后，应当予以销毁或者采取其他无害化处理措施。

第二十五条 贮存生鲜乳的容器，应当符合国家有关卫生标准，在挤奶后2小时内应当降温至0~4℃。

生鲜乳运输车辆应当取得所在地县级人民政府畜牧兽医主管部门核发的生鲜乳准运证明，并随车携带生鲜乳交接单。交接单应当载明生鲜乳收购站的名称、生鲜乳数量、交接时间，并由生鲜乳收购站经手人、押运员、司机、收奶员签字。

生鲜乳交接单一式两份，分别由生鲜乳收购站和乳品生产者保存，保存时间2年。准运证明和交接单式样由省、自治区、直辖市人民政府畜牧兽医主管部门制定。

第二十六条 县级以上人民政府应当加强生鲜乳质量安全监测体系建设，配备相应的人员和设备，确保监测能力与监测任务相适应。

第二十七条 县级以上人民政府畜牧兽医主管部门应当加强生鲜乳质量安全监测工作，制定并组织实施生鲜乳质量安全监测计划，对生鲜乳进行监督抽查，并按照法定权限及时公布监督抽查结果。

监测抽查不得向被抽查人收取任何费用，所需费用由同级财政列支。

第四章 乳制品生产

第二十八条 从事乳制品生产活动，应当具备下列条件，取得所在地质量监督部门颁发的食品生产许可证：

（一）符合国家奶业产业政策；
（二）厂房的选址和设计符合国家有关规定；
（三）有与所生产的乳制品品种和数量相适应的生产、包装和检测设备；
（四）有相应的专业技术人员和质量检验人员；
（五）有符合环保要求的废水、废气、垃圾等污染物的处理设施；
（六）有经培训合格并持有有效健康证明的从业人员；
（七）法律、行政法规规定的其他条件。

质量监督部门对乳制品生产企业颁发食品生产许可证，应当征求所在地工业行业管理部门的意见。

未取得食品生产许可证的任何单位和个人，不得从事乳制品生产。

第二十九条 乳制品生产企业应当建立质量管理制度，采取质量安全管理措施，对乳制品生产实施从原料进厂到成品出厂的全过程质量控制，保证产品质量安全。

第三十条 乳制品生产企业应当符合良好生产规范要求。国家鼓励乳制品生产企业实施危害分析与关键控制点体系，提高乳制品安全管理水平。生产婴幼儿奶粉的企业应当实施危害分析与关键控制点体系。

对通过良好生产规范、危害分析与关键控制点体系认证的乳制品生产企业，认证机构应当依法实施跟踪调查；对不再符合认证要求的企业，应当依法撤销认证，并及时向有关主管部门报告。

第三十一条 乳制品生产企业应当建立生鲜乳进货查验制度，逐批检测收购的生鲜乳，如实记录质量检测情况、供货者的名称以及联系方式、进货日期等内容，并查验运输车辆生鲜乳交接单。查验记录和生鲜乳交接单应当保存2年。乳制品生产企业不得向未取得生鲜乳收购许可证的单位和个人购进生鲜乳。

乳制品生产企业不得购进兽药等化学物质残留超标，或者含有重金属等有毒有害物质、致病性的寄生虫和微生物、生物毒素以及其他不符合乳品质量安全国家标准的生鲜乳。

第三十二条 生产乳制品使用的生鲜乳、辅料、添加剂等，应当符合法律、行政法规的规定和乳品质量安全国家标准。

生产的乳制品应当经过巴氏杀菌、高温杀菌、超高温杀菌或者其他有效方式杀菌。

生产发酵乳制品的菌种应当纯良、无害，定期鉴定，防止杂菌污染。

生产婴幼儿奶粉应当保证婴幼儿生长发育所需的营养成分，不得添加任何可能危害婴幼儿身体健康和生长发育的物质。

第三十三条 乳制品的包装应当有标签。标签应当如实标明产品名称、规格、净含量、生产日期，成分或者配料表，生产企业的名称、地址、联系方式，保质期，产品标准代号，贮存条件，所使用的食品添加剂的化学通用名称，食品生产许可证编号，法律、行政法规或者乳品质量安全国家标准规定必须标明的其他事项。

使用奶粉、黄油、乳清粉等原料加工的液态奶，应当在包装上注明；使用复原乳作为原料生产液态奶的，应当标明"复原乳"字样，并在产品配料中如实标明复原乳所含原料及比例。

婴幼儿奶粉标签还应当标明主要营养成分及其含量，详细说明使用方法和注意事项。

第三十四条 出厂的乳制品应当符合乳品质量安全国家标准。

乳制品生产企业应当对出厂的乳制品逐批检验，并保存检验报告，留取样品。检验内容应当包括乳制品的感官指标、理化指标、卫生指标和乳制品中使用的添加剂、稳定剂以及酸奶中使用的菌种等；婴幼儿奶粉在出厂前还应当检测营养成分。对检验合格的乳制品应当标识检验合格证号；检验不合格的不得出厂。检验报告应当保存2年。

第三十五条 乳制品生产企业应当如实记录销售的乳制品名称、数量、生产日期、生产批号、检验合格证号、购货者名称及其联系方式、销售日期等。

第三十六条 乳制品生产企业发现其生产的乳制品不符合乳品质量安全国家标准、存在危害人体健康和生命安全危险或者可能危害婴幼儿身体健康或者生长发育的，应当立即停止生产，报告有关主管部门，告知销售者、消费者，召回已经出厂、上市销售的乳制品，并记录召回情况。

乳制品生产企业对召回的乳制品应当采取销毁、无害化处理等措施，防止其再次流入市场。

第五章 乳制品销售

第三十七条 从事乳制品销售应当按照食品安全监督管理的有关规定，依法向工商行政管理部门申请领取有关证照。

第三十八条 乳制品销售者应当建立并执行进货查验制度，审验供货商的经营资格，验明乳制品合格证明和产品标识，并建立乳制品进货台账，如实记录乳制品的名称、规格、数量、供货商及其联系方式、进货时间等内容。从事乳制品批发业务的销售企业应当建立乳制品销售台账，如实记录批发的乳制品的品种、规格、数量、流向等内容。进货台账和销售台账保存期限不得少于2年。

第三十九条 乳制品销售者应当采取措施，保持所销售乳制品的质量。

销售需要低温保存的乳制品的，应当配备冷藏设备或者采取冷藏措施。

第四十条 禁止购进、销售无质量合格证明、无标签或者标签残缺不清的乳制品。

禁止购进、销售过期、变质或者不符合乳品质量安全国家标准的乳制品。

第四十一条 乳制品销售者不得伪造产地，不得伪造或者冒用他人的厂名、厂址，不得伪造或者冒用认证标志等质量标志。

第四十二条 对不符合乳品质量安全国家标准、存在危害人体健康和生命安全或者可能危害婴幼儿身体健康和生长发育的乳制品，销售者应当立即停止销售，追回已经售出的乳制品，并记录追回情况。

乳制品销售者自行发现其销售的乳制品有前款规定情况的，还应当立即报告所在地工商行政管理等有关部门，通知乳制品生产企业。

第四十三条 乳制品销售者应当向消费者提供购货凭证，履行不合格乳制品的更换、退货等义务。

乳制品销售者依照前款规定履行更换、退货等义务后，属于乳制品生产企业或者供货商的责任的，销售者可以向乳制品生产企业或者供货商追偿。

第四十四条 进口的乳品应当按照乳品质量安全国家标准进行检验；尚未制定乳品质量安全国家标准的，可以参照国家有关部门指定的国外有关标准进行检验。

第四十五条 出口乳品的生产者、销售者应当保证其出口乳品符合乳品质量安全国家标准的同时还符合进口国家（地区）的标准或者合同要求。

第六章 监督检查

第四十六条 县级以上人民政府畜牧兽医主管部门应当加强对奶畜饲养以及生鲜乳生产环节、收购环节的监督检查。县级以上质量监督检验检疫部门应当加强对乳制品生产环节和乳品进出口环节的监督检查。县级以上工商行政管理部门应当加强对乳制品销售环节的监督检查。县级以上食品药品监督部门应当加强对乳制品餐饮服务环节的监督管理。监督检查部门之间，监督检查部门与其他有关部门之间，应当及时通报乳品质量安全监督管理信息。

畜牧兽医、质量监督、工商行政管理等部门应当定期开展监督抽查，并记录监督抽查的情况和处理结果。需要对乳品进行抽样检查的，不得收取任何费用，所需费用由同级财政列支。

第四十七条 畜牧兽医、质量监督、工商行政管理等部门在依据各自职责进行监督检查时，行使下列职权：

（一）实施现场检查；

（二）向有关人员调查、了解有关情况；

（三）查阅、复制有关合同、票据、账簿、检验报告等资料；

（四）查封、扣押有证据证明不符合乳品质量安全国家标准的乳品以及违法使用的生鲜乳、辅料、添加剂；

（五）查封涉嫌违法从事乳品生产经营活动的场所，扣押用于违法生产经营的工具、设备；

（六）法律、行政法规规定的其他职权。

第四十八条 县级以上质量监督部门、工商行政管理部门在监督检查中，对不符合乳品质量安全国家标准、存在危害人体健康和生命安全危险或者可能危害婴幼儿身体健康和生长发育的乳制品，责令并监督生产企业召回、销售者停止销售。

第四十九条 县级以上人民政府价格主管部门应当加强对生鲜乳购销过程中压级压价、价格欺诈、价格串通等不正当价格行为的监督检查。

第五十条 畜牧兽医主管部门、质量监督部门、工商行政管理部门应当建立乳品生产经营者违法行为记录，及时提供给中国人民银行，由中国人民银行纳入企业信用信息基础数据库。

第五十一条 省级以上人民政府畜牧兽医主管部门、质量监督部门、工商行政管理部门依据各自职责,公布乳品质量安全监督管理信息。有关监督管理部门应当及时向同级卫生主管部门通报乳品质量安全事故信息;乳品质量安全重大事故信息由省级以上人民政府卫生主管部门公布。

第五十二条 有关监督管理部门发现奶畜养殖者、生鲜乳收购者、乳制品生产企业和销售者涉嫌犯罪的,应当及时移送公安机关立案侦查。

第五十三条 任何单位和个人有权向畜牧兽医、卫生、质量监督、工商行政管理、食品药品监督等部门举报乳品生产经营中的违法行为。畜牧兽医、卫生、质量监督、工商行政管理、食品药品监督等部门应当公布本单位的电子邮件地址和举报电话;对接到的举报,应当完整地记录、保存。

接到举报的部门对属于本部门职责范围内的事项,应当及时依法处理,对于实名举报,应当及时答复;对不属于本部门职责范围内的事项,应当及时移交有权处理的部门,有权处理的部门应当立即处理,不得推诿。

第七章 法律责任

第五十四条 生鲜乳收购者、乳制品生产企业在生鲜乳收购、乳制品生产过程中,加入非食品用化学物质或者其他可能危害人体健康的物质,依照刑法第一百四十四条的规定,构成犯罪的,依法追究刑事责任,并由发证机关吊销许可证照;尚不构成犯罪的,由畜牧兽医主管部门、质量监督部门依据各自职责没收违法所得和违法生产的乳品,以及相关的工具、设备等物品,并处违法乳品货值金额15倍以上30倍以下罚款,由发证机关吊销许可证照。

第五十五条 生产、销售不符合乳品质量安全国家标准的乳品,依照刑法第一百四十三条的规定,构成犯罪的,依法追究刑事责任,并由发证机关吊销许可证照;尚不构成犯罪的,由畜牧兽医主管部门、质量监督部门、工商行政管理部门依据各自职责没收违法所得、违法乳品和相关的工具、设备等物品,并处违法乳品货值金额10倍以上20倍以下罚款,由发证机关吊销许可证照。

第五十六条 乳制品生产企业违反本条例第三十六条的规定,对不符合乳品质量安全国家标准、存在危害人体健康和生命安全或者可能危害婴幼儿身体健康和生长发育的乳制品,不停止生产、不召回的,由质量监督部门责令停止生产、召回;拒不停止生产、拒不召回的,没收其违法所得、违法乳制品和相关的工具、设备等物品,并处违法乳制品货值金额15倍以上30倍以下罚款,由发证机关吊销许可证照。

第五十七条 乳制品销售者违反本条例第四十二条的规定,对不符合乳品质量安全国家标准、存在危害人体健康和生命安全或者可能危害婴幼儿身体健康和生长发育的乳制品,不停止销售、不追回的,由工商行政管理部门责令停止销售、追回;拒不停止销售、拒不追回的,没收其违法所得、违法乳制品和相关的工具、设备等物品,并处违法乳制品货值金额15倍以上30倍以下罚款,由发证机关吊销许可证照。

第五十八条 违反本条例规定,在婴幼儿奶粉生产过程中,加入非食品用化学物质或其他可能危害人体健康的物质的,或者生产、销售的婴幼儿奶粉营养成分不足、不符合乳品质量安全国家标准的,依照本条例规定,从重处罚。

第五十九条 奶畜养殖者、生鲜乳收购者、乳制品生产企业和销售者在发生乳品质量安全事故后未报告、处置的,由畜牧兽医、质量监督、工商行政管理、食品药品监督等部门依据各自职责,责令改正,给予警告;毁灭有关证据的,责令停产停业,并处10万元以上20万元以下罚款;造成严重后果的,由发证机关吊销许可证照;构成犯罪的,依法追究刑事责任。

第六十条 有下列情形之一的,由县级以上地方人民政府畜牧兽医主管部门没收违法所得、违法收购的生鲜乳和相关的设备、设施等物品,并处违法乳品货值金额 5 倍以上 10 倍以下罚款;有许可证照的,由发证机关吊销许可证照:

(一)未取得生鲜乳收购许可证收购生鲜乳的;

(二)生鲜乳收购站取得生鲜乳收购许可证后,不再符合许可条件继续从事生鲜乳收购的;

(三)生鲜乳收购站收购本条例第二十四条规定禁止收购的生鲜乳的。

第六十一条 乳制品生产企业和销售者未取得许可证,或者取得许可证后不按照法定条件、法定要求从事生产销售活动的,由县级以上地方质量监督部门、工商行政管理部门依照《国务院关于加强食品等产品安全监督管理的特别规定》等法律、行政法规的规定处罚。

第六十二条 畜牧兽医、卫生、质量监督、工商行政管理等部门,不履行本条例规定职责、造成后果的,或者滥用职权、有其他渎职行为的,由监察机关或者任免机关对其主要负责人、直接负责的主管人员和其他直接责任人员给予记大过或者降级的处分;造成严重后果的,给予撤职或者开除的处分;构成犯罪的,依法追究刑事责任。

第八章 附 则

第六十三条 草原牧区放牧饲养的奶畜所产的生鲜乳收购办法,由所在省、自治区、直辖市人民政府参照本条例另行制定。

第六十四条 本条例自公布之日起施行。

生鲜乳生产收购管理办法

2008年11月4日农业部第8次常务会议审议通过，2008年11月7日中华人民共和国农业部令第15号发布，自公布之日起施行。

第一章 总 则

第一条 为加强生鲜乳生产收购管理，保证生鲜乳质量安全，促进奶业健康发展，根据《乳品质量安全监督管理条例》，制定本办法。

第二条 本办法所称生鲜乳，是指未经加工的奶畜原奶。

第三条 在中华人民共和国境内从事生鲜乳生产、收购、贮存、运输、出售活动，应当遵守本办法。

第四条 奶畜养殖者、生鲜乳收购者、生鲜乳运输者对其生产、收购、运输和销售的生鲜乳质量安全负责，是生鲜乳质量安全的第一责任者。

第五条 县级以上人民政府畜牧兽医主管部门负责奶畜饲养以及生鲜乳生产环节、收购环节的监督管理。

县级以上人民政府其他有关部门在各自职责范围内负责生鲜乳质量安全监督管理的其他工作。

第六条 生产、收购、贮存、运输、销售的生鲜乳，应当符合乳品质量安全国家标准。

禁止在生鲜乳生产、收购、贮存、运输、销售过程中添加任何物质。

第七条 省级人民政府畜牧兽医主管部门会同发展改革部门、工业和信息化部门、商务部门，制定本行政区域的奶业发展规划，加强奶源基地建设，鼓励和支持标准化规模养殖，完善服务体系，促进奶业健康发展。

县级以上地方人民政府应当根据全国和省级奶业发展规划，合理确定本行政区域内奶畜养殖规模，科学安排生鲜乳的生产、收购布局。

第八条 奶业协会应当加强行业自律，推动行业诚信建设，引导、规范奶畜养殖者、生鲜乳收购者依法生产经营。

第二章 生鲜乳生产

第九条 地方畜牧兽医技术推广机构，应当结合当地奶畜发展需要，向奶畜养殖者提供奶畜品种登记、奶牛生产性能测定、青粗饲料生产与利用、标准化养殖、奶畜疫病防治、粪便无害化处理等技术服务，并开展相关技术培训。

鼓励大专院校、科研院所、乳制品生产企业及其他相关生产经营者为养殖者提供所需的服务。

第十条 奶畜养殖场、养殖小区，应当符合法律、行政法规规定的条件，并向县级人民政府畜牧兽医主管部门或者其委托的畜牧技术推广机构备案，获得奶畜养殖代码。

鼓励乳制品生产企业建立自己的奶源基地，按照良好规范要求实施标准化生产和管理。

第十一条 奶畜养殖场应当按照《乳品质量安全监督管理条例》第十三条 规定建立养殖档案，准确填写有关信息，做好档案保存工作。奶畜养殖小区应当逐步建立养殖档案。

县级人民政府畜牧兽医主管部门应当督促和指导奶畜养殖场、奶畜养殖小区依法建立科学、规范的养殖档案。

第十二条 从事奶畜养殖，不得在饲料、饲料添加剂、兽药中添加动物源性成分（乳及乳制品除外），不得添加对动物和人体具有直接或者潜在危害的物质。

第十三条 奶畜养殖者应当遵守农业部制定的生鲜乳生产技术规程。直接从事挤奶工作的人员应当持有有效的健康证明。

奶畜养殖者对挤奶设施、生鲜乳贮存设施等应当在使用前后及时进行清洗、消毒，避免对生鲜乳造成污染，并建立清洗、消毒记录。

第十四条 挤奶完成后，生鲜乳应当储存在密封的容器中，并及时做降温处理，使其温度保持在0~4℃。超过2小时未冷藏的，不得销售。

第十五条 奶畜养殖者可以向符合本办法规定的生鲜乳收购站出售自养奶畜产的生鲜乳。

第十六条 禁止出售下列生鲜乳：

（一）经检测不符合健康标准或者未经检疫合格的奶畜产的；
（二）奶畜产犊7日内的初乳，但以初乳为原料从事乳制品生产的除外；
（三）在规定用药期和休药期内的奶畜产的；
（四）添加其他物质和其他不符合乳品质量安全国家标准的。

第三章 生鲜乳收购

第十七条 省级人民政府畜牧兽医主管部门应当根据当地奶源分布情况，按照方便奶畜养殖者、促进规模化养殖的原则，制定生鲜乳收购站建设规划，对生鲜乳收购站进行科学合理布局。

县级人民政府畜牧兽医主管部门应当根据本省的生鲜乳收购站建设规划，结合本地区奶畜存栏量、日产奶量、运输半径等因素，确定生鲜乳收购站的建设数量和规模，并报省级人民政府畜牧兽医主管部门批准。

第十八条 取得工商登记的乳制品生产企业、奶畜养殖场、奶农专业生产合作社开办生鲜乳收购站，应当符合法定条件，向所在地县级人民政府畜牧兽医主管部门提出申请，并提交以下材料：

（一）开办生鲜乳收购站申请；
（二）生鲜乳收购站平面图和周围环境示意图；
（三）冷却、冷藏、保鲜设施和低温运输设备清单；
（四）化验、计量、检测仪器设备清单；
（五）开办者的营业执照复印件和法定代表人身份证明复印件；
（六）从业人员的培训证明和有效的健康证明；
（七）卫生管理和质量安全保障制度。

第十九条 县级人民政府畜牧兽医主管部门应当自受理申请材料之日起20日内，完成申请材料的审核和对生鲜乳收购站的现场核查。符合规定条件的，向申请人颁发生鲜乳收购许可证，并报省级人民政府畜牧兽医主管部门备案。不符合条件的，书面通知当事人，并说明理由。

第二十条 生鲜乳收购许可证有效期2年。有效期满后，需要继续从事生鲜乳收购的，应当在生鲜乳收购许可证有效期满30日前，持原证重新申请。重新申请的程序与原申请程序相同。

生鲜乳收购站的名称或者负责人变更的，应当向原发证机关申请换发生鲜乳收购许可证，并提供相应证明材料。

第二十一条 生鲜乳收购站的挤奶设施和生鲜乳贮存设施使用前应当消毒并晾干，使用后1

小时内应当清洗、消毒并晾干；不用时，用防止污染的方法存放好，避免对生鲜乳造成污染。

生鲜乳收购站使用的洗涤剂、消毒剂、杀虫剂和其他控制害虫的产品应当确保不对生鲜乳造成污染。

第二十二条 生鲜乳收购站应当按照乳品质量安全国家标准对收购的生鲜乳进行感官、酸度、密度、含碱等常规检测。检测费用由生鲜乳收购站自行承担，不得向奶畜养殖者收取，或者变相转嫁给奶畜养殖者。

第二十三条 生鲜乳收购站应当建立生鲜乳收购、销售和检测记录，并保存2年。

生鲜乳收购记录应当载明生鲜乳收购站名称及生鲜乳收购许可证编号、畜主姓名、单次收购量、收购日期和时点。

生鲜乳销售记录应当载明生鲜乳装载量、装运地、运输车辆牌照、承运人姓名、装运时间、装运时生鲜乳温度等内容。

生鲜乳检测记录应当载明检测人员、检测项目、检测结果、检测时间。

第二十四条 生鲜乳收购站收购的生鲜乳应当符合乳品质量安全国家标准。不符合乳品质量安全国家标准的生鲜乳，经检测无误后，应当在当地畜牧兽医主管部门的监督下销毁或者采取其他无害化处理措施。

第二十五条 贮存生鲜乳的容器，应当符合散装乳冷藏罐国家标准。

第四章 生鲜乳运输

第二十六条 运输生鲜乳的车辆应当取得所在地县级人民政府畜牧兽医主管部门核发的生鲜乳准运证明。无生鲜乳准运证明的车辆，不得从事生鲜乳运输。

生鲜乳运输车辆只能用于运送生鲜乳和饮用水，不得运输其他物品。

生鲜乳运输车辆使用前后应当及时清洗消毒。

第二十七条 生鲜乳运输车辆应当具备以下条件：

（一）奶罐隔热、保温，内壁由防腐蚀材料制造，对生鲜乳质量安全没有影响；

（二）奶罐外壁用坚硬光滑、防腐、可冲洗的防水材料制造；

（三）奶罐设有奶样存放舱和装备隔离箱，保持清洁卫生，避免尘土污染；

（四）奶罐密封材料耐脂肪、无毒，在温度正常的情况下具有耐清洗剂的能力；

（五）奶车顶盖装置、通气和防尘罩设计合理，防止奶罐和生鲜乳受到污染。

第二十八条 生鲜乳运输车辆的所有者，应当向所在地县级人民政府畜牧兽医主管部门提出生鲜乳运输申请。县级人民政府畜牧兽医主管部门应当自受理申请之日起5日内，对车辆进行检查，符合规定条件的，核发生鲜乳准运证明。不符合条件的，书面通知当事人，并说明理由。

第二十九条 从事生鲜乳运输的驾驶员、押运员应当持有有效的健康证明，并具有保持生鲜乳质量安全的基本知识。

第三十条 生鲜乳运输车辆应当随车携带生鲜乳交接单。生鲜乳交接单应当载明生鲜乳收购站名称、运输车辆牌照、装运数量、装运时间、装运时生鲜乳温度等内容，并由生鲜乳收购站经手人、押运员、驾驶员、收奶员签字。

第三十一条 生鲜乳交接单一式两份，分别由生鲜乳收购站和乳品生产者保存，保存时间2年。

第五章 监督检查

第三十二条 县级以上人民政府畜牧兽医主管部门应当加强对奶畜饲养以及生鲜乳生产、收购环节的监督检查，定期开展生鲜乳质量检测抽查，并记录监督抽查的情况和处理结果。需要对生鲜乳进行抽样检查的，不得收取任何费用。

第三十三条 县级以上人民政府畜牧兽医主管部门在进行监督检查时，行使下列职权：

（一）对奶畜养殖场所、生鲜乳收购站、生鲜乳运输车辆实施现场检查；

（二）向有关人员调查、了解有关情况；

（三）查阅、复制养殖档案、生鲜乳收购记录、购销合同、检验报告、生鲜乳交接单等资料；

（四）查封、扣押有证据证明不符合乳品质量安全标准的生鲜乳；

（五）查封涉嫌违法从事生鲜乳生产经营活动的场所，扣押用于违法生产、收购、贮存、运输生鲜乳的车辆、工具、设备；

（六）法律、行政法规规定的其他职权。

第三十四条 畜牧兽医主管部门应当建立生鲜乳生产者、收购者、运输者违法行为记录，及时提供给中国人民银行，由中国人民银行纳入企业信用信息基础数据库。

第三十五条 省级以上人民政府畜牧兽医主管部门应当依法公布生鲜乳质量安全监督管理信息，并及时向同级卫生主管部门通报生鲜乳质量安全事故信息。

第三十六条 县级以上人民政府畜牧兽医主管部门发现奶畜养殖者和生鲜乳收购者、运输者、销售者涉嫌犯罪的，应当及时移送公安机关立案侦查。

第三十七条 任何单位和个人有权向畜牧兽医主管部门举报生鲜乳生产经营中的违法行为。各级畜牧兽医主管部门应当公布本单位的电子邮件地址或者举报电话；对接到的举报，应当完整地记录、保存。

各级畜牧兽医主管部门收到举报的，对属于本部门职责范围内的事项，应当及时依法查处，对于实名举报，应当及时答复；对不属于本部门职责范围内的事项，应当及时移交有权处理的部门。

第三十八条 县级人民政府畜牧兽医主管部门在监督检查中发现生鲜乳运输车辆不符合规定条件的，应当收回生鲜乳准运证明，或者通报核发生鲜乳准运证明的畜牧兽医主管部门收回，同时通报有关乳制品加工企业。

第三十九条 其他违反本办法规定的行为，依照《畜牧法》《乳品质量安全监督管理条例》的有关规定进行处罚。

第六章 附 则

第四十条 本办法自发布之日起施行。

农业部办公厅关于印发《生鲜乳生产技术规范（试行）》的通知

农办牧〔2008〕68号

各省（自治区、直辖市）畜牧（农牧、农业、农林）厅（局、委、办），新疆生产建设兵团畜牧兽医局，中国奶业协会：

生鲜乳生产环节质量控制与乳品质量安全紧密相关。为进一步规范生鲜乳生产，推进标准化规模养殖，提高生鲜乳质量安全水平，按照《乳品质量安全监督管理条例》的要求，我们组织制定了《生鲜乳生产技术规程（试行）》。现印发给你们，请结合生产实际，参照执行，并及时向农业部畜牧业司反馈执行过程中遇到的实际问题。

二〇〇八年十月二十九日

生鲜乳生产技术规程（试行）

为严格实施《乳品质量安全监督管理条例》，规范生鲜乳生产过程中环境控制，饲料与饲养管理，挤奶操作，贮存与运输，疫病防治等技术环节，特制定《生鲜乳生产技术规程（试行）》。该规程以《生鲜牛乳质量管理规范》（NY/T 1172—2006）、《奶牛饲养标准》（NY/T 34—2004）、《奶牛标准化规模养殖生产技术规范（试行）》等标准为基础，重点对生鲜牛乳生产技术加以规范。其他奶畜生鲜乳生产参照此规程实施。

1 奶牛场选址设计与环境

奶牛场的建设与环境控制是生鲜牛乳质量安全的保障。奶牛场的规划建设要利于生产发展，符合动物防疫条件要求，不污染周围环境。鼓励适度规模的奶牛养殖小区向奶牛养殖场、各种形式的奶牛合作社过渡。

1.1 选址

1.1.1 原则符合当地土地利用发展规划，与农牧业发展规划、农田基本建设规划等相结合，科学选址，合理布局。

1.1.2 地势选择总体平坦、地势高燥、背风向阳、排水通畅、环境安静，具有一定缓坡的地方，不宜建在低凹、风口处。

1.1.3 水源应有充足并符合卫生要求的水源，取用方便，能够保证生产、生活用水。

1.1.4 土质以沙壤土、沙土较适宜，不宜在黏土地带建设。

1.1.5 气象要综合考虑当地的气象因素，如最高温度、最低温度、湿度、年降雨量、主风向、风力等，选择有利地势。

1.1.6 交通交通便利，但与公路主干线距离不小于500米。

1.1.7 周边环境应距居民点1000米以上，且位于下风处，远离其他畜禽养殖场，周围1500米以内无化工厂、畜产品加工厂、畜禽交易市场、屠宰厂、垃圾及污水处理场所、兽医院等容易产生污染的企业和单位，距离风景旅游区、自然保护区以及水源保护区2000米以上。

1.2 布局奶牛场一般包括生活管理区、辅助生产区、生产区、粪污处理区和病畜隔离区等功能区。养殖小区实行集中机械挤奶，统一饲养管理。

1.2.1 生活管理区包括与经营管理有关的建筑物。应建在奶牛场上风处和地势较高地段，并与生产区严格分开，保证50米以上距离。

1.2.2 辅助生产区主要包括供水、供电、供热、维修、草料库等设施，要紧靠生产区。干草库、饲料库、饲料加工调制车间、青贮窖应设在生产区边沿下风地势较高处。

1.2.3 生产区主要包括牛舍、挤奶厅、人工授精室和兽医室等生产性建筑。应设在场区的下风位置，入口处设人员消毒室、更衣室和车辆消毒池。生产区奶牛舍要合理布局，能够满足奶牛分阶段、分群饲养的要求，泌乳牛舍应靠近挤奶厅，各牛舍之间要保持适当距离，布局整齐，以便防疫和防火。

1.2.4 粪污处理、病畜隔离区主要包括隔离牛舍、病死牛处理及粪污储存与处理设施。应设在生产区外围下风地势低处，与生产区保持100米以上的间距。粪尿污水处理、病牛隔离区应有单独通道，便于病牛隔离、消毒和污物处理。

1.3 奶牛场内环境

1.3.1 道路 场区内净道和污道要严格分开，避免交叉。净道主要用于牛群周转、饲养员行走和运料等。污道主要用于粪污、废弃疫苗药物和病死牛等废弃物出场。

1.3.2 牛舍 牛舍内的温度、湿度和气流（风速）应满足奶牛不同生长和生理阶段的要求；保证牛舍的自然采光，夏季应避免直射光，冬季应增加直射光；控制灰尘和有毒、有害气体的含量。

1.3.3 牛床 牛床应有一定厚度的垫料，坡度达到1°~1.5°。

1.3.4 水质 牛场用水水质要达到《生活饮用水卫生标准》（GB 5749—2006）。

1.3.5 运动场 地面平坦，中央高，向四周方向有一定的缓坡或从靠近牛舍的一侧向外侧有一定的缓坡，具有良好的渗水性和弹性，易于保持干燥。可采用三合土、立砖或沙土铺面。应经常清理运动场的粪便，防止饮水槽跑、冒、滴、漏造成饮水区的泥泞，保证奶牛体表的清洁。四周应建有排水沟。

1.3.6 牛场排水 场内雨水可采用明沟排放，污水采用三级沉淀系统处理。

1.3.7 粪污堆放和处理 粪污应遵循减量化、无害化和资源化利用的原则，安排专门场地，采用粪尿分离方式处理。粪呈固态贮放，最好采用硬化地面。固态粪便以高温堆肥发酵处理为主，远离各类功能地表水体（距离不得小于400米），并应设在养殖场生产及生活管理区的常年主导风向的下风向或侧风向处，最好在农田附近。

2 选育与繁殖

2.1 母牛选留要求

2.1.1 母犊牛初生重应达到品种标准要求，身体健康，发育正常，无任何生理缺陷，三代系谱清楚且无明显缺陷。

2.1.2 后备牛根据母牛的体尺、体重、生长发育和系谱资料进行选留和淘汰。主要指标包括6月龄、第一次配种（15~18月龄）的体尺、体重。各项指标须达到品种标准。

2.2 冻精选择

2.2.1 种公牛 提倡选用优秀种公牛，最好选有后裔测定成绩的公牛。

2.2.2 细管冻精 细管冷冻精液应符合《牛冷冻精液》标准（GB 4143—2008），标注生产种公牛站名称或代码、种公牛号和生产日期等内容。

2.3 繁殖

2.3.1 发情配种 配种员要定时观察母牛发情情况，并及时进行配种。

2.3.2 繁殖障碍防治 对发情异常与久配不孕的母牛进行直肠检查，及时对症治疗。

2.3.3 产后监护 包括产道损伤、胎衣排出、产后瘫痪、恶露排出和炎症检查等。

3 饲料与日粮配制

饲料与日粮是奶牛生产的基础，直接关系生鲜牛乳的质量。饲料配制必须以满足奶牛健康为前提，根据奶牛生产各阶段的营养需求加以调整。

3.1 饲料类型 在生产上常用饲料一般分为粗饲料（包括青绿饲料、青贮饲料、干草和秸秆等）和精饲料（指玉米等能量饲料、豆粕等蛋白类饲料以及矿物质饲料和维生素等饲料添加剂）等。

3.2 全年的饲料需要量 为确保奶牛饲料常年均衡供应，尽可能采用适合本地区的经济、高效的平衡日粮。根据各阶段牛的饲料需要量，制订全年饲料生产、储备和供应计划。各阶段奶牛年头均主要饲料需要量见下表。

各阶段奶牛年头均主要饲料需要量　　　　　　　　单位：千克

饲料＼阶段	成年牛	青年牛	育成牛	犊牛
精饲料	2200~2500	1000~1200	900~1000	300~330
羊草	1500~2000	1500~2200	1000~1400	300~400
苜蓿干草	1100~1500	400~600		
青贮玉米	6000~8000	2500~3000	1800~2000	
糟渣类	2000~3000			
块根、块茎类	500~1000			
牛乳				300~400

1. 本数据适用于年产奶量5000千克以上的母牛。
2. 精饲料中能量饲料占55%~65%，蛋白质饲料占25%~35%，复合预混料占4%~5%。
3. 犊牛饲料是犊牛期6个月的需要量。

3.3 粗饲料的收获、加工、调制与储存管理 优质粗饲料是保证奶牛高产、瘤胃健康以及改善生鲜牛乳质量的重要饲料。在奶牛生产中，鼓励增加优质牧草的使用量，满足奶牛合成乳脂和乳蛋白的需要。

3.3.1 干草 禾本科牧草应在抽穗期收割，豆科牧草应于初花现蕾期刈割。割后应及时晾晒，打捆后放在棚内贮藏，也可露天堆垛，应避免发霉变质。垛基应用秸秆或石头铺垫，垛顶应封好。

3.3.2 青贮饲料主要有玉米青贮和半干苜蓿青贮两种。我国目前制作的青贮饲料多为玉米青贮。

3.3.2.1 原料要求 青贮玉米适宜收割期为乳熟后期至蜡熟前期。入窖时原料水分应控制在70%左右。青贮原料应含一定的可溶性糖（>2%），含糖量不足时，应掺入含糖量较高的青绿饲料或添加适量淀粉、糖蜜等。

3.3.2.2 铡切长度 青贮前，原料要切碎至1~2厘米，不宜切得过长。

3.3.2.3 压实和密封 填料时，应边装料边用装载机或链轨推土机层层压实，避免雨淋。可用防老化的双层塑料布覆盖密封，不漏气、不渗水，塑料布表面应覆盖压实。

3.3.3 农作物秸秆的加工处理包括物理、化学和微生物处理方法。

3.3.3.1 物理处理主要包括切短、粉碎、揉碎、压块、制粒和膨化。

3.3.3.2 化学处理主要包括石灰液处理、氢氧化钠液处理、氨化处理。氨化处理多用液氨、氨水、尿素等。

3.3.3.3 生物处理主要是黄贮和秸秆微贮技术。

3.4 保证生鲜牛乳质量的饲料原料控制

3.4.1 饲料原料要求 禁止在饲料和饮用水中添加国家禁用的药物以及其他对动物和人体具有直接或者潜在危害的物质。禁止在饲料中添加肉骨粉、骨粉、肉粉、血粉、血浆粉、动物下脚料、动物脂肪、干血浆及其他血浆制品、脱水蛋白、蹄粉、角粉、鸡杂碎粉、羽毛粉、油渣、鱼粉、骨胶等动物源性成分（乳及乳制品除外），以及用这些原料加工制作的各类饲料。禁止在饲料中加入三聚氰胺、三聚氰酸以及含三聚氰胺的下脚料。不饲喂可使生鲜牛乳产生异味的饲料，如丁酸发酵的青贮饲料、芜菁、韭菜、葱类等。

3.4.2 饲料卫生要求 使用的精料补充料、浓缩饲料等要符合饲料卫生标准。防止饲草被养殖动物、野生动物的粪便污染，避免引发疾病。不喂发霉变质的饲料，避免造成生鲜牛乳中黄曲霉素等生物毒素的残留。

3.4.3 饲料的贮藏 要防雨、防潮、防火、防冻、防霉变及防鼠、防虫害；饲料应堆放整齐，标识鲜明，便于先进先出；饲料库应有严格的管理制度，有准确的出入库、用料和库存记录。化学品（如农药、处理种子的药物等）的存放和混合要远离饲草、饲料储存区域。

3.5 日粮配制

3.5.1 配制原则 应按照《奶牛营养需要和饲料成分》的要求，结合奶牛群实际，科学设计日粮配方。日粮配制应精、粗料比例合理，营养全面，能够满足奶牛的营养需要。

3.5.2 日粮配制应注意的问题

3.5.2.1 优先保证粗饲料尤其是优质粗饲料的供给 日粮中应确保有稳定的玉米青贮供应，产奶牛以日均15千克以上为宜；每天须采食5千克以上的干草，应优先选用苜蓿、羊草和其他优质干草等，提倡多种搭配。

3.5.2.2 精、粗饲料搭配合理，营养平衡 日粮配合比例一般为粗饲料占45%~60%，精饲料占35%~50%，矿物质类饲料占3%~4%，维生素及微量元素添加剂占1%，钙磷比为（1.5~2.0）:1。

3.5.3 全混合日粮（TMR）指根据奶牛营养需要，把粗饲料、精饲料及辅助饲料等按合理的比例及要求，利用专用饲料搅拌机械进行切割、搅拌，使之成为混合均匀、营养平衡的一种日粮。TMR的水分应控制在40%~50%。

3.5.3.1 饲料添加原则 遵循先干后湿，先轻后重的原则。添加顺序为先干草，然后是青贮饲料，最后是精料补充料和湿糟类。

3.5.3.2 搅拌时间 掌握适宜搅拌时间的原则是确保搅拌后TMR中至少有20%的干草长度大于4厘米。一般情况下，最后一种饲料加入后搅拌5~8分钟。为避免饲料变质，夏季应分2~3次搅拌投喂。

3.5.3.3 效果评价 搅拌效果好的TMR表现为精、粗饲料混合均匀，松散不分离，色泽均匀，新鲜不发热、无异味，不结块。以奶牛不挑食为佳。

4 饲养管理

4.1 犊牛的饲养管理（0~6月龄）

4.1.1 犊牛哺乳期（0~60日龄）

4.1.1.1 接产 犊牛出生后立即清除口、鼻、耳内的黏液，确保呼吸畅通，擦干牛体。在距腹部6~8厘米处断脐，挤出脐内污物，并用5%的碘酒消毒，然后称重、佩戴耳标、照相、登记系谱、填写出生记录、放入犊牛栏。

4.1.1.2 喂初乳 应在新生犊牛出生后1~2小时内吃到初乳，每次饲喂量为2~2.5千克，日喂 2~3 次，温度为 38℃±1℃，连续 5 天，5 天后逐渐过渡到饲喂常乳或犊牛代乳粉。

4.1.1.3 补饲 犊牛出生一周后可开始训练其采食固体饲料，促进瘤胃的发育。犊牛哺乳期日增重应不低于 650 克。

4.1.1.4 去角和副乳头 犊牛出生后，在 15~30 天用电烙铁或药物去角。去副乳头的最佳时间在 2~6 周，最好避开高温天气。先对副乳头周围清洗消毒，再轻拉副乳头，沿着基部剪除，用 5%碘酒消毒。

4.1.1.5 管理 犊牛要求生活在清洁、干燥、宽敞、阳光充足、冬暖夏凉的环境中。保证犊牛有充足、新鲜、清洁卫生的饮水，冬季应饮温水。犊牛饲喂必须做到"五定"，即定质、定时、定量、定温、定人，每次喂完奶后给牛擦干嘴部。卫生应做到"四勤"，即勤打扫、勤换垫草、勤观察、勤消毒。

4.1.2 犊牛断奶期（断奶~6 月龄）

4.1.2.1 饲养 犊牛的营养来源主要是精饲料。随着月龄的增长，逐渐增加优质粗饲料的喂量，选择优质干草、苜蓿供犊牛自由采食，4 月龄前最好不喂青贮等发酵饲料。干物质采食量逐步达到每头每天 4.5 千克，其中精料喂量为每头每天 1.5~2 千克。犊牛断奶期日增重应不低于 600 克。

4.1.2.2 管理 断奶后犊牛按月龄体重分群散放饲养，自由采食。应保证充足、新鲜、清洁卫生的饮水，冬季应饮温水。保持犊牛圈舍清洁卫生、干燥，定期消毒，预防疾病发生。

4.2 育成牛饲养管理（7~15 月龄）

4.2.1 饲养 日粮以粗饲料为主，每头每天饲喂精料 2~2.5 千克。日粮蛋白质水平达到 13%~14%；选用中等质量的干草，培养其耐粗饲性能，增进瘤胃消化粗饲料的能力。干物质采食量每头每天应逐步增加到 8 千克，日增重不低于 600 克。

4.2.2 管理 适宜采取散放饲养、分群管理。保证充足新鲜的饲料和饮水，定期监测体尺、体重指标，及时调整日粮结构，以确保 15 月龄前达到配种体重（成年牛体重的 75%），保持适宜体况。同时，注意观察发情，做好发情记录，以便适时配种。

4.3 青年牛饲养管理（初配至分娩前）

4.3.1 饲养 青年牛的管理重点是在怀孕后期（预产期前 2~3 周），可采用干奶后期饲养方式，日粮干物质采食量每头每天 10~11 千克，日粮粗蛋白质水平 14%，混合精料每头每天 3~5 千克左右。

4.3.2 管理 采取散放饲养、自由采食。不喂变质霉变的饲料，冬季要防止牛在冰冻的地面或冰上滑倒，预防流产。依据膘情适当控制精料供给量，防止过肥，产前 21 天控制食盐喂量和多汁饲料的饲喂量，预防乳房水肿。

4.4 成母牛各阶段的饲养管理

4.4.1 干奶期 进入妊娠后期，一般在产犊前 60 天停止挤奶，这段时间称为干奶期。

4.4.1.1 饲养 干奶期奶牛的饲养根据具体体况而定，对于营养状况较差的高产母牛应提高营养水平，从而达到中上等膘情。日粮应以粗料为主，日粮干物质进食占体重的 2%~2.5%，每千克干物质应含奶牛能量单位（NND）1.75，粗蛋白质水平 12%~13%，精、粗料比 30：70，精料每头每天 2.5~3 千克。

4.4.1.2 管理 停奶前 10 天，应进行隐性乳房炎检测，确定乳房正常后方可停奶。做好保胎工作，禁止饲喂冰冻、腐败变质的饲草饲料，冬季饮水不宜过冷。

4.4.2 围产期 指母牛分娩前后各 15 天的一段时间。产前 15 天为围产前期，产后 15 天为围产后期。

4.4.2.1 围产前期饲养管理 日粮干物质占体重 2.5%~3.0%，每千克饲料干物质含 NND 2.00，粗蛋白质 13%，钙 0.4%，磷 0.4%，精、粗料比为 40：60，粗纤维不少于 20%。参考喂量：混合料 2~5 千克、青贮料 15 千克、干草 4 千克，补充微量元素及适量添加维生素 A、维生素 E，并采用低钙饲养法。典型的低钙日粮一般是钙占日粮干物质的 0.4% 以下，钙、磷比例为 1：1，减少产后瘫痪。但在产犊以后应迅速提高日粮中钙量，以满足产奶时的需要。

奶牛临产前 15 天转入产房。产房要保持安静，干净卫生。昼夜设专人值班。根据预产期做好产房、产间、助产器械工具的清洗消毒等准备工作。母牛产前应对其外生殖器和后躯消毒。在通常情况下，让其自然分娩，如需助产时，要严格消毒手臂和器械。

4.4.2.2 围产后期饲养管理 产后粗饲料以优质干草为主，自由采食。精料换成泌乳料，视食欲状况和乳房消肿程度逐渐增加饲喂量。每千克日粮干物质含钙 0.6%，磷 0.3%，精、粗料比为 40：60，粗蛋白质提高到 17%，NND 为 2.2，粗纤维含量不少于 18%。

母牛产后开始挤奶时，头 1~2 把奶要弃掉，一般产后第一天每次只挤 2 千克左右，满足犊牛需要即可，第二天每次挤奶 1/3，第三天挤 1/2，第 4 天才可将奶挤尽。分娩后乳房水肿严重，要加强乳房的热敷和按摩，每次挤奶热敷按摩 5~10 分钟，促进乳房消肿。

4.4.3 泌乳早期（指产后 16~100 天的泌乳阶段，也称泌乳盛期）

4.4.3.1 饲养 干物质采食量由占体重的 2.5%~3.0% 逐渐增加到 3.5% 以上，粗蛋白质水平 16%~18%，NND 为 2.3，钙 0.7%，磷 0.45%。加大饲料投喂，奶料比为 2.5：1。提供优质干草，保证高产奶牛每天 3 千克羊草，2 千克苜蓿草的饲喂量。

4.4.3.2 管理 应适当增加饲喂次数，有条件的牛场和奶农最好采用 TMR 饲养，如果没有 TMR 搅拌车，可以利用人工 TMR。搞好产后发情检测，及时配种。

4.4.4 泌乳中期（指产后 101~200 天的泌乳阶段）

4.4.4.1 饲养 日粮干物质应占体重 3.0%~3.2%，NND 为 2.1~2.2，粗蛋白质 14%，粗纤维不少于 17%，钙 0.65%，磷 0.35%，精、粗料比为 40：60。

4.4.4.2 管理 此阶段产奶量渐减（月下降幅度为 5%~7%），精料可相应逐渐减少，尽量延长奶牛的泌乳高峰。此阶段为奶牛能量正平衡，奶牛体况恢复，日增重为 0.25~0.5 千克。

4.4.5 泌乳后期（产后 201 天至停奶阶段）

4.4.5.1 饲养 日粮干物质应占体重的 3.0% 左右，NND 为 2.0，粗蛋白质水平 13%，粗纤维不少于 20%，钙 0.55%，磷 0.35%，精、粗料比以 30：70 为宜。调控好精料比例，防止奶牛过肥。

4.4.5.2 管理 该阶段应以恢复牛只体况为主，加强管理，预防流产。做好停奶准备工作，为下一个泌乳期打好基础。

4.5 DHI 测定 指奶牛生产性能测定，每个月对牛奶产量、乳成分和体细胞数等进行测定。为奶牛场提供泌乳奶牛的生产性能数据，是奶牛选种选配的重要参考依据，同时也是提高奶牛场饲养管理水平的重要手段。

4.5.1 牛奶采样 每头泌乳牛每月采集奶样一次，采样前，应先将牛奶充分搅拌，采样管插到贮奶容器中间采样，每个样品总量应严格控制在 40 毫升以内，全天早、中、晚三次挤奶分别按 4：3：3（早、晚两次挤奶按 5.5：4.5）比例采集。采样时注意保持奶样清洁，切勿使粪、尿等杂物污染奶样。

4.5.2 保存 每班次采样后，立即将奶样保存在 0~5℃ 环境中，防止夏季变质和冬季结冰，影响检测结果的准确性。

4.5.3 送样时间 奶样从开始采集到送检测室的时间应控制在：夏季不超过 48 小时，冬季不超过72小时。

5 挤奶操作与卫生

5.1 挤奶方式与设备 我国目前的挤奶方式分为机械挤奶和手工挤奶，鼓励手工挤奶向机械挤奶转变。机械挤奶分为提桶式和管道式两种，管道式挤奶又分为定位挤奶和厅式挤奶两种。厅式挤奶主要有鱼骨式、并列式和转盘式三种类型。

5.2 挤奶设施

5.2.1 挤奶设施组成 挤奶设施包括挤奶厅、待挤区、设备室、贮奶间、更衣室、办公室、锅炉房等。

5.2.2 挤奶厅位置 挤奶厅应建在养殖场的上风处或中部侧面，距离牛舍较近，有专用的运输通道，不可与污道交叉。既便于集中挤奶，又减少污染。要避免运奶车直接进入生产区。

5.2.3 挤奶厅的环境要求和卫生控制

5.2.3.1 地面与墙面 挤奶厅应采用绝缘材料或砖石墙，墙面最好贴瓷砖，要求光滑，便于清洗消毒；地面要做到防滑、易于清洁。

5.2.3.2 排水 挤奶厅地面冲洗用水不能使用循环水，必须使用清洁水，并保持一定的压力；地面可设一个到几个排水口，排水口应比地面或排水沟表面低1.25米，防止积水。

5.2.3.3 通风和光照 挤奶厅通风系统应尽可能考虑能同时使用定时控制和手动控制的电风扇，光照强度应便于工作人员进行相关的操作。

5.2.3.4 贮奶间只能用于冷却和贮存生鲜牛乳，不得堆放任何化学物品和杂物；禁止吸烟，并张贴"禁止吸烟"的警示；有防止昆虫的措施，如安装纱窗、使用灭蝇喷雾剂、捕蝇纸和电子灭蚊蝇器，捕蝇纸要定期更换，不得放在贮奶罐上；贮奶间的门应保持经常性关闭状态；贮奶间污水的排放口需距贮奶间15米以上。

5.2.3.5 贮奶罐外部应保持清洁、干净，没有灰尘；贮奶罐的盖子应保持关闭状态；不得向罐中加入任何物质；交完奶应及时清洗贮奶罐并将罐内的水排净。

5.2.3.6 外部环境 保持挤奶厅和贮奶间建筑外部的清洁卫生，防止滋生蚊蝇虫害。用于杀灭蚊蝇的杀虫剂和其他控制害虫的产品应当经国家批准，对人、奶牛和环境安全没有危害，并在牛体内不产生有害积累。

5.3 挤奶操作

5.3.1 健康检查 挤奶前先观察或触摸乳房外表是否有红、肿、热、痛症状或创伤。

5.3.2 乳头预药浴 对乳头进行预药浴，选用专用的乳头药浴液，药液作用时间应保持在20~30秒。如果乳房污染特别严重，可先用含消毒水的温水清洗干净，再药浴乳头。

5.3.3 擦干乳头 挤奶前用毛巾或纸巾将乳头擦干，保证一头牛一条毛巾。

5.3.4 挤去头2~3把奶 把头2~3把奶挤到专用容器中，检查牛奶是否有凝块、絮状物或水样，正常的牛可上机挤奶；异常时应及时报告兽医进行治疗，单独挤奶。严禁将异常奶混入正常牛奶中。

5.3.5 上机挤奶 上述工作结束后，及时套上挤奶杯组。奶牛从进入挤奶厅到套上奶杯的时间应控制在90秒以内，保证最大的奶流速度和产奶量，还要尽量避免空气进入杯组中。挤奶过程中观察真空稳定情况和挤奶杯组奶流情况，适当调整奶杯组的位置。排乳接近结束，先关闭真空，再移走挤奶杯组。严禁下压挤奶机，避免过度挤奶。

5.3.6 挤奶后药浴 挤奶结束后，应迅速进行乳头药浴，停留时间为3~5秒。

5.3.7 其他 固定挤奶顺序，切忌频繁更换挤奶员。药浴液应在挤奶前现用现配，并保证有效的药液浓度。每班药浴杯使用完毕应清洗干净。应用抗生素治疗的牛只，应单独使用一套挤奶杯组,每挤完一头牛后应进行消毒,挤出的奶放置容器中单独处理。奶牛产犊后7天以内的初乳饲喂新生犊牛或者单独贮存处理,不能混入商品奶中。

5.4 挤奶员要求

5.4.1 必须定期进行身体检查,获得县级以上医疗机构出具的健康证明。

5.4.2 应保证个人卫生,勤洗手、勤剪指甲、不涂抹化妆品、不佩戴饰物。

5.4.3 手部刀伤和其他开放性外伤,未愈前不能挤奶。

5.4.4 建议挤奶操作时,应穿工作服和工作鞋,戴工作帽。

5.5 生鲜牛乳的冷却、贮存与运输

5.5.1 贮运容器贮存生鲜牛乳的容器,应符合《散装乳冷藏罐》(GB/T 10942—2001)的要求。运输奶罐应具备保温隔热、防腐蚀、便于清洗等性能,符合保障生鲜乳质量安全的要求。

5.5.2 冷却刚挤出的生鲜牛乳应及时冷却、贮存。2小时之内冷却到4℃以下保存。

5.5.3 贮存时间生鲜牛乳挤出后在贮奶罐的贮存时间原则上不超过48小时。贮奶罐内生鲜牛乳温度应低于6℃。

5.5.4 运输从事生鲜牛乳运输的人员必须定期进行身体检查,获得县级以上医疗机构的身体健康证明。生鲜牛乳运输车辆必须获得所在地畜牧兽医部门核发的生鲜乳准运证明,必须具有保温或制冷型奶罐。在运输过程中,尽量保持生鲜牛乳装满奶罐,避免运输途中生鲜牛乳振荡,与空气接触发生氧化反应。严禁在运输途中向奶罐内加入任何物质。要保持运输车辆的清洁卫生。

5.6 挤奶设备及贮运设备的清洗

5.6.1 清洗剂的选择应选择经国家批准,对人、奶牛和环境安全没有危害,对生鲜牛乳无污染的清洗剂。

5.6.2 挤奶前的清洗每次挤奶前应用清水对挤奶及贮运设备进行冲洗。

5.6.3 挤奶后的清洗消毒

5.6.3.1 预冲洗挤奶完毕后,应马上用清洁的温水(35~40℃)进行冲洗,不加任何清洗剂。预冲洗过程循环冲洗到水变清为止。

5.6.3.2 碱酸交替清洗预冲洗后立刻用pH值为11.5的碱洗液(碱洗液浓度应考虑水的pH值和硬度)循环清洗10~15分钟。碱洗温度开始在70~80℃,循环到水温不低于41℃。碱洗后可继续进行酸洗,酸洗液pH值为3.5(酸洗液浓度应考虑水的pH值和硬度),循环清洗10~15分钟,酸洗温度应与碱洗温度相同。视管路系统清洁程度,碱洗与酸洗可在每次挤奶作业后交替进行。在每次碱(酸)清洗后,再用温水冲洗5分钟。清洗完毕管道内不应留有残水。

5.6.3.3 奶车、奶罐的清洗消毒奶车、奶罐每次用完后应清洗和消毒。具体程序是先用温水清洗,水温35~40℃;再用热碱水(温度50℃)循环清洗消毒;最后用清水冲洗干净。奶泵、奶管、阀门每用一次,都要用清水清洗一次。奶泵、奶管、阀门应每周2次冲刷、清洗。

5.7 挤奶设备的维护挤奶设备必须定期做好维护保养工作。挤奶设备除了日常保养外,每年都应当由专业技术工程师全面维护保养。不同类型的设备应根据设备厂商的要求作特殊维护。

5.7.1 每天检查

5.7.1.1 真空泵油量是否保持在要求的范围内。

5.7.1.2 集乳器进气孔是否被堵塞。

5.7.1.3 橡胶部件是否有磨损或漏气。

5.7.1.4 真空表读数是否稳定,套杯前与套杯后,真空表的读数应当相同,摘取杯组时真空会略微下降,但5秒内应上升到原位。

5.7.1.5 真空调节器是否有明显的放气声,如没有放气声说明真空储气量不够。

5.7.1.6 奶杯内衬/杯罩间是否有液体进入。如果有水或奶，表明内衬有破损，应当更换。

5.7.2 每周检查

5.7.2.1 检查脉动率与内衬收缩是否正常。在机器运转状态下，将拇指伸入一个奶杯，其他3个奶杯堵住或折断真空，检查每分钟按摩次数（脉动率），拇指应感觉到内衬的充分收缩。

5.7.2.2 奶泵止回阀是否断裂，空气是否进入奶泵。

5.7.3 每月检查和保养

5.7.3.1 真空泵皮带松紧度是否正常，用拇指按压皮带应有1.25厘米的张度。

5.7.3.2 清洁脉动器脉动器进气口尤其需要进行清洁，有些进气口有过滤网，需要清洗或更换，脉动器加油需按供应商的要求进行。

5.7.3.3 清洁真空调节器和传感器用湿布擦净真空调节器的阀、座等（按照工程师的指导），传感器过滤网可用皂液清洗，晾干后再装上。

5.7.3.4 奶水分离器和稳压罐浮球阀应确保这些浮球阀工作正常，还要检查其密封情况，有磨损时应立即更换；冲洗真空管、清洁排泄阀、检查密封状况。

5.7.4 年度检查每年由专业技术工程师对挤奶设备做系统检查。

5.8 生鲜牛乳质量检测

5.8.1 生鲜乳化验室和检测设备鼓励机械化挤奶厅和生鲜乳收购站设立生鲜乳化验室，并配备必要的乳成分分析检测设备和卫生检测仪器、试剂。

5.8.2 检测指标和检测方法按照《生鲜乳收购标准》（GB/T 6914—1986）的要求对生鲜牛乳的感官指标（气味、颜色和组织状态）、理化指标（密度、蛋白质、脂肪、酸度、乳糖、非脂固形物、干物质等）进行检测。有条件的可以进行微生物指标和体细胞数的测定。

6 卫生防疫与保健

6.1 卫生防疫

6.1.1 防疫总则严格按照《中华人民共和国动物防疫法》的规定，贯彻"预防为主"的方针，净化奶牛主要动物疫病，防止疾病的传入或发生，控制动物传染病和寄生虫病的传播。

6.1.2 防疫措施

6.1.2.1 奶牛场应建立出入登记制度，非生产人员不得进入生产区。

6.1.2.2 职工进入生产区，穿戴工作服，经过消毒间洗手消毒后方可入场。

6.1.2.3 奶牛场员工每年必须进行一次健康检查，如患传染性疾病应及时在场外治疗，痊愈后方可上岗。

6.1.2.4 新员工必须持有当地相关部门颁发的健康证方可上岗。

6.1.2.5 奶牛场不得饲养其他畜禽，特殊情况需要养狗，应加强管理，并实施防疫和驱虫处理，禁止将畜禽及其产品带入场区。

6.1.2.6 定点堆放牛粪，定期喷洒杀虫剂，防止蚊蝇滋生。

6.1.2.7 污水、粪尿、死亡牛只及产品应作无害化处理，并做好器具和环境等的清洁消毒工作。

6.1.2.8 当奶牛发生疑似传染病或附近牧场出现烈性传染病时，应立即按规定采取隔离封锁和其他应急防控措施。

6.2 消毒

6.2.1 消毒剂应选择国家批准的，对人、奶牛和环境安全没有危害以及在牛体内不产生有害积累的消毒剂。

6.2.2 消毒方法可采用喷雾消毒、浸液消毒、紫外线消毒、喷洒消毒、热水消毒等。

6.2.3 消毒范围 对养殖场（小区）的环境、牛舍、用具、外来人员、生产环节（挤奶、助产、配种、注射治疗及任何与奶牛进行接触）的器具和人员等进行消毒。

6.3 免疫 奶牛场应根据《中华人民共和国动物防疫法》及其配套法规的要求，结合当地实际情况，对强制免疫病种和有选择的疫病进行预防接种，疫苗、免疫程序和免疫方法必须经国家兽医行政主管部门批准。

6.4 检测及净化 奶牛场应按照国家有关规定和当地畜牧兽医主管部门的具体要求，对结核、布鲁氏菌病等动物传染性疾病进行定期检测及净化。

6.5 奶牛保健

6.5.1 乳房卫生保健 应经常保持乳房清洁，注意清除损伤乳房的隐患。挤奶时清洗乳房的水和毛巾必须清洁，建议水中加0.03%漂白粉或3%~4%的次氯酸钠等进行消毒。

6.5.2 蹄部卫生保健 保持牛蹄清洁，清除趾间污物或用水清洗。坚持定期消毒，夏、秋季每隔5~7天消毒1次，冬天可适当延长间隔。每年对全群牛只肢蹄检查一次，春季或秋季对蹄变形者统一修整。对患蹄病牛应及时治疗。坚持供应平衡日粮，以防蹄叶炎发生。

6.5.3 营养代谢病监控 高产牛在停奶时和产前10天左右作血样抽样检查，测定有关生理指标。应定期监测胴体，产前1周，产后1月内每隔1~2日监测1次，发现异常及时采取治疗措施。加强临产牛监护，对高产、体弱、食欲不振的牛在产前1周可适当补充20%葡萄糖酸钙1~3次，增加抵抗力。每年随机抽检30~50头高产牛作血钙、血磷监测。

6.6 兽药使用准则

6.6.1 禁止使用国家明文禁用的兽药和其他化学物质；禁止使用禁用于泌乳期动物的兽药种类。

6.6.2 禁止使用未经国家兽医行政管理部门批准的药品。

6.6.3 严格按照兽药管理法规、规范和质量标准使用兽药，严格遵守休药期规定。

6.6.4 预防、治疗奶牛疾病的用药要有兽医处方，并保留备查。

6.6.5 建立并保存奶牛的免疫程序记录；建立并保存患病奶牛的治疗记录和用药记录。治疗记录应包括：患病奶牛的畜号或其他标志、发病时间及症状。用药记录应包括：药物通用名称、商品名称、生产厂家、产品批号、有效成分、含量规格、使用剂量、疗程、治疗时间、用药人员签名等。

7 记录与档案管理

根据农业部发布的《畜禽标识与养殖档案管理办法》和《生鲜乳生产收购管理办法》建立生鲜牛乳生产收购等相关记录制度，配备专门或兼职的记录员，并逐步建立健全档案管理制度。主要记录包括：

7.1 育种与繁殖记录

7.1.1 奶牛谱系记录

7.1.2 奶牛配种日志

7.1.3 奶牛繁殖和产犊记录

7.2 奶牛进出场记录

7.2.1 奶牛死亡、淘汰、出售记录

7.2.2 牛群异动台账

7.3 饲料、兽药使用记录

7.3.1 饲草料入库和使用记录

7.3.2 奶牛疾病和处方记录

7.3.3 兽药使用和休药期记录

7.4 卫生防疫与保健记录

7.4.1 奶牛检测和疫苗注射记录

7.4.2 隐性乳房炎监测记录

7.4.3 奶牛产后监控卡

7.4.4 牛场消毒记录

7.5 生鲜牛乳生产和收购记录

7.5.1 挤奶设备保养维修记录

7.5.2 生鲜牛乳生产记录

7.5.3 生鲜牛乳检测记录

7.5.4 生鲜牛乳贮存记录

7.5.5 挤奶、贮存、运输等设施设备清洗消毒记录

7.5.6 生鲜牛乳运输与销售记录

第二部分

检验检测机构管理

第一篇　检验检测机构资质认定和机构考核

检验检测机构资质认定管理办法

国家质量监督检验检疫总局质检总局令第163号

第一章　总　则

第一条　为了规范检验检测机构资质认定工作，加强对检验检测机构的监督管理，根据《中华人民共和国计量法》及其实施细则、《中华人民共和国认证认可条例》等法律、行政法规的规定，制定本办法。

第二条　本办法所称检验检测机构，是指依法成立，依据相关标准或者技术规范，利用仪器设备、环境设施等技术条件和专业技能，对产品或者法律法规规定的特定对象进行检验检测的专业技术组织。

本办法所称资质认定，是指省级以上质量技术监督部门依据有关法律法规和标准、技术规范的规定，对检验检测机构的基本条件和技术能力是否符合法定要求实施的评价许可。

资质认定包括检验检测机构计量认证。

第三条　检验检测机构从事下列活动，应当取得资质认定：

（一）为司法机关作出的裁决出具具有证明作用的数据、结果的；

（二）为行政机关作出的行政决定出具具有证明作用的数据、结果的；

（三）为仲裁机构作出的仲裁决定出具具有证明作用的数据、结果的；

（四）为社会经济、公益活动出具具有证明作用的数据、结果的；

（五）其他法律法规规定应当取得资质认定的。

第四条　在中华人民共和国境内从事向社会出具具有证明作用的数据、结果的检验检测活动以及对检验检测机构实施资质认定和监督管理，应当遵守本办法。

法律、行政法规另有规定的，依照其规定。

第五条　国家质量监督检验检疫总局主管全国检验检测机构资质认定工作。

国家认证认可监督管理委员会（以下简称国家认监委）负责检验检测机构资质认定的统一管理、组织实施、综合协调工作。

各省、自治区、直辖市人民政府质量技术监督部门（以下简称省级资质认定部门）负责所辖区域内检验检测机构的资质认定工作；

县级以上人民政府质量技术监督部门负责所辖区域内检验检测机构的监督管理工作。

第六条　国家认监委依据国家有关法律法规和标准、技术规范的规定，制定检验检测机构资质认定基本规范、评审准则以及资质认定证书和标志的式样，并予以公布。

第七条　检验检测机构资质认定工作应当遵循统一规范、客观公正、科学准确、公平公开的原则。

第二章 资质认定条件和程序

第八条 国务院有关部门以及相关行业主管部门依法成立的检验检测机构,其资质认定由国家认监委负责组织实施;其他检验检测机构的资质认定,由其所在行政区域的省级资质认定部门负责组织实施。

第九条 申请资质认定的检验检测机构应当符合以下条件:

(一)依法成立并能够承担相应法律责任的法人或者其他组织;

(二)具有与其从事检验检测活动相适应的检验检测技术人员和管理人员;

(三)具有固定的工作场所,工作环境满足检验检测要求;

(四)具备从事检验检测活动所必需的检验检测设备设施;

(五)具有并有效运行保证其检验检测活动独立、公正、科学、诚信的管理体系;

(六)符合有关法律法规或者标准、技术规范规定的特殊要求。

第十条 检验检测机构资质认定程序:

(一)申请资质认定的检验检测机构(以下简称申请人),应当向国家认监委或者省级资质认定部门(以下统称资质认定部门)提交书面申请和相关材料,并对其真实性负责;

(二)资质认定部门应当对申请人提交的书面申请和相关材料进行初审,自收到之日起5个工作日内作出受理或者不予受理的决定,并书面告知申请人;

(三)资质认定部门应当自受理申请之日起45个工作日内,依据检验检测机构资质认定基本规范、评审准则的要求,完成对申请人的技术评审。技术评审包括书面审查和现场评审。技术评审时间不计算在资质认定期限内,资质认定部门应当将技术评审时间书面告知申请人。由于申请人整改或者其他自身原因导致无法在规定时间内完成的情况除外;

(四)资质认定部门应当自收到技术评审结论之日起20个工作日内,作出是否准予许可的书面决定。准予许可的,自作出决定之日起10个工作日内,向申请人颁发资质认定证书。不予许可的,应当书面通知申请人,并说明理由。

第十一条 资质认定证书有效期为6年。

需要延续资质认定证书有效期的,应当在其有效期届满3个月前提出申请。

资质认定部门根据检验检测机构的申请事项、自我声明和分类监管情况,采取书面审查或者现场评审的方式,作出是否准予延续的决定。

第十二条 有下列情形之一的,检验检测机构应当向资质认定部门申请办理变更手续:

(一)机构名称、地址、法人性质发生变更的;

(二)法定代表人、最高管理者、技术负责人、检验检测报告授权签字人发生变更的;

(三)资质认定检验检测项目取消的;

(四)检验检测标准或者检验检测方法发生变更的;

(五)依法需要办理变更的其他事项。

检验检测机构申请增加资质认定检验检测项目或者发生变更的事项影响其符合资质认定条件和要求的,依照本办法第十条规定的程序实施。

第十三条 资质认定证书内容包括:发证机关、获证机构名称和地址、检验检测能力范围、有效期限、证书编号、资质认定标志。

检验检测机构资质认定标志,由China Inspection Body and Laboratory Mandatory Approval的英文缩写CMA形成的图案和资质认定证书编号组成。式样如下:

第十四条 外方投资者在中国境内依法成立的检验检测机构,申请资质认定时,除应当符合本办法第九条规定的资质认定条件外,还应当符合我国外商投资法律法规的有关规定。

第十五条 检验检测机构依法设立的从事检验检测活动的分支机构,应当符合本办法第九条规定的条件,取得资质认定后,方可从事相关检验检测活动。

资质认定部门可以根据具体情况简化技术评审程序、缩短技术评审时间。

第三章 技术评审管理

第十六条 资质认定部门根据技术评审需要和专业要求,可以自行或者委托专业技术评价机构组织实施技术评审。

资质认定部门或者其委托的专业技术评价机构组织现场技术评审时,应当指派两名以上与技术评审内容相适应的评审员组成评审组,并确定评审组组长。必要时,可以聘请相关技术专家参加技术评审。

第十七条 评审组应当严格按照资质认定基本规范、评审准则开展技术评审活动,在规定时间内出具技术评审结论。

专业技术评价机构、评审组应当对其承担的技术评审活动和技术评审结论的真实性、符合性负责,并承担相应法律责任。

第十八条 评审组在技术评审中发现有不符合要求的,应当书面通知申请人限期整改,整改期限不得超过30个工作日。逾期未完成整改或者整改后仍不符合要求的,相应评审项目应当判定为不合格。

评审组在技术评审中发现申请人存在违法行为的,应当及时向资质认定部门报告。

第十九条 资质认定部门应当建立并完善评审员专业技能培训、考核、使用和监督制度。

第二十条 资质认定部门应当对技术评审活动进行监督,建立责任追究机制。

资质认定部门委托专业技术评价机构组织开展技术评审的,应当对专业技术评价机构及其组织的技术评审活动进行监督。

第二十一条 专业技术评价机构、评审员在评审活动中有下列情形之一的,资质认定部门可以根据情节轻重,作出告诫、暂停或者取消其从事技术评审活动的处理:

(一)未按照资质认定基本规范、评审准则规定的要求和时间实施技术评审的;

(二)对同一检验检测机构既从事咨询又从事技术评审的;

(三)与所评审的检验检测机构有利害关系或者其评审可能对公正性产生影响,未进行回避的;

(四)透露工作中所知悉的国家秘密、商业秘密或者技术秘密的;

(五)向所评审的检验检测机构谋取不正当利益的;

（六）出具虚假或者不实的技术评审结论的。

第四章 检验检测机构从业规范

第二十二条 检验检测机构及其人员从事检验检测活动，应当遵守国家相关法律法规的规定，遵循客观独立、公平公正、诚实信用原则，恪守职业道德，承担社会责任。

第二十三条 检验检测机构及其人员应当独立于其出具的检验检测数据、结果所涉及的利益相关各方，不受任何可能干扰其技术判断因素的影响，确保检验检测数据、结果的真实、客观、准确。

第二十四条 检验检测机构应当定期审查和完善管理体系，保证其基本条件和技术能力能够持续符合资质认定条件和要求，并确保管理体系有效运行。

第二十五条 检验检测机构应当在资质认定证书规定的检验检测能力范围内，依据相关标准或者技术规范规定的程序和要求，出具检验检测数据、结果。

检验检测机构出具检验检测数据、结果时，应当注明检验检测依据，并使用符合资质认定基本规范、评审准则规定的用语进行表述。

检验检测机构对其出具的检验检测数据、结果负责，并承担相应法律责任。

第二十六条 从事检验检测活动的人员，不得同时在两个以上检验检测机构从业。

检验检测机构授权签字人应当符合资质认定评审准则规定的能力要求。非授权签字人不得签发检验检测报告。

第二十七条 检验检测机构不得转让、出租、出借资质认定证书和标志；不得伪造、变造、冒用、租借资质认定证书和标志；不得使用已失效、撤销、注销的资质认定证书和标志。

第二十八条 检验检测机构向社会出具具有证明作用的检验检测数据、结果的，应当在其检验检测报告上加盖检验检测专用章，并标注资质认定标志。

第二十九条 检验检测机构应当按照相关标准、技术规范以及资质认定评审准则规定的要求，对其检验检测的样品进行管理。

检验检测机构接受委托送检的，其检验检测数据、结果仅证明样品所检验检测项目的符合性情况。

第三十条 检验检测机构应当对检验检测原始记录和报告归档留存，保证其具有可追溯性。原始记录和报告的保存期限不少于6年。

第三十一条 检验检测机构需要分包检验检测项目时，应当按照资质认定评审准则的规定，分包给依法取得资质认定并有能力完成分包项目的检验检测机构，并在检验检测报告中标注分包情况。

具体分包的检验检测项目应当事先取得委托人书面同意。

第三十二条 检验检测机构及其人员应当对其在检验检测活动中所知悉的国家秘密、商业秘密和技术秘密负有保密义务，并制定实施相应的保密措施。

第五章 监督管理

第三十三条 国家认监委组织对检验检测机构实施监督管理，对省级资质认定部门的资质认定工作进行监督和指导。

省级资质认定部门自行或者组织地（市）、县级质量技术监督部门对所辖区域内的检验检测机构进行监督检查，依法查处违法行为；定期向国家认监委报送年度资质认定工作情况、监督检查结果、统计数据等相关信息。

地（市）、县级质量技术监督部门对所辖区域内的检验检测机构进行监督检查，依法查处违法行为，并将查处结果上报省级资质认定部门。涉及国家认监委或者其他省级资质认定部门的，由其省级资质认定部门负责上报或者通报。

第三十四条 资质认定部门根据检验检测专业领域风险程度、检验检测机构自我声明、认可机构认可以及监督检查、举报投诉等情况，建立检验检测机构诚信档案，实施分类监管。

第三十五条 检验检测机构应当按照资质认定部门的要求，参加其组织开展的能力验证或者比对，以保证持续符合资质认定条件和要求。

鼓励检验检测机构参加有关政府部门、国际组织、专业技术评价机构组织开展的检验检测机构能力验证或者比对。

第三十六条 资质认定部门应当在其官方网站上公布取得资质认定的检验检测机构信息，并注明资质认定证书状态。

国家认监委应当建立全国检验检测机构资质认定信息查询平台，以便社会查询和监督。

第三十七条 检验检测机构应当定期向资质认定部门上报包括持续符合资质认定条件和要求、遵守从业规范、开展检验检测活动等内容的年度报告，以及统计数据等相关信息。

检验检测机构应当在其官方网站或者以其他公开方式，公布其遵守法律法规、独立公正从业、履行社会责任等情况的自我声明，并对声明的真实性负责。

第三十八条 资质认定部门可以根据监督管理需要，就有关事项询问检验检测机构负责人和相关人员，发现存在问题的，应当给予告诫。

第三十九条 检验检测机构有下列情形之一的，资质认定部门应当依法办理注销手续：

（一）资质认定证书有效期届满，未申请延续或者依法不予延续批准的；

（二）检验检测机构依法终止的；

（三）检验检测机构申请注销资质认定证书的；

（四）法律法规规定应当注销的其他情形。

第四十条 对检验检测机构、专业技术评价机构或者资质认定部门及相关人员的违法违规行为，任何单位和个人有权举报。相关部门应当依据各自职责及时处理，并为举报人保密。

第六章　法律责任

第四十一条 检验检测机构未依法取得资质认定，擅自向社会出具具有证明作用数据、结果的，由县级以上质量技术监督部门责令改正，处 3 万元以下罚款。

第四十二条 检验检测机构有下列情形之一的，由县级以上质量技术监督部门责令其 1 个月内改正；逾期未改正或者改正后仍不符合要求的，处 1 万元以下罚款：

（一）违反本办法第二十五条、第二十八条规定出具检验检测数据、结果的；

（二）未按照本办法规定对检验检测人员实施有效管理，影响检验检测独立、公正、诚信的；

（三）未按照本办法规定对原始记录和报告进行管理、保存的；

（四）违反本办法和评审准则规定分包检验检测项目的；

（五）未按照本办法规定办理变更手续的；

（六）未按照资质认定部门要求参加能力验证或者比对的；

（七）未按照本办法规定上报年度报告、统计数据等相关信息或者自我声明内容虚假的；

（八）无正当理由拒不接受、不配合监督检查的。

第四十三条 检验检测机构有下列情形之一的,由县级以上质量技术监督部门责令整改,处3万元以下罚款:

(一)基本条件和技术能力不能持续符合资质认定条件和要求,擅自向社会出具具有证明作用数据、结果的;

(二)超出资质认定证书规定的检验检测能力范围,擅自向社会出具具有证明作用数据、结果的;

(三)出具的检验检测数据、结果失实的;

(四)接受影响检验检测公正性的资助或者存在影响检验检测公正性行为的;

(五)非授权签字人签发检验检测报告的。

前款规定的整改期限不超过3个月。整改期间,检验检测机构不得向社会出具具有证明作用的检验检测数据、结果。

第四十四条 检验检测机构违反本办法第二十七条规定的,由县级以上质量技术监督部门责令改正,处3万元以下罚款。

第四十五条 检验检测机构有下列情形之一的,资质认定部门应当撤销其资质认定证书:

(一)未经检验检测或者以篡改数据、结果等方式,出具虚假检验检测数据、结果的;

(二)违反本办法第四十三条规定,整改期间擅自对外出具检验检测数据、结果,或者逾期未改正、改正后仍不符合要求的;

(三)以欺骗、贿赂等不正当手段取得资质认定的;

(四)依法应当撤销资质认定证书的其他情形。

被撤销资质认定证书的检验检测机构,三年内不得再次申请资质认定。

第四十六条 检验检测机构申请资质认定时提供虚假材料或者隐瞒有关情况的,资质认定部门不予受理或者不予许可。检验检测机构在一年内不得再次申请资质认定。

第四十七条 从事资质认定和监督管理的人员,在工作中滥用职权、玩忽职守、徇私舞弊的,依法予以处理;构成犯罪的,依法追究刑事责任。

第七章 附 则

第四十八条 资质认定收费,依据国家有关规定执行。

第四十九条 本办法由国家质量监督检验检疫总局负责解释。

第五十条 本办法自2015年8月1日起施行。国家质量监督检验检疫总局于2006年2月21日发布的《实验室和检查机构资质认定管理办法》同时废止。

检验检测机构资质认定评审准则

国认实〔2016〕33号

1. 总则

1.1 为实施《检验检测机构资质认定管理办法》相关要求，开展检验检测机构资质认定评审，制定本准则。

1.2 在中华人民共和国境内，向社会出具具有证明作用的数据、结果的检验检测机构的资质认定评审应遵守本准则。

1.3 国家认证认可监督管理委员会在本评审准则基础上，针对不同行业和领域检验检测机构的特殊性，制定和发布评审补充要求，评审补充要求与本评审准则一并作为评审依据。

2. 参考文件

《检验检测机构资质认定管理办法》
GB/T 27000《合格评定 词汇和通用原则》
GB/T 19001《质量管理体系 要求》
GB/T 31880《检验检测机构诚信基本要求》
GB/T 27025《检测和校准实验室能力的通用要求》
GB/T 27020《合格评定 各类检验机构能力的通用要求》
GB 19489《实验室 生物安全通用要求》
GB/T 22576《医学实验室质量和能力的要求》
JJF1001《通用计量术语及定义》

3. 术语和定义

3.1 资质认定

国家认证认可监督管理委员会和省级质量技术监督部门依据有关法律法规和标准、技术规范的规定，对检验检测机构的基本条件和技术能力是否符合法定要求实施的评价许可。

3.2 检验检测机构

依法成立，依据相关标准或者技术规范，利用仪器设备、环境设施等技术条件和专业技能，对产品或者法律法规规定的特定对象进行检验检测的专业技术组织。

3.3 资质认定评审

国家认证认可监督管理委员会和省级质量技术监督部门依据《中华人民共和国行政许可法》的有关规定，自行或者委托专业技术评价机构，组织评审人员，对检验检测机构的基本条件和技术能力是否符合《检验检测机构资质认定评审准则》和评审补充要求所进行的审查和考核。

4. 评审要求

4.1 依法成立并能够承担相应法律责任的法人或者其他组织。

4.1.1 检验检测机构或者其所在的组织应有明确的法律地位，对其出具的检验检测数据、结果负责，并承担相应法律责任。不具备独立法人资格的检验检测机构应经所在法人单位授权。

4.1.2 检验检测机构应明确其组织结构及质量管理、技术管理和行政管理之间的关系。

4.1.3 检验检测机构及其人员从事检验检测活动，应遵守国家相关法律法规的规定，遵循客观独立、公平公正、诚实信用原则，恪守职业道德，承担社会责任。

4.1.4 检验检测机构应建立和保持维护其公正和诚信的程序。检验检测机构及其人员应不受来自内外部的、不正当的商业、财务和其他方面的压力和影响,确保检验检测数据、结果的真实、客观、准确和可追溯。若检验检测机构所在的单位还从事检验检测以外的活动,应识别并采取措施避免潜在的利益冲突。检验检测机构不得使用同时在两个及以上检验检测机构从业的人员。

4.1.5 检验检测机构应建立和保持保护客户秘密和所有权的程序,该程序应包括保护电子存储和传输结果信息的要求。检验检测机构及其人员应对其在检验检测活动中所知悉的国家秘密、商业秘密和技术秘密负有保密义务,并制定和实施相应的保密措施。

4.2 具有与其从事检验检测活动相适应的检验检测技术人员和管理人员。

4.2.1 检验检测机构应建立和保持人员管理程序,对人员资格确认、任用、授权和能力保持等进行规范管理。检验检测机构应与其人员建立劳动或录用关系,明确技术人员和管理人员的岗位职责、任职要求和工作关系,使其满足岗位要求并具有所需的权力和资源,履行建立、实施、保持和持续改进管理体系的职责。

4.2.2 检验检测机构的最高管理者应履行其对管理体系中的领导作用和承诺:负责管理体系的建立和有效运行;确保制定质量方针和质量目标;确保管理体系要求融入检验检测的全过程;确保管理体系所需的资源;确保管理体系实现其预期结果;满足相关法律法规要求和客户要求;提升客户满意度;运用过程方法建立管理体系和分析风险、机遇;组织质量管理体系的管理评审。

4.2.3 检验检测机构的技术负责人应具有中级及以上相关专业技术职称或同等能力,全面负责技术运作;质量负责人应确保质量管理体系得到实施和保持;应指定关键管理人员的代理人。

4.2.4 检验检测机构的授权签字人应具有中级及以上相关专业技术职称或同等能力,并经资质认定部门批准。非授权签字人不得签发检验检测报告或证书。

4.2.5 检验检测机构应对抽样、操作设备、检验检测、签发检验检测报告或证书以及提出意见和解释的人员,依据相应的教育、培训、技能和经验进行能力确认并持证上岗。应由熟悉检验检测目的、程序、方法和结果评价的人员,对检验检测人员包括实习员工进行监督。

4.2.6 检验检测机构应建立和保持人员培训程序,确定人员的教育和培训目标,明确培训需求和实施人员培训,并评价这些培训活动的有效性。培训计划应适应检验检测机构当前和预期的任务。

4.2.7 检验检测机构应保留技术人员的相关资格、能力确认、授权、教育、培训和监督的记录,并包含授权和能力确认的日期。

4.3 具有固定的工作场所,工作环境满足检验检测要求。

4.3.1 检验检测机构应具有满足相关法律法规、标准或者技术规范要求的场所,包括固定的、临时的、可移动的或多个地点的场所。

4.3.2 检验检测机构应确保其工作环境满足检验检测的要求。检验检测机构在固定场所以外进行检验检测或抽样时,应提出相应的控制要求,以确保环境条件满足检验检测标准或者技术规范的要求。

4.3.3 检验检测标准或者技术规范对环境条件有要求时或环境条件影响检验检测结果时,应监测、控制和记录环境条件。当环境条件不利于检验检测的开展时,应停止检验检测活动。

4.3.4 检验检测机构应建立和保持检验检测场所的内务管理程序,该程序应考虑安全和环境的因素。检验检测机构应将不相容活动的相邻区域进行有效隔离,应采取措施以防止干扰或者交叉污染,对影响检验检测质量的区域的使用和进入加以控制,并根据特定情况确定控制的范围。

4.4 具备从事检验检测活动所必需的检验检测设备设施。

4.4.1 检验检测机构应配备满足检验检测（包括抽样、物品制备、数据处理与分析）要求的设备和设施。用于检验检测的设施，应有利于检验检测工作的正常开展。检验检测机构使用非本机构的设备时，应确保满足本准则要求。

4.4.2 检验检测机构应建立和保持检验检测设备和设施管理程序，以确保设备和设施的配置、维护和使用满足检验检测工作要求。

4.4.3 检验检测机构应对检验检测结果、抽样结果的准确性或有效性有显著影响的设备，包括用于测量环境条件等辅助测量设备有计划地实施检定或校准。设备在投入使用前，应采用检定或校准等方式，以确认其是否满足检验检测的要求，并标识其状态。

针对校准结果产生的修正信息，检验检测机构应确保在其检测结果及相关记录中加以利用并备份和更新。检验检测设备包括硬件和软件应得到保护，以避免出现致使检验检测结果失效的调整。检验检测机构的参考标准应满足溯源要求。无法溯源到国家或国际测量标准时，检验检测机构应保留检验检测结果的相关性或准确性的证据。

当需要利用期间核查以保持设备检定或校准状态的可信度时，应建立和保持相关的程序。

4.4.4 检验检测机构应保存对检验检测具有影响的设备及其软件的记录。用于检验检测并对结果有影响的设备及其软件，如可能，应加以唯一性标识。检验检测设备应由经过授权的人员操作并对其进行正常维护。若设备脱离了检验检测机构的直接控制，应确保该设备返回后，在使用前对其功能和检定、校准状态进行核查。

4.4.5 设备出现故障或者异常时，检验检测机构应采取相应措施，如停止使用、隔离或加贴停用标签、标记，直至修复并通过检定、校准或核查表明设备能正常工作为止。应核查这些缺陷或超出规定限度对以前检验检测结果的影响。

4.4.6 检验检测机构应建立和保持标准物质管理程序。可能时，标准物质应溯源到 SI 单位或有证标准物质。检验检测机构应根据程序对标准物质进行期间核查。

4.5 具有并有效运行保证其检验检测活动独立、公正、科学、诚信的管理体系。

4.5.1 检验检测机构应建立、实施和保持与其活动范围相适应的管理体系，应将其政策、制度、计划、程序和指导书制订成文件，管理体系文件应传达至有关人员，并被其获取、理解、执行。

4.5.2 检验检测机构应阐明质量方针，应制定质量目标，并在管理评审时予以评审。

4.5.3 检验检测机构应建立和保持控制其管理体系的内部和外部文件的程序，明确文件的批准、发布、标识、变更和废止，防止使用无效、作废的文件。

4.5.4 检验检测机构应建立和保持评审客户要求、标书、合同的程序。对要求、标书、合同的偏离、变更应征得客户同意并通知相关人员。

4.5.5 检验检测机构需分包检验检测项目时，应分包给依法取得资质认定并有能力完成分包项目的检验检测机构，具体分包的检验检测项目应当事先取得委托人书面同意，检验检测报告或证书应体现分包项目，并予以标注。

4.5.6 检验检测机构应建立和保持选择和购买对检验检测质量有影响的服务和供应品的程序。明确服务、供应品、试剂、消耗材料的购买、验收、存储的要求，并保存对供应商的评价记录和合格供应商名单。

4.5.7 检验检测机构应建立和保持服务客户的程序。保持与客户沟通，跟踪对客户需求的满足，以及允许客户或其代表合理进入为其检验检测的相关区域观察。

4.5.8 检验检测机构应建立和保持处理投诉的程序。明确对投诉的接收、确认、调查和处理职责，并采取回避措施。

4.5.9 检验检测机构应建立和保持出现不符合的处理程序，明确对不符合的评价、决定不符合是否可接受、纠正不符合、批准恢复被停止的工作的责任和权力。必要时，通知客户并取消工作。该程序包含检验检测前中后全过程。

4.5.10 检验检测机构应建立和保持在识别出不符合时，采取纠正措施的程序；当发现潜在不符合时，应采取预防措施。检验检测机构应通过实施质量方针、质量目标，应用审核结果、数据分析、纠正措施、预防措施、管理评审来持续改进管理体系的适宜性、充分性和有效性。

4.5.11 检验检测机构应建立和保持记录管理程序，确保记录的标识、贮存、保护、检索、保留和处置符合要求。

4.5.12 检验检测机构应建立和保持管理体系内部审核的程序，以便验证其运作是否符合管理体系和本准则的要求，管理体系是否得到有效的实施和保持。内部审核通常每年一次，由质量负责人策划内审并制定审核方案。内审员须经过培训，具备相应资格，内审员应独立于被审核的活动。检验检测机构应：

a. 依据有关过程的重要性、对检验检测机构产生影响的变化和以往的审核结果，策划、制定、实施和保持审核方案，审核方案包括频次、方法、职责、策划要求和报告；

b. 规定每次审核的审核准则和范围；

c. 选择审核员并实施审核；

d. 确保将审核结果报告给相关管理者；

e. 及时采取适当的纠正和纠正措施；

f. 保留形成文件的信息，作为实施审核方案以及做出审核结果的证据。

4.5.13 检验检测机构应建立和保持管理评审的程序。管理评审通常12个月一次，由最高管理者负责。最高管理者应确保管理评审后，得出的相应变更或改进措施予以实施，确保管理体系的适宜性、充分性和有效性。应保留管理评审的记录。管理评审输入应包括以下信息：

a. 以往管理评审所采取措施的情况；

b. 与管理体系相关的内外部因素的变化；

c. 客户满意度、投诉和相关方的反馈；

d. 质量目标实现程度；

e. 政策和程序的适用性；

f. 管理和监督人员的报告；

g. 内外部审核的结果；

h. 纠正措施和预防措施；

i. 检验检测机构间比对或能力验证的结果；

j. 工作量和工作类型的变化；

k. 资源的充分性；

l. 应对风险和机遇所采取措施的有效性；

m. 改进建议；

n. 其他相关因素，如质量控制活动、员工培训。

管理评审输出应包括以下内容：

a. 改进措施；

b. 管理体系所需的变更；

c. 资源需求。

4.5.14 检验检测机构应建立和保持检验检测方法控制程序。检验检测方法包括标准方法、非标准方法（含自制方法）。应优先使用标准方法，并确保使用标准的有效版本。在使用标准方法前，应进行证实。在使用非标准方法（含自制方法）前，应进行确认。检验检测机构应跟踪方法的变化，并重新进行证实或确认。必要时检验检测机构应制定作业指导书。如确需方法偏离，应有文件规定，经技术判断和批准，并征得客户同意。当客户建议的方法不适合或已过期时，应通知客户。

非标准方法（含自制方法）的使用，应事先征得客户同意，并告知客户相关方法可能存在的风险。需要时，检验检测机构应建立和保持开发自制方法控制程序，自制方法应经确认。

4.5.15 检验检测机构应根据需要建立和保持应用评定测量不确定度的程序。

4.5.16 检验检测机构应当对媒介上的数据予以保护，应对计算和数据转移进行系统和适当地检查。当利用计算机或自动化设备对检验检测数据进行采集、处理、记录、报告、存储或检索时，检验检测机构应建立和保持保护数据完整性和安全性的程序。自行开发的计算机软件应形成文件，使用前确认其适用性，并进行定期、改变或升级后的再确认。维护计算机和自动设备以确保其功能正常。

4.5.17 检验检测机构应建立和保持抽样控制程序。抽样计划应根据适当的统计方法制定，抽样应确保检验检测结果的有效性。当客户对抽样程序有偏离的要求时，应予以详细记录，同时告知相关人员。

4.5.18 检验检测机构应建立和保持样品管理程序，以保护样品的完整性并为客户保密。检验检测机构应有样品的标识系统，并在检验检测整个期间保留该标识。在接收样品时，应记录样品的异常情况或记录对检验检测方法的偏离。样品在运输、接收、制备、处置、存储过程中应予以控制和记录。当样品需要存放或养护时，应保持、监控和记录环境条件。

4.5.19 检验检测机构应建立和保持质量控制程序，定期参加能力验证或机构之间比对。通过分析质量控制的数据，当发现偏离预先判据时，应采取有计划的措施来纠正出现的问题，防止出现错误的结果。质量控制应有适当的方法和计划并加以评价。

4.5.20 检验检测机构应准确、清晰、明确、客观地出具检验检测结果，并符合检验检测方法的规定。结果通常应以检验检测报告或证书的形式发出。检验检测报告或证书应至少包括下列信息：

a. 标题；

b. 标注资质认定标志，加盖检验检测专用章（适用时）；

c. 检验检测机构的名称和地址，检验检测的地点（如果与检验检测机构的地址不同）；

d. 检验检测报告或证书的唯一性标识（如系列号）和每一页上的标识，以确保能够识别该页是属于检验检测报告或证书的一部分，以及表明检验检测报告或证书结束的清晰标识；

e. 客户的名称和地址（适用时）；

f. 对所使用检验检测方法的识别；

g. 检验检测样品的状态描述和标识；

h. 对检验检测结果的有效性和应用有重大影响时，注明样品的接收日期和进行检验检测的日期；

i. 对检验检测结果的有效性或应用有影响时，提供检验检测机构或其他机构所用的抽样计划和程序的说明；

j. 检验检测报告或证书的批准人；

k. 检验检测结果的测量单位（适用时）；

l. 检验检测机构接受委托送检的，其检验检测数据、结果仅证明所检验检测样品的符合性情况。

4.5.21 当需对检验检测结果进行说明时，检验检测报告或证书中还应包括下列内容：

a. 对检验检测方法的偏离、增加或删减，以及特定检验检测条件的信息，如环境条件；

b. 适用时，给出符合（或不符合）要求或规范的声明；

c. 适用时，评定测量不确定度的声明。当不确定度与检测结果的有效性或应用有关，或客户的指令中有要求，或当对测量结果依据规范的限制进行符合性判定时，需要提供有关不确定度的信息；

d. 适用且需要时，提出意见和解释；

e. 特定检验检测方法或客户所要求的附加信息。

4.5.22 当检验检测机构从事抽样检验检测时，应有完整、充分的信息支撑其检验检测报告或证书。

4.5.23 当需要对报告或证书做出意见和解释时，检验检测机构应将意见和解释的依据形成文件。意见和解释应在检验检测报告或证书中清晰标注。

4.5.24 当检验检测报告或证书包含了由分包方出具的检验检测结果时，这些结果应予以清晰标明。

4.5.25 当用电话、传真或其他电子或电磁方式传送检验检测结果时，应满足本准则对数据控制的要求。检验检测报告或证书的格式应设计为适用于所进行的各种检验检测类型，并尽量减小产生误解或误用的可能性。

4.5.26 检验检测报告或证书签发后，若有更正或增补应予以记录。修订的检验检测报告或证书应标明所代替的报告或证书，并注以唯一性标识。

4.5.27 检验检测机构应当对检验检测原始记录、报告或证书归档留存，保证其具有可追溯性。检验检测原始记录、报告或证书的保存期限不少于6年。

4.6 符合有关法律法规或者标准、技术规范规定的特殊要求

特定领域的检验检测机构，应符合国家认证认可监督管理委员会按照国家有关法律法规、标准或者技术规范，针对不同行业和领域的特殊性，制定和发布的评审补充要求。

农产品质量安全检测机构考核办法

2007年12月12日农业部令第7号公布，2017年11月30日农业部令2017年第8号修订。

第一章 总 则

第一条 为加强农产品质量安全检测机构管理，规范农产品质量安全检测机构考核，根据《中华人民共和国农产品质量安全法》等有关法律、行政法规的规定，制定本办法。

第二条 本办法所称考核，是指省级以上人民政府农业行政主管部门按照法律、法规以及相关标准和技术规范的要求，对向社会出具具有证明作用的数据和结果的农产品质量安全检测机构进行条件与能力评审和确认的活动。

第三条 农产品质量安全检测机构经考核和计量认证合格后，方可对外从事农产品、农业投入品和产地环境检测工作。

第四条 农业部负责全国农产品质量安全检测机构考核的监督管理工作。

省、自治区、直辖市人民政府农业行政主管部门（以下简称省级农业行政主管部门）负责本行政区域农产品质量安全检测机构考核的监督管理工作。

第五条 农产品质量安全检测机构建设，应当统筹规划，合理布局。鼓励检测资源共享，推进县级农产品综合性质检测机构建设。

第二章 基本条件与能力要求

第六条 农产品质量安全检测机构应当依法设立，保证客观、公正和独立地从事检测活动，并承担相应的法律责任。

第七条 农产品质量安全检测机构应当具有与其从事的农产品质量安全检测活动相适应的管理和技术人员。

从事农产品质量安全检测的技术人员应当具有相关专业中专以上学历，并经所在机构考核合格，持证上岗。

第八条 农产品质量安全检测机构的技术人员应当不少于5人，其中中级以上技术职称或同等能力的人员比例不低于40%。技术负责人、质量负责人和授权签字人应当具有中级以上技术职称或同等能力，并从事农产品质量安全相关工作5年以上。博士研究生毕业，从事相关专业检验检测工作1年及以上；硕士研究生毕业，从事相关专业检验检测工作3年及以上；大学本科毕业，从事相关专业检验检测工作5年及以上；大学专科毕业，从事相关专业检验检测工作8年及以上，可视为同等能力。

第九条 农产品质量安全检测机构应当具有与其从事的农产品质量安全检测活动相适应的检测仪器设备，仪器设备配备率达到98%，在用仪器设备完好率达到100%。

第十条 农产品质量安全检测机构应当具有与检测活动相适应的固定工作场所，并具备保证检测数据准确的环境条件。

从事相关田间试验和饲养实验动物试验检测的，还应当符合检疫、防疫和环保的要求。

从事农业转基因生物及其产品检测的，还应当具备防范对人体、动植物和环境产生危害的条件。

第十一条 农产品质量安全检测机构应当建立质量管理与质量保证体系。

第十二条 农产品质量安全检测机构应当具有相对稳定的工作经费。

第三章 申请与评审

第十三条 申请考核的农产品质量安全检测机构（以下简称申请人），应当向农业部或者省级人民政府农业行政主管部门（以下简称考核机关）提出书面申请。

国务院有关部门依法设立或者授权的农产品质量安全检测机构，经有关部门审核同意后向农业部提出申请。

其他农产品质量安全检测机构，向所在地省级人民政府农业行政主管部门提出申请。

第十四条 申请人应当向考核机关提交下列材料：

（一）申请书；

（二）机构法人资格证书或者其授权的证明文件；

（三）上级或者有关部门批准机构设置的证明文件；

（四）质量体系文件；

（五）计量认证情况；

（六）近两年内的典型性检验报告 2 份；

（七）其他证明材料。

第十五条 考核机关设立或者委托的技术审查机构，负责对申请材料进行初审。

第十六条 考核机关受理申请的，应当及时通知申请人，并将申请材料送技术审查机构；不予受理的，应当及时通知申请人并说明理由。

第十七条 技术审查机构应当自收到申请材料之日起 10 个工作日内完成对申请材料的初审，并向考核机关提交初审报告。

通过初审的，考核机关安排现场评审；未通过初审的，考核机关应当出具初审不合格通知书。

第十八条 现场评审实行评审专家组负责制。专家组由 3~5 名评审员组成，必要时可聘请其他技术专家参加。

评审员应当具有高级以上技术职称、从事农产品质量安全检测或相关工作 5 年以上，并经农业部考核合格。

评审专家组应当在 3 个工作日内完成评审工作，并向考核机关提交现场评审报告。

第十九条 现场评审应当包括以下内容：

（一）质量体系运行情况；

（二）检测仪器设备和设施条件；

（三）检测能力。

第四章 审批与颁证

第二十条 考核机关应当自收到现场评审报告之日起 10 个工作日内，做出申请人是否通过考核的决定。

通过考核的，颁发《中华人民共和国农产品质量安全检测机构考核合格证书》（以下简称《考核合格证书》），准许使用农产品质量安全检测考核标志，并予以公告。

未通过考核的，书面通知申请人并说明理由。

第二十一条 《考核合格证书》应当载明农产品质量安全检测机构名称、检测范围和有效期等内容。

第二十二条 省级农业行政主管部门应当自颁发《考核合格证书》之日起 15 个工作日内向农业部备案。

第五章 延续与变更

第二十三条 《考核合格证书》有效期为 6 年。证书期满继续从事农产品质量安全检测工作的，应当在有效期届满 3 个月前提出申请，重新办理《考核合格证书》。

第二十四条 在证书有效期内，农产品质量安全检测机构法定代表人、名称或者地址变更的，应当向原考核机关办理变更手续。

第二十五条 在证书有效期内，农产品质量安全检测机构有下列情形之一的，应当向原考核机关重新申请考核：

（一）检测机构分设或者合并的；
（二）检测仪器设备和设施条件发生重大变化的；
（三）检测场所变更的；
（四）检测项目增加的。

第六章 监督管理

第二十六条 考核机关通过年度报告、能力验证、现场检查等方式，对农产品质量安全检测机构进行监督管理。

农产品质量安全检测机构应当按照考核机关的要求，参加其组织开展的能力验证或者比对，以保证持续符合机构考核条件和要求。

第二十七条 对于农产品质量安全检测机构考核工作中的违法行为，任何单位和个人均可以向考核机关举报。考核机关应当对举报内容进行调查核实，并为举报人保密。

第二十八条 农产品质量安全检测机构在考核中隐瞒有关情况或者弄虚作假的，考核机关应当予以警告，取消考核资格，一年内不再受理其考核申请；采取欺骗、贿赂等不正当手段取得考核证书的，撤销考核证书，三年内不再受理其考核申请。

农产品质量安全检测机构伪造检测结果或者出具虚假证明的，或擅自发布检测数据和结果，并造成不良后果的，依照《中华人民共和国农产品质量安全法》相关规定处罚，三年内不受理其机构考核申请。

第二十九条 农产品质量安全检测机构有下列情形之一的，由考核机关责令其 1 个月内改正；逾期未改正或改正后仍不符合要求的，由考核机关暂停其检测工作：

（一）未按规定对人员、仪器设备、设施条件、质量管理体系、检测工作等实施有效管理的；
（二）未按规定办理变更手续的；
（三）检验报告、原始记录及其他档案管理不规范的。

第三十条 农产品质量安全检测机构有下列情形之一的，由考核机关责令其 3 个月内整改，整改期间不得向社会出具有证明作用的检验检测数据、结果；逾期未整改或整改后仍不符合要求的，由考核机关撤销其《考核合格证书》：

（一）超出批准的检测能力范围，擅自向社会出具检验数据、结果的；

(二)非授权签字人签发检验报告的;

(三)检测工作存在较大风险隐患的。

第二十九条修改为第三十一条,删去第三项,增加三项:(三)《考核合格证书》有效期届满,未申请延续或者依法不予延续批准的;(四)无正当理由未按照考核机关要求参加能力验证的;(五)无正当理由不接受、不配合监督检查的;

第三十一条 农产品质量安全检测机构有下列行为之一的,考核机关应当视情况注销其《考核合格证书》:

(一)所在单位撤销或者法人资格终结的;

(二)检测仪器设备和设施条件发生重大变化,不具备相应检测能力,未按本办法规定重新申请考核的;

(三)《考核合格证书》有效期届满,未申请延续或者依法不予延续批准的;

(四)无正当理由未按照考核机关要求参加能力验证的;

(五)无正当理由不接受、不配合监督检查的;

(六)依法可注销检测机构资格的其他情形。

第三十二条 农产品质量安全检测机构伪造检测结果或者出具虚假证明的,依照《中华人民共和国农产品质量安全法》第四十四条的规定处罚。

第三十三条 从事考核工作的人员不履行职责或者滥用职权的,依法给予处分。

第七章 附 则

第三十四条 法律、行政法规和农业部规章对农业投入品检测机构考核另有规定的,从其规定。

第三十五条 本办法自 2008 年 1 月 12 日起施行。

兽药监察所实验室管理规范

发文单位：农业部　　发布日期：2002-2-27

第一章　总　则

第一条　兽药监察所是国家对兽药质量进行监督、检验、鉴定的法定专业技术机构。为加强兽药监察所的标准化、规范化和科学化的管理，确保检验数据及检验结论的准确、公正，根据《兽药管理条例》《兽药药政药检管理办法》和《中华人民共和国计量法》等有关法律、法规的要求，特制订本规范。

第二条　本规范是对兽药监察所机构与人员、职责、质量保证体系、仪器设备、实验室条件、检验及相关工作等的规定。

第三条　兽药监察所除应通过省级以上人民政府计量行政部门的计量认证外，还必须通过农业部的资格认证。

第二章　机构与人员

第四条　兽药监察所受同级畜牧兽医行政管理部门领导，具有独立法人地位，有独立账号和独立核算。省级兽药监察所的业务受中国兽医药品监察所指导。

第五条　兽药监察所应按业务管理、中药、化学药品、抗生素、药理、兽药残留检验等职能设置科（室），也可根据需要设置其他职能科室或实验科室。

第六条　所长应具有兽医或药学等相关专业知识，有组织领导能力，能有效地领导全所工作，对检验结果负全面责任；主管业务的副所长应具有兽医或药学等相关专业知识，并具有大学以上学历和5年以上兽药相关工作经验，具有一定的外语水平，对业务技术有综合处理和管理能力。

第七条　技术科室设科室主任。科室主任应具有相应专业理论水平和实践工作经验，并具有大专以上学历，中级以上技术职称，5年以上检验工作经验，能阅读英文药典，能有效地组织、指导和开展本科室的业务工作，对检验中有关问题能作出正确判断和处理，并对检验结果负责。口岸兽药监察所的还应熟悉进口兽药检验及有关法规，能熟练阅读外文资料，并具有外贸基本知识。

第八条　实验室检验人员应具有相应的专业学历，有英文药典阅读基础，并经过至少一年专业技术培训实践，经岗位考核、所长批准后方可从事检验。非专业技术人员、无专业技术职称者，不得从事检验技术工作。口岸兽药监察所每个技术科室至少配有一名具有高级职称的药学专业人员。

第九条　应制订技术人员短期和长期培养和业务进修规划，通过多种渠道、多种形式实施对各级技术人员的培训和考核，注重对业务技术骨干和学科带头人的培养，并有培训考核记录和综合统计。

第十条　应执行国家规定的人员编制标准，充实业务技术人员和管理人员，其中兽医及药学相关专业的人员应不少于60%，从事药品检验的实验室人员应不少于总人数的50%，行政、后勤人员不得超过总人数的20%。

第十一条 兽药监察所的正、副所长变更时,应报农业部畜牧兽医局和中国兽医药品监察所备案。

第十二条 全所工作人员必须认真执行《兽药管理条例》,遵守有关法律、法规。不得从事可能影响检验公正性的工作。

第三章 职责

第十三条 检验工作

(一)监督检验

1. 应根据监督检查需要配合畜牧兽医行政管理部门制订、完成年度兽药抽检计划。

2. 省级兽药监察所应当于每年3月、6月、9月、12月15日前将每季度的国家监督抽检计划的完成情况上报中国兽医药品所,同时抄报当地省级畜牧兽医行政管理部门;于当年7月15日及12月15日前分别将本辖区监督抽检计划的上、下半年年度完成情况上报中国兽医药品监察所。

(二)进口兽药报验

进口兽药应按农业部颁布的有关兽药质量标准进行全项检验,并严格执行《进口兽药管理办法》。

(三)残留检验

应在规定时限内完成畜牧兽医行政管理部门下达的兽药残留检测任务。

(四)仲裁检验

根据畜牧兽医行政管理部门下达的仲裁检验任务进行检验,按规定时限出具检验报告书报畜牧兽医行政管理部门,同时分送争议各方。

第十四条 新兽药技术审核工作

按照《新兽药及兽药新制剂管理办法》的规定,兽药监察所应在收到样品和全部试验资料后的六个月内完成质量复核检验和质量标准制、修订工作,并将新兽药、新制剂质量标准草案和标准制、修订说明及检验报告报畜牧兽医行政管理部门。

第十五条 标准制、修订工作

应按规定完成承担的兽药国家标准、行业标准和地方标准起草、复核和修订工作,并附起草说明和相关实验数据,质量标准的制订或修订应能有效控制产品质量。

第十六条 标准品、对照品及中药标本工作

(一)中国兽医药品监察所负责国家兽药标准品、对照品的标定和管理;

(二)省级兽药监察所应协助中国兽医药品监察所负责辖区内新兽药标准品、对照品原料的提供,并根据地方标准的需要,负责地方标准品、对照品的标定和管理工作;

(三)应做好中药标本的收集、整理、鉴定、保存和研究工作,不断充实和完善本地区生产和常用品种的标本;

(四)应有专人负责标准品、对照品及中药标本工作。

第十七条 技术培训工作

(一)中国兽医药品监察所负责省级兽药监察所的检验技术人员培训,推广检验新技术;

(二)省级兽药监察所负责本辖区的兽药检验技术培训;有计划的培训生产企业、经营企业的质检及相关人员;

(三)培训和考核应有详细记录,包括学时、内容、人数、考试、考核、评分、总结报告等。

第十八条 兽药质量信息工作
（一）由一名所领导负责分管，配备专人统一管理兽药质量信息工作；
（二）收集兽药检验和科研所必需的图书和资料；
（三）省级兽药监察所应建立辖区内兽药生产、经营企业、地（市）兽药监察所和兽药医疗单位的基本情况档案（包括生产企业兽药质量，兽药生产、经营企业药检机构发展、人员变化、工作情况等）。

第十九条 科学研究工作
（一）应积极开展提高兽药质量、制订兽药质量标准、检验方法和兽药安全性等方面的研究，承担国家下达的其他科研任务；
（二）应鼓励技术人员在全国性或地方性期刊发表与检测技术、管理相关的论文。

第二十条 应完成畜牧兽医行政部门委托的其他职能。

第四章　质量保证体系

第二十一条 兽药监察所应建立质量保证体系，所涉及的方面有：检测过程质量保证；检测环境与仪器设备质量保证；标准物质及实验动物、实验试剂的质量保证；检验人员技术素质保证等。质量保证体系中应有明确的分级责任制度，以确保检验全过程的工作质量，保证兽药检验、残留检验、新兽药技术审核、科研结果等各项报告的准确、可靠性。

第二十二条 为检查、督促各项质量保证制度的执行，兽药监察所应设立质量监督员。质量监督员应具有多年实验室检验工作经验，具备中级以上技术职称，由所长聘任，独立地进行工作，直接对质量保证人负责。

第二十三条 质量监督员应对收检、检验、实验记录、不合格兽药或检验结果处于可疑情况的复验与处理、实验室设施和仪器设备、科研工作等进行督查。写出检查记录，包括日期、目的、内容、执行情况、建议和意见、检查者姓名等。发现重大问题及时报告。在从事专项检查时，质量监督员中与该项目有关的人员应予回避。

第二十四条 质量管理工作应制订年度计划；定期或不定期检查有关部门各项质量保证制度的执行情况。

第五章　实验室设施

第二十五条 实验室条件应满足工作任务的要求。实验室的环境应清洁、卫生、安静、无污染。对有要求进行控温、控湿的实验室应有控制温度、湿度的设施。实验室内的管线设置应整齐，要有安全管理措施和报警、应急及急救设施。

第二十六条 兽药监察所建筑面积（包括实验用房、辅助用房）应与其职能要求相适应。实验区应与办公区分开。

第二十七条 具有符合留存样品要求的留样间。

第二十八条 对于易燃、剧毒和有腐蚀性的物质，应按规定存放、使用。各类压力容器的存放、使用，应有安全隔离设施。

第二十九条 仪器放置的场所应符合要求，并便于仪器操作、清洁和维修，要有适当的防尘、防震、通风及专用的排气等设施；对温度或湿度变化敏感易影响检测结果的仪器，应备有恒温或除湿装置。仪器所用电源应保证电压恒定，有足够容量，并有良好的专用地线。

第三十条 无菌检查、微生物限度检查与抗生素微生物检定的实验室，应严格分开。无菌操作间应具备相应的空调净化设施和环境，采用局部百级措施时，其环境应符合万级洁净度要求。抗生素微生物检定实验室分为半无菌操作间和缓冲间。实验室内应注意防止抗生素的交叉污染。

第三十一条 实验动物和动物实验设施应符合国家实验动物主管部门的有关规定。实验动物房的面积应满足工作要求，检验中使用的实验动物应具有质量合格证明。实验动物设施必须具有洗刷消毒设备，定期对笼具进行消毒。

第六章 仪器设备

第三十二条 仪器设备的种类、数量、各种参数，应能满足所承担的兽药检验、复核、仲裁及残留检验等的需要，有必要的备品、备件和附件。仪器的量程、精度与分辨率等能覆盖检验标准技术指标的要求。

第三十三条 仪器应有专人管理，定期校验检定，对不合格、待修、待检的仪器，要有明显的状态标志，并应及时进行相应的处理。仪器使用人应经考核合格后方可操作仪器。

第三十四条 凡精密仪器设备应建立管理档案，其内容包括仪器设备名称、装箱单、制造商名称、型号、序号，到货及启用的日期，接收状态、验收记录，出厂合格证和检定证书、使用说明书、操作规程、使用记录、维修记录、附件情况等，自检仪器还应有自检规程、自检记录、量值溯源，进口仪器设备的主要使用说明部分应附有中文译文。

第三十五条 精密仪器的使用应有使用登记制度。

第七章 标准操作规程

第三十六条 为提高检验工作质量，确保检验数据的可靠性，应制订各项检验的标准操作规程（SOP）。SOP应写明操作程序，其内容应明确、详细。SOP的制定和修订，应按规定的程序进行，经所长批准后实施；制定内容及修订原因，应保存原始制定和修订记录并存档。

第三十七条 SOP应存放于各有关实验场所。

第三十八条 需制定SOP的项目有：

（一）仪器与设备的使用；
（二）检验技术与方法；
（三）试剂及试药溶液的配制与管理；
（四）其他。

第八章 管理制度

第三十九条 为保证检验工作的有序进行，兽药监察所必须制定一系列的各项管理制度，主要包括下列内容：

（一）检品的收检、检验、留样制度；
（二）实验室管理制度；
（三）无菌室管理制度；
（四）新兽药、新制剂复核制度；
（五）中药标本管理与使用制度；
（六）技术人员培训进修制度；
（七）标准物质管理制度；
（八）计量管理制度；

（九）精密仪器管理制度；
（十）档案管理制度；
（十一）保密制度；
（十二）差错事故管理制度；
（十三）危险品、剧毒品管理制度。
各所还可根据本所情况，补充有关制度。

第九章　检验记录与检验报告书

第四十条　检验记录是出具检验报告书的原始依据。为保证检验工作的科学性和规范化，检验原始记录必须用蓝黑墨水或碳素笔书写，做到记录原始、数据真实、字迹清晰、资料完整。

第四十一条　原始检验记录应按页编号，按规定归档保存，内容不得私自泄露。

第四十二条　检验报告书是对检品质量作出的技术鉴定，是具有法律效力的技术文件，应及时归档。检验人员应本着严肃负责、实事求是的态度认真书写检验卡、检验报告书底稿，做到数据完整、字迹清晰、用语规范、结论明确。

第十章　档案资料管理

第四十三条　档案资料必须加强管理，应设档案资料管理部门，实行集中统一管理。

第四十四条　应规定档案资料的归档范围，定期立卷、归档。

第四十五条　应根据《档案法》及有关规定建立档案资料管理制度，制定管理规范和分类方案；编制档案资料检索工具，便于对档案资料的利用；配置必要的设施，确保档案资料的安全。

第十一章　附　则

第四十六条　本规范由农业部畜牧兽医局负责解释、修订。

第四十七条　本规范自颁布之日起实施。

检验检测机构资质认定标志及其使用要求

(国认实〔2015〕50号) 附件4

一、为了对检验检测机构资质认定标志的使用进行管理,规范检验检测行为,根据《检验检测机构资质认定管理办法》,制定本要求。

二、检验检测机构资质认定部门负责对检验检测机构核发资质认定证书和资质认定标志。

检验检测机构资质认定标志由 CMA 图案和资质认定证书编号组成。具体要求见附件。

三、检验检测机构应在其检验检测报告或证书和相关宣传资料中正确使用资质认定标志。资质认定标志应符合本要求规定的尺寸比例,并准确、清晰标注证书编号。资质认定标志的颜色建议为红色、蓝色或者黑色。

四、检验检测机构在资质认定证书确定的能力范围内,对社会出具具有证明作用数据、结果时,应当标注资质认定标志。资质认定标志加盖(或印刷)在检验检测报告或证书封面上部适当位置。

五、检验检测机构应注重对检验检测机构资质认定标志使用的管理,建立并保存相关使用记录。

六、本要求自发文之日起实施。

附件：

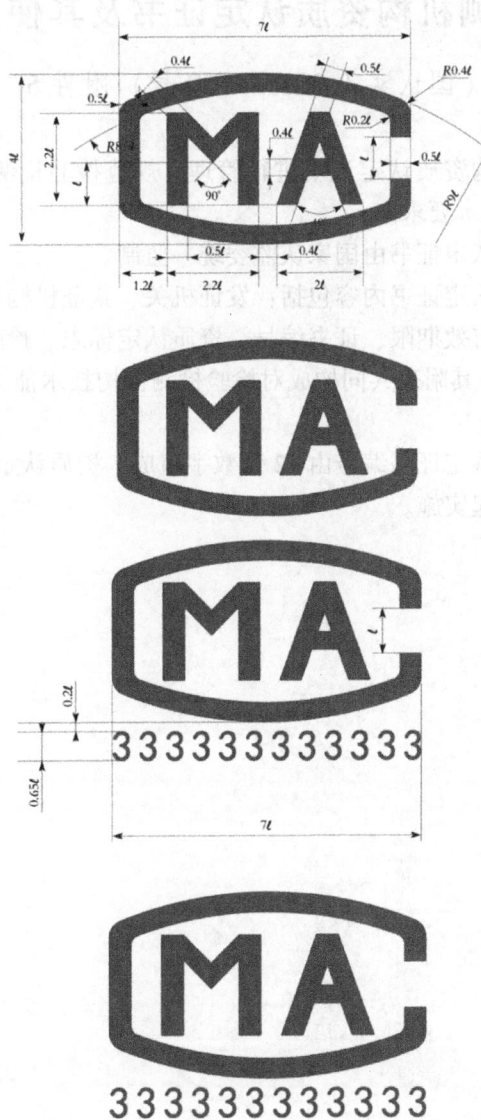

资质认定标志使用说明

1. 标志的图形：资质认定标志的整个图形由英文字母 CMA 形成的图案和资质认定证书编号组成。证书编号由 12 位数字组成。CMA 是 China Inspection Body and Laboratory Mandatory Approval 的英文缩写。

2. 标志的使用：取得检验检测机构资质认定证书的机构，可使用证书中的"许可使用标志"，进行对外宣传，并允许在资质认定范围内出具的检验检测报告或证书上予以使用。

3. 标志的规格：使用标志时，应按照标志规定的比例，根据情况放大或缩小，不可更改标志比例，标志上下部分的颜色应一致。

4. 证书的编号：在标志下面的数字编号也为资质认定证书的编号。

检验检测机构资质认定证书及其使用要求

(国认实〔2015〕50号)附件5

一、为了对检验检测机构资质认定证书进行管理,规范检验检测行为,根据《检验检测机构资质认定管理办法》,制定本要求。

二、检验检测机构资质认定证书由国家认监委统一监制。

三、检验检测机构资质认定证书内容包括:发证机关、获证机构名称和地址、法律责任承担单位、检验检测能力范围、有效期限、证书编号、资质认定标志。检验检测机构资质认定证书式样见附件1。资质认定证书与其附表共同构成对检验检测机构技术能力的认定,资质认定证书附表见附件2。

四、检验检测机构资质认定证书编号由12位数字组成,资质认定证书编号要求见附件3。

五、本要求自发文之日起实施。

附件1：

检验检测机构资质认定证书式样

检验检测机构
资质认定证书

证书编号：333333333333

名称：XXXXXXXXXXXXXXXXXXXXXXXXXXXX
　　　XXXXXXXXXXXXXXXX

地址：XXXXXXXXXXXXXXXXXXXXXXXXXXXX

　　经审查，你机构已具备国家有关法律、行政法规规定的基本条件和能力，现予批准，可以向社会出具具有证明作用的数据和结果，特发此证。资质认定包括检验检测机构计量认证。

　　检验检测能力及授权签字人见证书附表。

　　你机构对外出具检验检测报告或证书的法律责任由XXXXXXXXXXXXXXXXXXXXX承担。

许可使用标志　　　　发证日期：0000年00月00日

CMA　　　　　　　　有效期至：0000年00月00日

333333333333　　　发证机关：（印章）

本证书由国家认证认可监督管理委员会监制，在中华人民共和国境内有效。

附件 2：

检验检测机构
资质认定证书附表

×××××××××××

检验检测机构名称：

批准日期：

有效期至：

批准部门：

国家认证认可监督管理委员会制

注意事项

1. 本附表分两部分,第一部分是经资质认定部门批准的授权签字人及其授权签字范围,第二部分是经资质认定部门批准检验检测的能力范围。

2. 取得资质认定证书的检验检测机构,向社会出具具有证明作用的数据和结果时,必须在本附表所限定的检验检测的能力范围内出具检验检测报告或证书,并在报告或者书中正确使用 CMA 标志。

3. 本附表无批准部门骑缝章无效。

4. 本附表页码必须连续编号,每页右上方注明:第 X 页共 X 页。

一、批准××××××××××××××授权签字人及领域表

证书编号：××××××××
地址：第×页共×页

序号	姓名	职务/职称	批准授权签字领域	备注

二、批准××××××××××××××××××检验检测的能力范围

证书编号：×××××××

地址：第×页共×页

序号	类别（产品/项目/参数）	产品/项目/参数		依据的标准（方法）名称及编号（含年号）	限制范围	说明
		序号	名称			

附件3：

检验检测机构资质认定证书编号要求

资质认定证书编号由12位数字组成。

"第1~2位"为发证年份后两位代码。如：2015年的代码为15。

"第3~4位"为发证机关代码。国家认监委及省级质量技术监督部门的编码分别为：00国家认监委 01北京 02天津 03河北 04山西 05内蒙古 06辽宁 07吉林 08黑龙江 09上海 10江苏 11浙江 12安徽 13福建 14江西 15山东 16河南 17湖北 18湖南 19广东 20广西 21海南 22重庆 23四川 24贵州 25云南 26西藏 27陕西 28甘肃 29青海 30宁夏 31新疆。

"第5~6位"为专业领域类别代码：00食品 01建筑工程 02建材 03卫生计生 04农林牧渔 05机动车安检 06公安刑事技术 07司法鉴定 08机械 09电子信息 10轻工 11纺织服装 12环境与环保 13水质 14化工 15医疗器械 16采矿冶金 17能源 18医学 19生物安全 20综合 21其他。（注：具备食品检验检测能力的机构一律按照00类划分）

"第7~8位"为行业主管部门代码：00教育 01工业和信息 02公安 03司法 04国土资源 05环保 06住房与建设 07交通 08水利 09农业 10卫计委 11技术监督 12检验检疫 13安全生产 14食品药品 15林业 16中科院 17粮食 18国防科工 19海洋 20测绘 21铁路 22机械 23化工 24石油 25电力 26轻工 27商贸 28建材 29供销 30分析测试与冶金 31有色 32节能 33军队 34其他。

"第9~12位"为发证流水号。从"0001"开始，按数字顺序排列。

检验检测机构资质认定检验检测专用章使用要求

(国认实〔2015〕50号)附件6

一、为了对检验检测专用章进行管理,规范检验检测行为,根据《检验检测机构资质认定管理办法》,制定本要求。

二、检验检测机构向社会出具具有证明作用的检验检测数据、结果的,应当在其检验检测报告或证书上加盖检验检测专用章,用以表明该检验检测报告或证书由其出具,并由该检验检测机构负责。

三、检验检测专用章应表明检验检测机构完整的、准确的名称。检验检测专用章加盖在检验检测报告或证书封面的机构名称位置或检验检测结论位置,骑缝位置也应加盖。

四、检验检测机构应加强对检验检测专用章管理,建立相应的责任制度和用章登记制度,安排专人负责保管和使用,用章记录资料要存档备查。

五、检验检测专用章的式样要经过本单位法人或法人授权人批准。

六、检验检测专用章的式样变更,也须要经过本单位法人或法人授权人批准。

七、检验检测专用章应含下列内容:本单位名称、"检验检测专用章"字样、五星标识。专用章形状通常为圆形,参考式样如下。

八、丢失检验检测专用章的,单位要及时声明作废。

九、本要求自发文之日起实施。

第二篇　实验室内部审核

内部审核（简称内审）是机构能否持续改进有效运行管理体系十分重要的环节，而目前的现实是部分机构尤其是中小机构在这方面距评审准则的要求还相距甚远。

第一节　为什么要内审——思想认识

一、163 号令要求

163 号令第二十四条规定：检验检测机构应当定期审查和完善管理体系，保证其基本条件和技术能力能够持续符合资质认定条件和要求，并确保管理体系有效运行。根据 163 号令以及《评审准则》的要求，机构应当根据法律法规、标准和技术规范，建立、审查和完善适应自身状况的管理体系并有效运行，只有在管理体系有效地运行的情况下，才能保证其基本条件和技术能力能够持续符合资质认定条件和要求。如果管理体系停止运转，或者完全偏离、失控，则该机构也将不符合资质认定的条件和要求。如果管理体系停止停止运转，或者完全偏离、失控，则该机构也将不符合资质认定的条件要求。机构应当定期审查和完善管理体系，可以使用内审、管理评审或其他内部质量控制手段，也可以通过能力验证、认可机构认可，第三方评价或者监督等方式来进行。

二、评审准则要求

评审准则 4.5.10 条款要求：检验检测机构应建立和保持在识别出不符合工作时，采取纠正措施的程序；当发现潜在不符合时，应采取预防措施。检验检测机构应通过实施质量方针、质量目标、应用审核结果、数据分析、纠正措施、预防措施、管理评审来持续改进管理体系的适应性、充分性和有效性。

评审准则 4.5.12 条款要求：检验检测机构应建立和保持管理体系内部审核的程序，以便验证其运作是否符合管理体系和本准则的要求，管理体系是否有效的实施和保持。内部审核通常每年一次，由质量负责人策划内审并制订审核方案。内审员经过培训，具备相应资格，内审员应独立于被审核的活动。检验检测机构应：

（1）依据有关过程的重要性、对检验检测机构产生影响的变化和以往的审核结果，策划、制定、实施和保持审核准则和范围；

（2）规定每次审核的审核准则和范围；

（3）选择审核员并实施审核；

（4）确保将审核结果报告给相关管理者；

（5）及时采取适当的纠正、纠正措施及预防措施；

（6）保留形成文件的信息，作为实施审核方案以及审核结果的证据。

三、机构自身要求

目前，部分机构在管理体系有效运行方面还不尽如人意，如：最高管理者的思想认识不到位，还没真正做到负责管理体系的整体运行；全员贯标和培训没做到，有些检测人员不知道资质认定是怎么回事，更谈不上全员参与了；职责不明晰，编制的管理体系文件与评审准则及机构实际情况还不完全符合并适应；编写的管理体系文件上下层次间衔接出问题，往往同样的程序文件或记录表格名称，在不同层次称谓不一样，多字、少字或张冠李戴现象频频出现，还有写了未去做，做了不是写的，做的效果与预计的差距较大，"两张皮"现象还不少，等等。这些问题严重影响了机构持续有效的健康发展。

随着依法治国理念的深入，政府和市场对机构管理和诚信要求越来越规范，注入诚信档案的建立、分类监管和法律责任追究等措施的实施，倒逼机构要提升自身的管理水平，机构逐渐树立起了《评审准则》是法治对机构管理要求的理念、是一项管理标准理念、是一个整体的理念，《评审准则》各项要求相互关联、相互作用、相互衔接，构成管理体系这一有机整体，牵一发动全身，这一整体具有自我诊断、自我修复、自我完善的功能。机构也意识到要想真正改变上述现状，达到三个理念的落地，必须主动利用内部审核、管理、评审等手段主动查找问题，持续改进、有效提升管理体系，确保机构所出具的数据与结果准确可靠。

第二节　内审审什么——目标定位

一、内审概念

按照审核主体，机构审核可分为三种类型：第一方审核、第二方审核和第三方审核。内部审核即第一方审核，其输出是管理评审和纠正措施、预防措施的输入，能够为机构的自我合格声明提供保证；第二方审核由与机构利益相关的乙方进行，如客户，或由其他人以客户的名义进行的审核。有些行业内部或行业管理部门对机构达标考核，也属于第二方审核；第三方审核由与机构和客户无关的独立方进行。

审核是"为获得审核证据并对其进行客观的评价，以确定满足审核标准的程度所进行的系统的、独立的并形成文件的过程"（ISO9000）。内部审核是由机构自己实施的审核，包括委托他人对自己进行的审核。内部审核一词源自国际标准，用中国人习惯的语言表述，其实就是对本单位工作的"自我检查"，如"卫生工作大检查""安全工作大检查"等，只不过内部审核检查的对象是管理工作而已。

二、内审实质

内部审核是机构的重要质量活动，是实现管理体系持续改进的关键措施，机构必须给予充分重视。机构对其活动进行内部审核，其实质是验证其运行是否持续符合管理体系的要求。审核应当检查管理体系是否满足《评审准则》或其他相关要求，即"文-文"符合性检查；审核也应当检查机构的质量手册及相关文件中的各项要求是否在工作中得到全面贯彻和达预期效果，即"文-行"符合性及"行-果"有效性检查。内部审核中发现的不符合项可以为机构管理体系的改进提供有价值的信息，因此应当将这些不符合项目作为管理评审的输入。内审是有计划的活动，机构应制订内审的年度计划和具体的审核日程表，质量负责人应按管理层的决策，策划和组织实施内审。内审应是系统的、全面的，每一个部门、每一个区域、每一个要素、每一个项目都应加以审核，不应留有"死角"。不过在具体实施时可以分区域、分部门、分专业进行，这称为"滚筒式"审核。反之，则称为"集中式"审核。

第三节 内审怎么审——方式方法

本部分内容是重点从"年度策划、准备、实施、整改、发布、年度报告"内审流程的六个步骤对内审怎么审进行了具体阐述,介绍了"听、看、查、问、考"五个方面的内审技巧,提出了内审中常见的问题及对策,给出了内审的管理体系文件示例。

一、内审策划

内审策划主要是策划年度内审方案:

(1) 办公室负责根据拟审核的活动和区域的状况和重要程度,以及以往审核结果,策划全年审核方案,并于每年一季度制定《年度内部审核方案》。

(2) 质量负责人审核《年度内部审核方案》,中心主任批准。《年度内部审核方案》应具有严肃性。《年度内部审核方案》也可作为中心年度工作的一部分,列入中心《年度工作计划》。

(3) 中心每年至少进行一次覆盖管理体系和从事的检验检测活动的内部审核,无特殊情况,相邻两次内部审核的时间间隔最长不超过12个月。

(4)《年度内部审核方案》应包括以下内容:

①审核目的、范围、依据;

②审核次数和时间安排,每次的审核方式(集中式或滚动式);

③审核区域。

(5) 当出现以下情况之一,应及时组织进行计划外的内部审核。

①组织机构、管理体系发生重大变化时;

②出现重大检验检测质量事项,或客户对检验检测结果投诉成立,纠正措施后;

③法律、法规及其他外部要求的变更,影响中心开展的检验检测业务时;

④接受第二、第三方审核之前;

⑤在《资质认定证书》有效期到期复审换证前;

⑥管理体系审核运行情况需要对部分要求或部分检测室进行重点审核时。

(6) 质量负责人提出计划外内部审核申请,中心主任批准;计划外内部审核执行本程序。

(7) 运行示例。

_____年度质量体系内部审核计划表

审核项目 \ 审核月份	一月	二月	三月	四月	五月	六月	七月	八月	九月	十月	十一月	十二月
组织机构												
人员												
检验检查环境												
设施设备												
管理体系基本要求												
质量手册												
公正性和保密性要求												
文件控制												

(续表)

审核项目\审核月份	一月	二月	三月	四月	五月	六月	七月	八月	九月	十月	十一月	十二月
合同评审												
分包												
服务和供应品采购												
服务客户												
申诉和投诉												
不符合工作控制												
内部审核												
管理评审												
检验检测方法												
抽样和样品管理												
质量控制												
能力验证												
量值溯源												
结果报告												
封系管理												
档案管理												
规定义务												
机构变更管理												

注：√为设施月份

编制：　　　年　月　日　　　　　　　　批准：　　　年　月　日

二、内审准备

（1）在《年度内部审核方案》预定的内部审核时间前一个月，质量负责人策划本次内部审核，确定内部审核的具体时间，任命内审组长并组建内审组；内审组长由具有内审员资格的人员担任；质量负责人为内审员时可自任内审组长。

（2）内审员由中心主任从经过培训，取得资格的人员中聘任并授权。资源允许时，内审员应与被审核区域或对象无直接责任关系。

（3）内审组长组织制订本次《内部审核实施计划》，办公室审核，质量负责人批准。《内部审核实施计划》主要包括：

①审核目的、范围、方法、依据；
②内部审核工作安排；
③内审组成员及其分工；
④审核时间、地点；
⑤被审核的各职能部门、检测室；
⑥审核要点和审核方式；
⑦现场试验；

⑧现场观察。

（4）内审组长组织编写《内部审核核查表》。

（5）内审组长在审核前10个工作日，将《内部审核通知单》及《内部审核实施计划》分发至办公室和检测室。

（6）办公室和检测室对内部审核时间安排和内容如有异议，应在内部审核实施前3个工作日通知内审组长，以便协商调整，另行安排。

（7）办公室和检测室应确定内审组的陪同人员并做好必要的准备工作。

（8）运行示例。内部审核实施计划。

内部审核实施计划

审核目的	评价管理体系的符合性、有效性
审核范围	管理体系覆盖的所有要素、部门（人员）、场所及检验检测活动
审核依据	《评审准则》、管理体系文件及相关标准
审核方法	抽样审查的方法
审核性质	例行内部审核
被审核对象（部门或岗位）	××××××
审核日期	年 月 日——年 月 日
审核人员	内审组长：××× 组员：×××、×××、×××、×××
备注	附件：内部审核组成员任命书

编制人：　　　　　　　　　　　　　　　批准人：
　年 月 日　　　　　　　　　　　　　　　年 月 日

内部审核组成员任命书

根据中心　年第　次内审工作的需要，特任命如下：

1. 任命×××同志担任中心　年第　次内部审核组组长，全面负责本次内审工作。

2. 任命×××同志担任中心　年第　次内部审核组成员，在内审组长的领导下完成本次内审工作。

3. 任命×××同志担任中心　年第　次内部审核组成员，在内审组长的领导下完成本次内审工作。

4. 任命×××同志担任中心　年第　次内部审核组成员，在内审组长的领导下完成本次内审工作。

中心主任：
　年 月 日

日程安排表

审核日期	年　月　日—年　月　日		审核资料地点	机构会议室
参评人员	内审组长：××× 内审组成员：×××、×××、×××			
日程安排	月　日 8：30—9：30	首次会议： 会议由内审组长主持，办公室人员做记录； 参会人员：全体员工 会议内容：①有内审组长介绍内审组成员、确认审核准则、审核范围、说明审核程序、解释相关细节；②确定时间表；③明确末次会议参会人员等		
	月　日 9：30—12：00	现场审核		
	月　日 14：30—16：30	现场审核		
	月　日 16：30—17：30	内审组内部会议：交流当天审核情况，评价、分析审核发现，确定哪些报告为不符合项，哪些作为改进建议		
	月　日 8：30—10：00	现场审核办公室		
	月　日 10：00—12：00	质量手册、人员档案、设备档案、管理记录等审核 检查前一次内审的不符合项在本次内审中是否再度发生 前一次管理评审提出的整改措施是否完成 内审员填写《不符合项报告》，讨论内审结果，形成《内部审核报告》初稿		
	月　日 14：30—16：00	内审组与受审单位沟通：汇报内审情况，提出不符合项和改进意见；将《不符合项报告》提交被审核单位确认，商定纠正措施完成时间		
	月　日 16：00—17：30	末次会议： 由内审组长报告观察记录，宣读《不符合项报告》，提出纠正、纠正措施或预防措施要求完成日期，就机构实际运作与管理体系的符合性报告内审组的结论 相关人员发言，机构主任发言		
审核人员	内审组长	（签字）		
	组员	（签字）		
受审单位及岗位	检测室、业务室、办公室（包括领导层的最高管理者、技术负责人和质量负责人）			
审核类型	现场审核、资料审核			
编制人			日期	年　月　日
批准人			日期	年　月　日

三、内审发布

（1）由内审组制定并发布《内部审核通知单》，通知单内容应包含以下内容：内审开展日期、内审组人员组成、内审所涉及的单位和人员等。

（2）审核组预备会。审核前由审核组长组织内审员召开预备会议，布置审核要求，明确每个审核员的工作内容，并准备必要的文件。

（3）运行示例。

×××中心关于开展内部审核的通知

机构各科室（部门）：

为检查本单位质量管理体系运行情况，促进管理体系文件的有效执行、改进和完善，根据工作安排，决定于××××年××月××日至××月××日进行我机构内部审核工作。审核将依据《评审准则》管理体系文件进行全要素全员参与的内部审核。

内审组组长：×××

内审组成员：×××、×××、×××

参加会议人员：内审组成员、中心主任、中心副主任、技术负责人、质量负责人、×××室主任及有关人员。

请各科室（部门）通知本单位（部门）所有人员做好准备工作。

特此通知。

××××中心
××××年××月××日

四、内审实施

1. 首次会议

审核正式开始时，审核组长主持召开由审核组全体成员和受审核岗位人员参加的首次会议，主要内容为：

（1）签到；

（2）介绍审核组成员和审核分工；

（3）宣布审核目的和范围；

（4）说明审核活动的内容及其要点，审核采用的方法和程序；

（5）宣布审核时间表。

2. 现场审核

（1）审核员依照分工按检查表开展审核工作；

（2）内审员应通过交谈询问、查阅文件和记录、观察及现场考核检查等方式收集客观证据，并在《内部审核检查表》中填写相关审核记录；

（3）内审组长要随时了解各内审员的审核进度，全面了解审核情况，指导对发现的问题及时进行深入检查，把疑问调查清楚；

（4）受审核岗位人员应如实回答审核员的提问，主动配合审核员的工作，提供真实情况，确认发现的不符合事实；

（5）内审组长召开内审组会议，综合分析获取的客观证据，依据评审准则、管理体系文件及有关法律法规要求，确认正面和负面客观证据，形成本次审核总体评价的初稿；

（6）内审组与中心领导层座谈，就本次审核发现的正面和负面客观证据及总体评价交换意见。在讨论时，被审核的与会人员可以申辩和提供新的客观证据，取得与会人员的一直意见；

（7）交换意见后，内审组长组织内审员分别整理发现的负面客观证据即不符合事实，填写《内审记录表》。

3. 末次会议

（1）由审核组长主持，参加人员为受审核岗位人员和内审员，签到；

（2）审核组介绍本次审核的过程和结果，说明不符合项的数量及分布；对审核情况的综合评价，及对采取措施的建议和要求；

（3）质量负责人对审核活动总结、提出整改落实的要求；

4. 运行示例

内部审核首/末次会议签到表

会议名称	□质量体系内部审核首次会议　□质量体系内部审核首次会议		
会议日期		会议地点	
参加会议人员			
审核组成员		被审核科室主要成员	
审核职务	签名		
审核组长			
审核组成员			

内审记录表

受审核部门	×××	责任人	×××
审核要素： 1. ×××××××× 2. ××××××× 3. ×××××××××			
审核记录（客观证据） ××××			
审核组长签字： 审核员签字：　　　　　　　　　　　　　　　　　　　　　　　　　　　年　月　日			

五、内部审核报告

（1）审核活动结束后，由审核组长（质量负责人兼任审核组长时，指定内审组成员）负责编制《内部审核报告》；

（2）内部审核报告应包括以下内容：

审核的目的和范围、受审核部门或岗位名称、审核日期及审核员、审核所依据的文件、审核过程的描述、审核结果、观察到的不符合项、根据审核情况做出的结论或建议等。

（3）《内部审核报告》应在审核结束一周内提交质量负责人，经质量负责人签批后，由业务室分发到各受审核部门。

（4）运行示例。

内部审核报告

审核目的	①检查和评价本单位各项质量活动是否符合《检验检测机构资质认定评审准则》，相关法律法规的要求和质量管理体系文件，检查本单位按照质量管理体系运行的有效性。②确定受审核部门管理体系与规定要求的符合性；评价对客户、法律机构要求的符合性；确定所实施的管理体系满足规定目标的有效性。③通过内审及时发现质量管理中的问题，采取措施纠正或预防。④管理者可以通过内审了解管理体系的活动情况与结果，管理者将根据内审情况作出改进和完善管理体系目标的决策。⑤作为一种自我改进的机制，使质量体系保持其有效性，并能不断改进、不断完善。⑥将内审结果作为管理评审输入，以保证管理体系有效运行及持续改进
审核依据	①《检验检测机构资质认定评审准则》； ②《质量手册》《程序文件》及相关体系管理文件； ③相关法律法规或文件的要求
审核要素	详见内审检查表
受审核部门	①××× ②×××
审核组成员	组长：××× 成员：×××、×××
审核日期	年 月 日——年 月 日
备注	
内审情况 概　述	
不合格项（包括汇总和分布情况）	
前次审核后的纠正措施及执行情况	
质量体系运行评价及改进情况	
审核组长		日期	

六、内审整改

1. 整改流程

（1）按照《不符合处理程序》和《纠正措施程序》的规定，办公室主任和检测室主任组织分析产生《不符合识别与处置记录》描述的不符合事实的原因，提出整改措施及其实施计划的建议，在现场审核完成后5个工作日内交办公室。

（2）办公室在现场审核完成后10个工作日内汇总办公室和检测室对不符合项的原因分析和整改建议，制订《内部审核整改计划》，内审组长确认。

（3）质量负责人审核《内部审核整改计划》，中心主任批准，办公室组织实施。

(4)办公室在3个工作日内向办公室和检测室分发《内部审核整改计划》。
(5)办公室和检测室实施《内部审核整改计划》规定的各项整改活动。
(6)内审组长组织内审员跟踪验证各项整改活动的有效性。
(7)《内部审核整改计划》规定的各项整改活动结束5个工作日内,办公室编写《内部审核整改报告》,通常包括以下内容:
①《内部审核整改计划》形成过程的描述;
②整改活动中涉及的程序文件;
③各不符合项整改活动的简要描述;
④跟踪审核情况和结论;
⑤改进的建议。
(8)《内部审核整改计划》和各不符合项的整改活动的见证材料作为《内部审核整改报告》的附件。
(9)内审组长审核并确认《内部审核整改报告》及其附件。

2. 运行示例

内审不符合报告及纠正措施跟踪表

受审核部门		部门负责人	
内 审 员		审核日期	
不符合项陈述:			
不符合程序: 准则及子条款: 不符合类型:			
内审员签字:	年 月 日	部门负责人签字:	年 月 日
原因分析:			
责任部门签字:			日期: 年 月 日
建议的纠正措施计划:		批准纠正措施计划 质量负责人:	
要求完成日期:	年 月 日		日期: 年 月 日
责任部门确认:	年 月 日	内审员认可:	年 月 日
纠正措施完成情况:			
部门负责人:			年 月 日
跟踪验证结果:			
内审员签字:			年 月 日

七、内审结果发布

1. 发布两个报告

质量负责人在收到《内部审核报告》和《内部审核整改报告》及其附件后,在5个工作日内审核批准,交办公室按规定范围分发。

2. 异议处理

审核过程中,内审组与办公室主任和检验室主任对不符合事实、纠正或纠正措施验证结果存在异议时,有质量负责人仲裁。

3. 运行示例

详见第三节相关内容。

八、编制年度内审报告及资料归档

(1) 质量负责人依据各次《内部审核报告》和《内部审核整改报告》,编写《年度内部审核报告》,对中心管理体系运行情况进行综合分析。《年度内部审核报告》作为管理评审的输入之一。

(2) 内审记录归档。

办公室归档保存内部审核生成的相关记录。存档的内审记录资料(目录)一般如下(不限于):①年度内部审核方案(可不单独形成);②内部审核实施计划;③内部审核检查表;④内部审核通知单;⑤不符合项识别与处理记录;⑥内部审核首末次会议签到表;⑦内部审核报告;⑧内部审核整改计划;⑨内部审核整改报告及证明材料;⑩年度内部审核报告(适用时)。

第三篇 实验室管理评审

第一节 概述

管理评审是机构的最高管理者对管理体系的整体有效性和对本机构管理的适用性组织进行的综合评价活动。对管理体系的完善和持续改进具有特别重要的意义。管理评审是否有计划，事先是否有准备，需要解决的问题是否已经明确，是否按要求由最高管理者主持进行。管理评审的记录是否齐全，会议参加人员是否有签字，应参加会议的人员是否齐全、符合要求，评审需要的输入是否全面，反映的问题是否客观真实，会议发言记录是否详细，能够表达发言的主题，对已经发生的不符合工作是否进行了认真、有效的纠正，涉及管理体系的是否就存在的问题进行了认真的分析并提出了有效的改进意见，会议是否就管理体系的运转进行了客观全面的评价，对讨论到的问题是否通过了决策性的决定，提出了管理评审报告。对报告中做出的决定是否有跟踪检查落实的记录。

一、管理评审目的

通过对管理体系检测活动的现状和适应性进行正式评价，并进行必要的变更和改进，确保管理体系的持续适应性和有效性。

二、管理评审范围

适用于对检验机构质量方针、质量目标、管理体系和检测活动适宜性和有效性的评审。

三、管理职责

（1）检验机构最高管理者（中心主任）主持管理评审会议，批准《管理评审计划》和《管理评审报告》。

（2）管理者代表（质量负责人）负责审核《管理评审计划》和《管理评审报告》，组织各部门报告管理体系的运行情况，组织、协调管理评审的相关工作，对评审后纠正措施的实施情况进行监督和验证。

（3）业务室负责编制《管理评审计划》，组织收集管理评审输入资料；负责管理评审会议记录，编制《管理评审报告》。

（4）各相关科室负责人按评审计划要求负责准备并提供与本部门有关的评审所需的资料，写成书面材料向管理评审会议汇报，并负责实施管理评审中提出的相关纠正、预防措施。

（5）本程序由管理者代表归口管理。

第二节 管理评审策划

一、管理评审策划要素文件

（1）在管理评审前30天，由业务室负责编制《管理评审计划》，经质量负责人审核后，报中心主任批准。

（2）管理评审的频度。

① 一般情况下每年至少进行一次管理评审，一般在内审之后进行，可结合内审后的结果进行，也可根据具体情况安排。

② 特殊情况下，如：组织机构发生重大质量、环境或健康安全事故，法律、法规、标准及其他要求影响引起管理体系的重大变更时等，可增加管理评审的频次。

（3）管理评审参加人员。参加管理评审人员包括最高管理者、管理者代表、有关科室领导、相关人员及员工代表。

（4）发布会议通知。业务室在管理评审会议前15天下发《管理评审计划》，通知参加管理评审的所有人员。

（5）业务室在召开管理评审会议前5天，发出管理评审会议通知，并做好会议准备。

二、运行示例

_____年度管理评审方案

评审目的	
评审范围	
评审依据	
参加人员	
评审时间	

实施项目及要点	时间安排	责任部门、负责人	协助部门/协助人
备注			

编制人：　　　　　　　　　　　批准人：
日期：　　　　　　　　　　　　日期：

第三节　管理评审准备

一、管理评审计划

（1）质量负责人负责组织相关职能部门，按《管理评审计划》要求准备相关工作，调查有关情况，收集并提交有关文件和资料。

（2）管理评审输入。

① 各部门接到管理评审的通知后，于管理评审会议召开3天前，向业务室提供以下材料：

a. 政策和程序的适用性（考核质量方针、质量目标的实现情况）；

b. 管理和监督人员的报告；

c. 近期内部审核的结果；

d. 纠正措施和预防措施；

e. 由外部机构进行的评审；

f. 实验室间比对或能力验证的结果；

g. 工作量和工作类型的变化；

h. 客户反馈；

i. 投诉；

j. 改进的建议；

k. 其他相关因素，如质量控制活动、资源以及员工培训。

② 管理评审的实施。

a. 由最高管理者（中心主任）主持评审工作；

b. 各责任人员根据评审输入的背景材料、主题报告和本岗位的实际工作情况，对质量管理体系和检验活动现状进行评价；

c. 由中心主任针对主要问题作出决定。

③ 管理评审的输出。

业务室将各相关部门提供的材料汇总、分析后，编写《管理体系运行情况报告》并交管理者代表批准，《管理体系运行情况报告》作为管理评审的输出包含以下内容：

a. 质量活动的评价；

b. 管理体系实施过程中资源的需求；

c. 管理体系及检测活动过程的改进。

二、运行示例

_____年管理评审实施计划

评审目的	对管理体系的现状和适应性进行评价，衡量管理体系是否符合实际状况，评价管理体系对管理工作是否有效，能否保证质量方针和质量目标的实现，质量体系持续适用、有效，并能不断改进
评审范围	（部门、区域、领域）全中心
评审依据	（准则、体系文件、法律法规、合同等）《检验检测机构资质认定评审准则》；×××中心管理体系文件；有关合同和协议
参加人员	管理评审的参加人员为中层以上的干部，包括：中心主任（副主任）、技术负责人、质量负责人、部门负责人、授权签字人、内审员、监督员等。必要时可以让其他有关人员参加

评审内容（管理体系充分性、适宜性、有效性和效率等）与顺序	负责人
(1) 以往管理评审所采取措施的情况；	×××
(2) 与管理体系相关的内外部因素的变化；	×××
(3) 客户满意度、投诉和相关方的反馈；	×××
(4) 质量目标实现程度；	×××
(5) 政策和程序的适用性；	×××
(6) 管理和监督人员的报告；	×××

（续表）

（7）内外部审核的结果；		×××
（8）纠正措施和预防措施；		×××
（9）检验检测机构间比对或能力验证的结果；		×××
（10）工作量和工作类型的变化；		×××
（11）资源的充分性；		×××
（12）应对风险和机遇所采取措施的有效性；		×××
（13）改进建议；		×××
（14）其他相关因素，如质量控制活动、员工培训；		×××
（15）日常管理会议中有关议题的研究。		×××
评审准备工作要求	各相关负责人或单位于××××年××月××日下午16：00之前把相关报告交办公室。	
评审时间	××××年××月××日　　地点	中心会议室

编制人：×××　　　　　　批准人：×××

日期：××××年××月××日　　日期：××××年××月××日

第四节　管理评审实施

一、管理评审实施流程

（1）最高管理者依据《管理评审计划》主持评审会议。

（2）管理者代表报告机构管理体系运行情况。

（3）内审组长汇报内审结果报告。

（4）参加评审的人员对于要阐述的相关工作进行汇报。

（5）与会人员根据管理体系运行情况报告讨论并评审体系运行情况，提出改进的项目与措施。

（6）最高管理者对所涉及的评审内容作出评审结论，对评审后的纠正、预防措施明确责任部门和完成日期。

（7）业务室负责做好管理评审会议记录并形成管理评审会议纪要，同时负责会议的签到工作。

（8）根据评审意见，业务室编制《管理评审报告》，经质量负责人审核，中心主任批准后，发送到中心主任、技术负责人、质量负责人及各科室负责人等。

《管理评审报告》作为评审输出应包括以下内容：

①管理评审的目的、时间、参加人员及评审内容；

②管理体系及过程的适用性、充分性、有效性的综合评价和需要的改进；

③管理方针、目标、指标适宜性的评价及需要的更改；

④资源需求的决定和措施；

⑤管理评审所确定的改进措施、责任部门和完成日期。

二、运行示例

管理评审日程

第　　页，共　　页

日期	时间	工作内容	备注
×××	8：30—9：00	最高管理者宣读评审通知单，宣讲评审目的、内容、依据、方法和要求，宣布评审日程安排。	
	9：00—11：00	各相关负责人按以下顺序汇报管理评审输入信息： (1) 以往管理评审所采取措施的情况； (2) 与管理体系相关的内外部因素的变化； (3) 客户满意度、投诉和相关方的反馈； (4) 质量目标实现程度； (5) 政策和程序的适用性； (6) 管理和监督人员的报告； (7) 内外部审核的结果； (8) 纠正措施和预防措施； (9) 检验检测机构间比对或能力验证的结果； (10) 工作量和工作类型的变化； (11) 资源的充分性； (12) 应对风险和机遇所采取措施的有效性； (13) 改进建议； (14) 其他相关因素，如质量控制活动、员工培训； (15) 日常管理会议中有关议题的研究。	
	11：00—12：00	讨论议题1	
	14：30—15：30	讨论议题2	
	15：30—16：00	讨论议题3	
	16：00—16：30	归纳与总结	
	16：30—17：00	产生决议	
	17：00—17：30	拟订下一步工作计划，落实责任岗位或部门	
	17：30—18：00	最高管理者指出管理体系运行中存在的主要问题；并对管理体系进行评价；最后宣读管理评审决议。 散会。	
会议人员	主持人	最高管理者。	
	参加人	中层以上的干部及关键岗位人员，包括：中心主任（副主任）、技术负责人、质量负责人、部门负责人、授权签字人、内审员、监督员等。必要时可以让其他有关人员参加。	

编制人：×××　　　　　　　　　批准人：×××
日期：××××年××月××日　　　日期：××××年××月××日

管理评审通知单

关于开展××××年管理评审的通知
各科室： 　　为了确保管理体系的适宜性和有效性，经研究，定于××××年××月××日召开管理评审会议，由最高管理者对管理体系的现状和适应性进行正式评价。请各单位（部门）和有关人员于××月××日前按照管理评审计划的要求提交书面材料，并做好会议准备。 　　　　　　　　　　　　　　　　　　　　　　　　　　　　××××年××月××日

第五节　管理评审结果发布

业务室将《管理评审报告》（包括确定分发范围）提交管理者代表审核，最高管理者批准后，在评审会议结束后的8个工作日内，依据分发范围分发至相关部门、人员。
管理评审报告及分发记录表。

一、管理评审报告

××××年管理评审报告

1	评审目的	对管理体系的现状和适应性进行评价，评价管理体系是否与我中心实际工作相适应；管理体系对管理工作是否有效；能否保证质量方针和质量目标的实现；管理体系能否持续有效运行。
2	评审依据	2.1《评审准则》； 2.2 管理体系文件； 2.3 有关合同和协议。
3	管理评审预备会议	3.1 会议时间地点：××××年××月××日下午，中心一楼会议室； 3.2 主持人：中心主任 3.3 中层以上的干部及关键岗位人员，包括：中心主任（副主任）、技术负责人、质量负责人、内审组长、各部门负责人、授权签字人、内审员、监督员等。 3.4 会议内容：质量体系管理评审主要内容及分工，会议日程安排。
4	管理评审会议	4.1 会议时间地点：××××年××月××日下午，中心一楼会议室； 4.2 主持人：中心主任 4.3 中层以上的干部及关键岗位人员，包括：副主任、技术负责人、质量负责人、内审组长、各部门负责人、授权签字人、内审员、监督员等。必要时可以让其他有关人员参加。
5	管理评审内容	5.1 以往管理评审所采取的措施的情况：×××汇报； 5.2 与管理体系相关的内外部因素的变化：×××汇报； 5.3 客户满意度、投诉和相关方的反馈：×××汇报； 5.4 质量目标实现程度：×××汇报； 5.5 政策和程序的适用性：×××汇报； 5.6 管理和监督人员的报告：×××汇报； 5.7 内外部审核的结果：×××汇报； 5.8 纠正措施和预防措施：×××汇报； 5.9 检验检测机构间比对或能力验证的结果：×××汇报； 5.10 工作量和工作类型的变化：×××汇报； 5.11 资源的充分性：×××汇报； 5.12 应对风险和机遇所采取措施的有效性：×××汇报； 5.13 改进建议：×××汇报； 5.14 其他相关因素，如质量控制活动、员工培训：×××汇报； 5.15 日常管理会议中有关议题的研究：×××汇报。
6	管理评审会议进程	6.1 最高管理者宣读评审通知单，宣讲评审目的、内容、依据、方法和要求，宣布评审日程安排 6.2 各单位（部门）负责人、内审组长和其他相关人员按顺序汇报； 6.3 讨论议题1、2、3； 6.4 归纳与总结； 6.5 产生决议。

(续表)

7	主要存在问题	7.1 部分检验检测人员对《评审准则》和管理体系文件学习和理解不够。 7.2 记录填写不规范，内部校准不认真。 7.3 记录、报告和相关技术材料归档不及时。 7.4 技术档案管理不规范，材料收集不全、不及时。 7.5 内部审核发现7个不符合项，完成了6项整改。
8	管理体系评价	我中心××××年管理体系的运行基本符合《评审准则》的要求，质量方针在检验检测工作中得到执行，质量目标除数据差错率不大于5%（实际8.6%）外，其余4项均达到目标要求。通过内部审核，促进了管理体系的有效运行，使管理体系各要素基本得到控制，质量活动的开展基本达到预期目标。通过对管理体系的管理评审，进行必要的改进，确保了我中心管理体系能持续适应检验检测工作，并能在工作中得到有效运行，满足资质认定管理部门和客户的要求。
9	会议决议	9.1 进一步强化《评审准则》和管理体系文件的学习、宣贯 办公室××××年××月底前制定"××××年《评审准则》和管理体系文件的学习、宣贯和考核计划"，并负责组织实施。 9.2 进行质量记录和技术记录规范填写培训 ××××年××月底前办公室按照《评审准则》和相关标准记录填写的技术要求，负责组织对各科室检验检测人员进行质量记录和技术记录的规范填写培训。 9.3 加强技术档案的管理，规范各类记录、报告和相关技术资料的归档工作。 办公室负责修订档案管理制度，增加记录、报告和各类技术资料归档时间与内容的要求；增加各类技术档案的保存期限规定；增加档案管理职责并负责定期整理技术档案，负责通知各科室按时将检验检测工作产生的技术记录、质量记录和相关技术资料归档。 9.4 对管理体系运行中主要影响检验检测质量的问题，分析原因，提出整改措施，并完善预防措施。 各科室根据检验检测工作程序、方法及过程的技术要求，对可能影响检验检测质量的潜在不符合因素加以分析，制定相应的预防措施，防止不符合工作的发生。在环境监测工作中需制定以下10类预防措施：监测方案、点位布设、现场监测、样品采集、样品保存与运输、样品制备与贮存、试验室环境、样品前处理与分析、数据处理、传输与审核、监测报告和综合报告。 9.5 加强检验检测仪器的量值溯源，满足检验检测工作的有效使用 检测室于××××年××月××日前提交在用仪器量值溯源计划，计划要充分考虑××××年的中心任务量和仪器使用频次，量值溯源的仪器种类和数量要满足检验检测工作的要求。（报办公室） 9.6 合同管理制度（修订内容）（办公室负责修订）。 （1）修订"1 目的"条款。 （2）修订"2 职责"中的3.1、3.2条款。 （3）修订"4.2 合同评审"条款。 9.7 档案管理制度（修订内容）（办公室负责修订）。 （1）将"业务档案管理制度"改为"技术档案管理制度"。 （2）修订"1 总则"中的1.1、1.2、1.4条款。 （3）修订"2 业务档案的归档"中的2.1.2、2.1.3、2.2.1、2.2.2条款。 （4）修订"3 业务档案的管理"中的3.2、3.4、3.5条款。
10	审批意见	编写：　　　　　　　　审核：　　　　　　　　批准： 　　年 月 日　　　　　　年 月 日　　　　　　年 月 日

二、管理评审报告分发记录表

××××年管理评审报告分发记录表

NO：

序号	分发部门	份数	接收人	日期

(续表)

序号	分发部门	份数	接收人	日期

第六节　整改措施的实施与跟踪验证

应记录每次管理评审决定改进事项和采取的措施。中心领导应确保这些措施在适当和约定的日程内得到实施。业务室协助质量负责人根据会议评审结果填写《管理评审问题处理及验证记录》，由责任部门负责实施。并根据《纠正措施管理程序》规定，对改进、纠正和预防措施的实施效果进行跟踪验证，并填写《管理评审问题处理及验证记录》。

管理评审改进措施验证记录

负责整改部门：	检查验证部门（人）：
存在问题：	
改进措施：	
改进措施效果验证： 改进措施完成日期：　年　月　日，附证实资料　页	验证人：　　　年　月　日
以上改进措施已实施完毕，改进措施有效。	管理者代表：　　年　月　日

第七节　管理评审报告及资料归档

管理评审计划、输入资料、报告、记录等由业务室整理归档。

第三部分

抽样方法和标准

第一篇 抽样技术依据

农产品质量安全监督抽查实施细则

第一章 总 则

第一条 为加强农产品质量安全监督管理，规范农业部农产品质量安全监督抽查工作（以下简称监督抽查），根据《中华人民共和国农产品质量安全法》及有关法律、行政法规的规定，制定本细则。

第二条 开展农业部农产品质量安全监督抽查工作必须遵守本细则。

第三条 本细则中的监督抽查是指农业部依法组织农产品质量安全检测机构对生产和销售的农产品、可能危及农产品质量安全的农业投入品进行抽样、检验，并对抽查结果进行处理和发布信息的活动。

第四条 监督抽查包括定期的监督抽查和不定期的监督抽查。

第五条 农业部负责监督抽查的组织和实施工作，并负责监督抽查结果的通报和信息发布。地方农业行政主管部门或符合条件的农产品质量安全检测机构，接受农业部委托，承担监督抽查的抽样工作（以下简称抽样单位）；符合条件的农产品质量安全检测机构，接受农业部委托，承担监督抽查样品的检验工作（以下简称检测机构）。

第六条 监督抽查的样品由抽样单位向被抽查人购买。

第七条 监督抽查不得向被抽查人收取费用，抽取样品的数量不得超过农业部的规定。上级农业行政主管部门监督抽查的同一批次农产品，下级农业行政主管部门不得另行重复抽查。

第八条 被抽查人应积极配合监督抽查工作。对不便携带的样品由被抽查人负责寄、送至检测机构。无正当理由，被抽查人不得拒绝监督抽查和拒绝寄、送被封样品。

第二章 计划和方案的确定

第九条 监督抽查的地点包括生产、加工及流通环节。

第十条 监督抽查的范围主要是与消费者日常生活密切相关的农产品、质量安全问题较突出的农产品、农业行政主管部门认为需要进行抽查的农产品和可能危及农产品质量安全的农业投入品。

第十一条 农业部负责组织制定监督抽查计划，并向承担单位下达监督抽查任务。

第十二条 任务承担单位应当按照监督抽查计划制定监督抽查方案，并报农业部批准后执行。监督抽查方案应包括：受检单位范围，抽样范围，抽样时间，抽样依据，抽样数量等，检测项目、检测依据及判定依据，复检及注意事项等。

监督抽查方案应当科学、客观、公平，具有代表性和公正性。

第十三条 农业部向任务承担单位开具《农业部农产品质量安全监督抽查委托书》《农业部农产品质量安全监督抽查通知书》和《农业部农产品质量安全监督抽查工作质量及工作纪律反馈单》后，各承担单位方可开展抽样或检测工作。

各有关单位对监督抽查中确定的产品和被抽查人的名单必须严格保密，禁止以任何名义和形式事先泄露和通知被抽查人。

第三章 抽样、检测与判定

第十四条 抽样人员不少于2名，被抽查人所在地的农业行政主管部门应指派人员协助抽样。严禁被抽查人或者与其有直接、间接关系的人员参与接待工作。

第十五条 抽样人员在抽样前应向被抽查人出示《农业部农产品质量安全监督抽查通知书》和《农业部农产品质量安全监督抽查委托书》，以及抽样人员的有效证件，告知监督抽查的性质、抽样方法、检测依据和判定依据等后，再进行抽样。

第十六条 抽样人员要现场填写《农业部农产品质量安全监督抽查抽样工作单》，并由抽样人员和被抽查人共同签字并落款抽样日期。

抽取的样品应经双方签字确认后现场封样，封条由抽样单位自制，要确保封条不可二次使用。抽取的样品由抽样单位带回或委托被抽查人按照要求寄、送至检测机构。检测机构应当妥善保存备份样品。

第十七条 抽查的样品应当在产地、企业或市场上的待销产品中抽取，并保证样品具有代表性。

第十八条 被抽查人遇有下列情况之一的，可以拒绝接受抽查：

（一）抽样人员少于2名的；

（二）抽样单位名称与《农业部农产品质量安全监督抽查通知书》不符的；

（三）抽样人员应当携带的《农业部农产品质量安全监督抽查通知书》和有效身份证件（身份证或工作证）等材料不齐全的；

（四）被抽查人和产品名称与《农业部农产品质量安全监督抽查通知书》不一致的；

（五）抽样时间超过《农业部农产品质量安全监督抽查通知书》有效期限的。

第十九条 抽样工作结束后，抽样人员应当填写抽样工作单。需要特别陈述的情况，在备注栏中加以说明。抽样工作单应分别加盖抽样单位和被抽样单位公章，并由抽样人员和被抽查单位负责人或陪同人员签字，被抽查单位无公章或无法现场盖章的，可由当地农业行政主管部门人员予以签字确认。

抽样工作单一式四份，分别留存抽样单位和被抽查单位，寄送当地农业行政主管部门，并报送农业部。

第二十条 由于某些原因导致无样品可抽的，被抽样人必须出具书面证明材料，抽样人员应当予以确认，并在证明材料上签字。

第二十一条 被抽查人无正当理由拒绝抽样，经抽样人员耐心细致地说服工作后仍不接受抽查的，抽样人员应及时向当地农业行政主管部门报告情况，如果仍不接受抽查的，抽样人员现场填写《农业部农产品质量安全监督抽查拒检认定表》，由抽样人员和见证人共同签字，抽样单位应及时向农业部报告情况，产品按不合格论处。

第二十二条 需要被抽样人协助寄、送样品的，被抽样人应当在规定的时间内将样品寄、送指定的检测机构。无正当理由不寄、送样品的，产品按不合格论处。

第二十三条 检测机构应当制定有关样品的接收、入库、领用、检验、保存及处理的程序，并严格按程序规定执行。

第二十四条 监督抽查工作禁止分包。

第二十五条 接收样品应当有专人负责检查、记录样品的外观、状态、封条有无破损及其他可能对检测结果或者综合判定产生影响的情况，并确认样品与抽样单的记录是否相符，对检测和备份样品分别加贴相应标识后入库。必要时，在不影响样品检验结果的情况下，可以将样品进行分装或者重新包装编号，以保证不会发生因其他原因导致不公正的情况。

第二十六条 检测机构应当按照监督抽查方案中规定的方法进行检测。

第二十七条 检验过程中遇有样品失效或者其他情况致使检验无法进行时，必须如实记录，并有充分的证实材料。

第二十八条 监督抽查的判定按照监督抽查方案中的判定依据进行。

第二十九条 检验结束后，检测机构将《农业部农产品质量安全监督抽查检验结果通知单》以特快专递寄送被抽查人，检测结果合格的不附检验报告，检测结果不合格的需附检验报告。

第三十条 被抽查人应填写《农业部农产品质量安全监督抽查检验结果通知单》的回执，并于接到通知书5日内将回执寄送或传真至检测机构，逾期则视为认同检验结果。

第三十一条 检验结果经确认后，检测机构应将《农业部农产品质量安全监督抽查检验结果通知单》以特快专递寄送当地农业行政主管部门，检测结果合格的不附检验报告，检测结果不合格的需附检验报告。

第三十二条 检验报告内容必须齐全，检测项目和依据必须清楚并与抽查方案相一致，检验结果必须准确，结论明确。

第四章 异议的处理与复检

第三十三条 被抽查人对监督抽查检测结果有异议的，应当自收到《农业部农产品质量安全监督抽查检验结果通知单》之日起5日内，向农业部提出书面复检申请并提交相关说明材料，同时抄送检测机构。法律法规对申请复检的时间另有规定的，从其规定。

逾期未提出书面复检申请的，视为承认检验结果。

第三十四条 农业部收到复检申请后，经审查，认为有必要复检的，应当及时通知检测机构和复检申请人。

第三十五条 复检应当对原样或备份样进行检测。

复检工作原则上由原检测机构承担。复检结果与初次检测结果一致的，复检费用由复检申请人承担。

农业部也可根据需要，另行委托符合法定条件的检测机构进行复检。

复检结果由承担复检工作的检测机构通知复检申请人，报送农业部，并抄送复检申请人所在地的农业行政主管部门。

第三十六条 检测机构出具虚假、错误数据的，按《中华人民共和国农产品质量安全法》第四十四条的规定执行。

第五章 结果处理

第三十七条 检测机构应当在规定时间内按照监督抽查方案的要求，向农业部报送监督抽查结果及报告。

第三十八条 农业部负责汇总分析监督抽查检测结果，按照规定通报监督抽查结果或发布信息。

第三十九条 检测结果未经农业部公布，任何单位和个人不得向外公布或透露。

检测结果不得用于商业用途。

第六章 工作纪律

第四十条 参与监督抽查的工作人员，必须严格遵守国家法律、法规的规定，严格执法、秉公执法、不徇私情，对被抽查的产品和企业名单必须严守秘密。

第四十一条 检测机构应当严格按照监督抽查工作有关规定承担抽样及检验工作，应当保证检验工作科学、公正、准确。

第四十二条 检验机构应当如实上报检验结果和检验结论，不得瞒报，并对检验结果负责。检测机构在承担监督抽查任务期间不得接受被抽查人同类产品的委托检验。

第四十三条 检测机构不得利用监督抽查结果参与有偿活动。

第四十四条 检测机构和参与监督抽查人员不依法履行职责、滥用职权的，依法给予处分。

第七章 附 则

第四十五条 本办法由农业部负责解释。

第四十六条 本办法自 2007 年 6 月 10 日起实施。

农产品质量安全监测管理办法

经2012年6月13日农业部第7次常务会议审议通过，2012年8月公布，自2012年10月1日起施行。

第一章 总 则

第一条 为加强农产品质量安全管理，规范农产品质量安全监测工作，根据《中华人民共和国农产品质量安全法》《中华人民共和国食品安全法》和《中华人民共和国食品安全法实施条例》，制定本办法。

第二条 县级以上人民政府农业行政主管部门开展农产品质量安全监测工作，应当遵守本办法。

第三条 农产品质量安全监测，包括农产品质量安全风险监测和农产品质量安全监督抽查。

农产品质量安全风险监测，是指为了掌握农产品质量安全状况和开展农产品质量安全风险评估，系统和持续地对影响农产品质量安全的有害因素进行检验、分析和评价的活动，包括农产品质量安全例行监测、普查和专项监测等内容。

农产品质量安全监督抽查，是指为了监督农产品质量安全，依法对生产中或市场上销售的农产品进行抽样检测的活动。

第四条 农业部根据农产品质量安全风险评估、农产品质量安全监督管理等工作需要，制定全国农产品质量安全监测计划并组织实施。

县级以上地方人民政府农业行政主管部门应当根据全国农产品质量安全监测计划和本行政区域的实际情况，制定本级农产品质量安全监测计划并组织实施。

第五条 农产品质量安全检测工作，由符合《中华人民共和国农产品质量安全法》第三十五条规定条件的检测机构承担。

县级以上人民政府农业行政主管部门应当加强农产品质量安全检测机构建设，提升其检测能力。

第六条 农业部统一管理全国农产品质量安全监测数据和信息，并指定机构建立国家农产品质量安全监测数据库和信息管理平台，承担全国农产品质量安全监测数据和信息的采集、整理、综合分析、结果上报等工作。

县级以上地方人民政府农业行政主管部门负责管理本行政区域内的农产品质量安全监测数据和信息。鼓励县级以上地方人民政府农业行政主管部门建立本行政区域的农产品质量安全监测数据库。

第七条 县级以上人民政府农业行政主管部门应当将农产品质量安全监测工作经费列入本部门财政预算，保证监测工作的正常开展。

第二章 风险监测

第八条 农产品质量安全风险监测应当定期开展。根据农产品质量安全监管需要，可以随时开展专项风险监测。

第九条 省级以上人民政府农业行政主管部门应当根据农产品质量安全风险监测工作的需

要，制定并实施农产品质量安全风险监测网络建设规划，建立健全农产品质量安全风险监测网络。

第十条 县级以上人民政府农业行政主管部门根据监测计划向承担农产品质量安全监测工作的机构下达工作任务。接受任务的机构应当根据农产品质量安全监测计划编制工作方案，并报下达监测任务的农业行政主管部门备案。

工作方案应当包括下列内容：

（一）监测任务分工，明确具体承担抽样、检测、结果汇总等的机构；

（二）各机构承担的具体监测内容，包括样品种类、来源、数量、检测项目等；

（三）样品的封装、传递及保存条件；

（四）任务下达部门指定的抽样方法、检测方法及判定依据；

（五）监测完成时间及结果报送日期。

第十一条 县级以上人民政府农业行政主管部门应当根据农产品质量安全风险隐患分布及变化情况，适时调整监测品种、监测区域、监测参数和监测频率。

第十二条 农产品质量安全风险监测抽样应当采取符合统计学要求的抽样方法，确保样品的代表性。

第十三条 农产品质量安全风险监测应当按照公布的标准方法检测。没有标准方法的可以采用非标准方法，但应当遵循先进技术手段与成熟技术相结合的原则，并经方法学研究确认和专家组认定。

第十四条 承担农产品质量安全监测任务的机构应当按要求向下达任务的农业行政主管部门报送监测数据和分析结果。

第十五条 省级以上人民政府农业行政主管部门应当建立风险监测形势会商制度，对风险监测结果进行会商分析，查找问题原因，研究监管措施。

第十六条 县级以上地方人民政府农业行政主管部门应当及时向上级农业行政主管部门报送监测数据和分析结果，并向同级食品安全委员会办公室、卫生行政、质量监督、工商行政管理、食品药品监督管理等有关部门通报。

农业部及时向国务院食品安全委员会办公室和卫生行政、质量监督、工商行政管理、食品药品监督管理等有关部门及各省、自治区、直辖市、计划单列市人民政府农业行政主管部门通报监测结果。

第十七条 县级以上人民政府农业行政主管部门应当按照法定权限和程序发布农产品质量安全监测结果及相关信息。

第十八条 风险监测工作的抽样程序、检测方法等符合本办法第三章规定的，监测结果可以作为执法依据。

第三章 监督抽查

第十九条 县级以上人民政府农业行政主管部门应当重点针对农产品质量安全风险监测结果和农产品质量安全监管中发现的突出问题，及时开展农产品质量安全监督抽查工作。

第二十条 监督抽查按照抽样机构和检测机构分离的原则实施。抽样工作由当地农业行政主管部门或其执法机构负责，检测工作由农产品质量安全检测机构负责。检测机构根据需要可以协助实施抽样和样品预处理等工作。

采用快速检测方法实施监督抽查的，不受前款规定的限制。

第二十一条 抽样人员在抽样前应当向被抽查人出示执法证件或工作证件。具有执法证件的抽样人员不得少于两名。

抽样人员应当准确、客观、完整地填写抽样单。抽样单应当加盖抽样单位印章，并由抽样人员和被抽查人签字或捺印；被抽查人为单位的，应当加盖被抽查人印章或者由其工作人员签字或捺印。

抽样单一式四份，分别留存抽样单位、被抽查人、检测单位和下达任务的农业行政主管部门。

抽取的样品应当经抽样人员和被抽查人签字或捺印确认后现场封样。

第二十二条 有下列情形之一的，被抽查人可以拒绝抽样：

（一）具有执法证件的抽样人员少于两名的；

（二）抽样人员未出示执法证件或工作证件的。

第二十三条 被抽查人无正当理由拒绝抽样的，抽样人员应当告知拒绝抽样的后果和处理措施。被抽查人仍拒绝抽样的，抽样人员应当现场填写监督抽查拒检确认文书，由抽样人员和见证人共同签字，并及时向当地农业行政主管部门报告情况，对被抽查农产品以不合格论处。

第二十四条 上级农业行政主管部门监督抽查的同一批次农产品，下级农业行政主管部门不得重复抽查。

第二十五条 检测机构接收样品，应当检查、记录样品的外观、状态、封条有无破损及其他可能对检测结果或者综合判定产生影响的情况，并确认样品与抽样单的记录是否相符，对检测和备份样品分别加贴相应标识后入库。必要时，在不影响样品检测结果的情况下，可以对检测样品分装或者重新包装编号。

第二十六条 检测机构应当按照任务下达部门指定的方法和判定依据进行检测与判定。

采用快速检测方法检测的，应当遵守相关操作规范。

检测过程中遇有样品失效或者其他情况致使检测无法进行时，检测机构应当如实记录，并出具书面证明。

第二十七条 检测机构不得将监督抽查检测任务委托其他检测机构承担。

第二十八条 检测机构应当将检测结果及时报送下达任务的农业行政主管部门。检测结果不合格的，应当在确认后二十四小时内将检测报告报送下达任务的农业行政主管部门和抽查地农业行政主管部门，抽查地农业行政主管部门应当及时书面通知被抽查人。

第二十九条 被抽查人对检测结果有异议的，可以自收到检测结果之日起五日内，向下达任务的农业行政主管部门或者其上级农业行政主管部门书面申请复检。

采用快速检测方法进行监督抽查检测，被抽查人对检测结果有异议的，可以自收到检测结果时起四小时内书面申请复检。

第三十条 复检由农业行政主管部门指定具有资质的检测机构承担。

复检不得采用快速检测方法。

复检结论与原检测结论一致的，复检费用由申请人承担，不一致的，复检费用由原检测机构承担。

第三十一条 县级以上地方人民政府农业行政主管部门对抽检不合格的农产品，应当及时依法查处，或依法移交工商行政管理等有关部门查处。

第四章 工作纪律

第三十二条 农产品质量安全监测不得向被抽查人收取费用，监测样品由抽样单位向被抽查人购买。

第三十三条 参与监测工作的人员应当秉公守法、廉洁公正，不得弄虚作假、以权谋私。

被抽查人或者与其有利害关系的人员不得参与抽样、检测工作。

第三十四条 抽样应当严格按照工作方案进行，不得擅自改变。

抽样人员不得事先通知被抽查人，不得接受被抽查人的馈赠，不得利用抽样之便牟取非法利益。

第三十五条 检测机构应当对检测结果的真实性负责，不得瞒报、谎报、迟报检测数据和分析结果。

检测机构不得利用检测结果参与有偿活动。

第三十六条 监测任务承担单位和参与监测工作的人员应当对监测工作方案和检测结果保密，未经任务下达部门同意，不得向任何单位和个人透露。

第三十七条 任何单位和个人对农产品质量安全监测工作中的违法行为，有权向农业行政主管部门举报，接到举报的部门应当及时调查处理。

第三十八条 对违反抽样和检测工作纪律的工作人员，由任务承担单位作出相应处理，并报上级主管部门备案。

违反监测数据保密规定的，由上级主管部门对任务承担单位的负责人通报批评，对直接责任人员依法予以处分、处罚。

第三十九条 检测机构无正当理由未按时间要求上报数据结果的，由上级主管部门通报批评并责令改正，情节严重的，取消其承担检测任务的资格。

检测机构伪造检测结果或者出具检测结果不实的，依照《中华人民共和国农产品质量安全法》第四十四条规定处罚。

第四十条 违反本办法规定，构成犯罪的，依法移送司法机关追究刑事责任。

第五章 附 则

第四十一条 本规定自 2012 年 10 月 1 日起施行。

农业部饲料质量安全监测工作规范（修订）

2010 年 3 月 16 日农业部对《农业部饲料质量安全监测工作规范》进行了修订并印发。
一、抽样工作
（一）抽样原则
1. 承担监测任务的单位（以下简称承担单位）应对被检省（区、市）饲料生产、经营企业和畜禽养殖分布情况进行调研。根据当地饲料生产、经营和养殖状况，结合农业部监测计划要求，确定监测地点及被检饲料生产、经营企业和养殖场（户）（以下简称被检单位）。抽取样品应考虑到大、中、小型企业的比例，要有充分的代表性、真实性。
2. 承担单位应严格按照国家标准和行业标准进行抽样。
3. 承担单位应当独立或与当地畜牧饲料主管部门共同完成抽样。已实行饲料质量监督执法和检测职能分开的省份，可以委托同级饲料质量监督执法机构完成抽样。
4. 对实行行政许可的产品，抽样前应首先对行政许可证明、产品标准和标签等进行检查。对未取得行政许可擅自进行生产、经营的企业应报告当地畜牧饲料主管部门查处，并不再抽样检验，该企业产品判定为不合格。
（二）抽样程序及要求
1. 抽样组织
（1）承担单位应根据监测计划研究制订抽样实施方案，并在每次抽样前组织参加抽样的人员学习相关法律、法规、抽样方案、抽样技术、工作纪律等。
（2）承担单位应根据抽样方案准备抽样所需物品，并由专人负责检查和发放。
2. 抽样过程
（1）抽样人员不得少于 2 人，必须经过培训上岗。承担单位应指定一名抽样负责人，负责抽样方案的具体实施及协调。
（2）抽样人员应主动向被检单位出示有关文件和工作证件。
（3）抽样人员应严格按照抽样程序进行抽样、分样、封样、编号及留样。应将包装好的样品完全密封，防止样品在运输及交接过程中交叉污染和包装破损。抽样人员应妥善保存所抽取的样品，防止样品变质。有特殊保存要求的样品应配备相应的容器和设备。
（4）抽样人员在现场应认真填写抽样单。填写的抽样信息要完整、准确、字迹工整、清晰。经双方确认无误后在抽样单上共同签章（名）。抽样单为三联单，第一联由抽样单位保存，第二联随抽取的样品交检测单位，第三联连同抽取的样品交被检单位保存。
（5）抽样人员将抽取的样品平均分成三份并封签后，一份连同抽样单第三联交被检单位保存，并应告之保存条件及相关事宜。其余两份样品移交检测单位。
（6）抽样人员应在抽样过程中全面了解被检单位的生产、经营等情况，以便进行监测结果的分析总结。
（7）不得抽取农业部监测计划规定以外的产品。
3. 拒检的处理
对于拒绝抽检的单位，抽样人员应当耐心做工作，宣讲有关规定，并阐明拒检后果，同时要通知当地畜牧饲料主管部门予以协调。如果被检单位仍然不接受抽检，抽样人员应书面记录当时的情况，内容包括：被检单位名称、拒检理由、经过、时间、地点、现场人员等。抽样人员和当地畜牧饲料主管部门人员在书面材料上签字,并及时向省级畜牧饲料主管部门报告有关情况。该被检单位产品按不合格处理,拒检的情况材料随同其他监测结果一同上报汇总单位。

二、检测工作

(一)检测原则

1. 统一检测方法。承担单位应严格按照农业部监测计划规定的检测标准或方法进行检测,不得随意更改检测方法。

2. 统一判定原则。检测结果按照监测计划中规定的判定标准进行判定。

(二)样品的接收与处理

1. 样品移交到检测单位后,接样人员应根据抽样单对样品的封样状态、数量、质量及样品编号等逐一进行核对。检查合格后方可填单入库,并及时安排检测工作。

2. 每个样品制备、处理后所使用的粉碎机等设备应认真清洗干净后方可再次使用,保证不对下一个样品造成交叉污染。

(三)检测要求

1. 检测准备

(1)检测人员应熟悉被检样品的检测技术标准及相关程序文件要求,经过培训和考核后,持证上岗。

(2)检测用仪器设备应在检定有效期内;试剂和标准物质应在有效期内;实验环境条件应符合检测要求。

2. 检测过程控制

(1)在每个检测批次中应加入内控样品、参考物质或标准品。

(2)认真填写检测原始记录,原始记录字迹要工整、清晰,信息要全面。

(3)准确使用计算公式、计量单位和相关符号,计算结果允许误差应符合标准规定,保证数据处理和计算无误。

(4)对筛选出的疑似阳性样品应进行确证。

(5)在检测过程中,如出现以下问题,应按要求逐级申请复检。

①对临界值、离散数据、不符合标准规定的检出限的检测结果应进行复检。

②检测过程中发现异常情况(如停水、停电、仪器故障、环境变化等)有可能影响检验结果时应进行复检。

③各级审核人员对检测结果提出异议的,检测人员又解释不清的,应进行复检。

(四)检验结果的处置

承担单位完成检验后应及时将检验报告发送到被抽检单位。对不合格产品,应以特快专递将检验报告发送到被检单位,在经营或使用企业(户)抽样的产品还应同时通知标称的生产企业,确认送达并保留相关凭证。承担单位在发送检测报告的同时,应告知异议处理程序。

(五)异议处理

被检单位对检验结果有异议的,应当在接到《检验报告》之日起15日内(动物尿液5日内),向承担单位提出书面异议申请,逾期未提出异议的,视为认可检验结果。承担单位收到被检单位异议申请后,应当在10日内做出书面答复。需复检的,应与申请方共同确认留存样品的有效性后实施复检。微生物指标不接受复检。

三、监测结果的应用

(一)承担单位在异议处理程序完成后,应在3个工作日内将不合格产品检验报告发送给所在省级畜牧饲料主管部门,并将不合格产品信息上报饲料监测工作小组和农业部全国饲料工作办公室。省级畜牧饲料主管部门应及时组织对不合格产品依法进行处理。

（二）承担单位应协助当地畜牧饲料主管部门依法查处不合格企业和产品。畜牧饲料主管部门应将处理情况及时上报农业部全国饲料工作办公室。

（三）在饲料经营和使用环节检出的不合格产品属其他省饲料企业生产的，还应同时向生产企业所在省级畜牧饲料主管部门发送检验报告。

（四）省级畜牧饲料主管部门收到外省饲料监测机构发送的不合格饲料产品检验报告后，应依法对不合格产品进行查处，同时对该企业和产品进行跟踪监测。

四、监测结果汇总分析

（一）承担单位应如实上报监测结果，保证监测结果准确、客观。对所提供的数据、材料的真实性和公正性负责。

（二）承担单位应按照监测结果汇总表的要求，认真填写各种信息，并进行监测结果分析和总结。

（三）承担单位应在监测计划规定的要求和时间内，将监测结果及总结分析报告报送监测结果汇总单位，同时抄报饲料监测工作小组。

（四）监测结果汇总单位应加强对监测工作的组织和协调，提供必要的技术支持，按监测要求汇总、分析数据，及时将监测结果和工作总结报饲料监测工作小组，同时抄报农业部全国饲料工作办公室。

（五）饲料监测工作小组应组织专家对监测结果进行审核、统计、分析、汇总。对监测工作进行全面分析总结，并在规定的时间内将监测结果和工作总结上报农业部全国饲料工作办公室。饲料监测工作小组还应加强对监测工作的调研，及时组织相关的培训和宣传工作。

（六）农业部全国饲料工作办公室组织专家对所有承担单位的工作质量进行评价。对不按时完成任务、监测数据差错多、总结分析报告质量差以及检验能力比对考核不合格的单位给予通报批评，并根据实际情况在下一个年度减少或停止其承担饲料监测任务。

（七）饲料监测领导小组应组织专家对承担单位的工作质量进行监督抽查。

五、监测纪律

（一）承担单位不得参与以饲料监督检查等名目开展的有偿活动，不得向企业颁发饲料监督检查合格证书等。

（二）承担单位不得向被检单位收取检测费用。

（三）承担单位对有关抽样方案、被检单位名单等具体安排应严格保密。检测结果和被检单位信息只能由任务下达部门发布。

（四）已封样品在送达实验室之前，任何人不得擅自开封或更换，否则该样品作废，并追究相关人员的责任。

（五）承担单位如发现抽样人员抽样行为不规范，应立即停止有关抽样人员的抽样工作，并按有关规定及时纠正。

（六）承担单位在监测过程中发现问题或遇到特殊情况，应及时向监测汇总单位报告，监测汇总单位应及时将处理情况上报农业部全国饲料工作办公室。

（七）抽样人员应衣着整齐，态度端正，秉公办事，严格执法，树立饲料质量监测工作人员的良好形象。

第二篇　抽样方法和标准

无公害农产品抽样规范第6部分：畜禽产品

NY/T 5344.6—2006

1. 范围

本部分规定了无公害农产品畜禽产品抽样的要求、方法、记录、样品封存和运输。

本部分适用于无公害农产品畜禽产品的认证检验和监督抽查检验。

2. 要求

2.1 基本原则

按《第一部分：通则》的规定执行。

2.2 人员

按《第一部分：通则》的规定执行。

2.3 抽样地点

按《第一部分：通则》的规定执行。

2.4 工具

按《第一部分：通则》的规定执行。

2.4.1 肉类：不锈钢刀具、自带封口的食品卫生塑料包装袋、低温样品保存箱（盒）、一次性手套、标签、盛放微生物检验用样品的灭菌容器等。

2.4.2 蛋类：洁净卫生的格状专用盛蛋盘、样品保存箱、一次性手套、标签、盛放微生物检验用样品的灭菌容器等。

2.4.3 奶类：搅拌棒、取样器、温度计、塑料密封采样瓶、低温存奶箱、一次性手套、标签、盛放微生物检验用样品的灭菌容器等。

2.4.4 蜂蜜：取样钎，取样瓶、一次性手套、标签、盛放微生物检验用样品的灭菌容器等。

3. 方法

3.1 组批

3.1.1 饲养场

以同一养殖场、养殖条件相同、同一天或同一时段生产的产品为一检验批。

3.1.2 屠宰场

以来源于同一地区、同一养殖场、同一时段屠宰的动物为一检验批。

3.1.3 冷冻（冷藏）库

以企业明示的批号为一检验批。

3.1.4 市场

以产品明示的批号为一检验批。

3.2 饲养场抽样

3.2.1 蛋

随机在当日的产蛋架上抽样。样品应尽可能覆盖全禽舍，将所得的样品混合后再随机抽取，鸡、鸭、鹅蛋取 50 枚，鹌鹑蛋、鸽蛋取 250 枚，按本部分中第 5 条要求处理。

3.2.2 奶

每批的混合奶经充分搅拌混合后取样，样品量不得低于 8 升，按本部分中第 5 条要求处理。

3.2.3 蜂蜜

从每批中随机抽取 10% 的蜂群，每一群随机取 1 张未封蜂坯，用分蜜机分离后取 1 千克蜜，按本部分中第 5 条要求处理。

3.3 屠宰场抽样

3.3.1 屠宰、分割线上抽样

3.3.1.1 猪肉、牛肉、羊肉的抽样

根据每批胴体数量，确定被抽样胴体数（每批胴体数量低于 50 头时，随机选 2~3 头；51~100 头时，随机选 3~5 头；100~200 头时，随机选 5~8；超过 200 头，随机选 10 头）。从被确定的每片胴体上，从背部、腿部、臀尖三部位之一的肌肉组织上取样，每片取样 2 千克，再混成一份样品，样品总量不得低于 6 千克，按本部分中第 5 条要求处理。

3.3.1.2 猪肝的抽样

从每批中随机取 5 个完整的肝脏，按本部分中第 5 条要求处理。

3.3.1.3 鸡、鸭、鹅、兔的抽样

从每批中随机抽取去除内脏后的整只禽（兔胴体）体 5 只，每只重量不低于 500 克，按本部分中第 5 条要求处理。

3.3.1.4 鸽子、鹌鹑的抽样

从每批中随机抽取去除内脏后的 30 只整体，按本部分中第 5 条要求处理。

3.3.2 冷冻（冷藏）库抽样

3.3.2.1 鲜肉：成堆产品在堆放空间的四角和中间布设采样点，从采样点的上、中、下三层取若干小块肉混为一个样品；吊挂产品随机从 3~5 片胴体上取若干小块肉混为一个样品，每份样品总重不少于 6 千克，按本部分中第 5 条要求处理。

3.3.2.2 冻肉：500 克以下的小包装，同批同质随机抽取 10 包以上；500 克以上的包装，同批同质随机抽取 6 包，每份样品不少于 6 千克，按本部分中第 5 条要求处理。冻片肉抽样方法同鲜肉。

3.3.2.3 整只产品：鸡、兔等为整只产品时，在同批次产品中随机抽取完整样品 5 只（鸽子、鹌鹑为 30 只），按本部分中第 5 条要求处理。

3.4 蜂蜜加工厂（场）取样

3.4.1 检验批

以不超过 1 000 件为一检验批。同一检验批的商品应具有相同的特征，如包装、标志、产地规格和等级等等。

3.4.2 取样数量

蜂蜜加工厂（场）取样数量见表 1。

表 1 蜂蜜加工厂（场）取样数量表

批量（件）	最低取样数（件）
<50	5

(续表)

批量（件）	最低取样数（件）
50~100	10
101~500	每增加100，增取5
>501	每增加100，增取2

3.4.3 取样方法

按3.4.2规定的取样件数随机抽取，逐件开启。将取样器缓放入，吸取样品。如遇蜂蜜结晶时，则用单套杆或取样器插到底，吸取样品，每件至少取300克倾入混样器，将所取样品混合均匀，抽取1千克装入样品瓶内，按本部分中第5条要求处理。

3.5 市场、冷冻（冷藏）库抽样

3.5.1 肉类

3.5.1.1 每件500克以上的产品：同批同质随机从3~15件上取若干小块肉混合，样品重量不得低于6千克，按本部分中第5条要求处理。

3.5.1.2 每件500克以下的产品：同批同质随机取样混合后，样品重量不得低于6千克，按本部分中第5条要求处理。

3.5.1.3 小块碎肉：从堆放平面的四角和中间取同批同质的样品混合成6千克，按本部分中第5条要求处理。

3.5.2 蛋

从每批产品中随机取50枚（鸽蛋、鹌鹑蛋为250枚），按本部分中第5条要求处理。

3.5.3 奶

在贮奶容器内搅拌均匀后，分别从上部、中部、底部等量随机抽取，或在运输奶车出料时前、中、后等量抽取，混和成8升，按本部分中第5条要求处理。

3.5.4 蜂蜜

货物批量较大时，以不超过2 500件（箱）为一检验批。如货物批量较小，少于2 500件时，均按表2抽取样品数，每件（箱）抽取一包，每包抽取样品不少于50克，总量应不少于1千克，按本部分中第5条要求处理。

表2 蜂蜜市场取样数量表

检验批量（件）	最少取样数（件）
1~25	1
26~100	5
101~250	10
251~500	15
501~1 000	17
1 001~2 500	20
或	
批货重量（千克）	取样（件）
<50	3

(续表)

检验批量（件）	最少取样数（件）
51~500	5
501~2 000	10
>2 000	15
每件取样量一般为50~300克，总量不少于1千克。	

4. 记录

按《第1部分：通则》的规定执行。

4.1 样单编号：取被抽样单位所在地区邮政编码的前四位数字。

4.2 格式为［省、市、自治区简称］［动物品种代码］［样品种类代码］［取样日期］［样品序号］。代码如下：

样品种类	肌肉	蛋	奶	蜂蜜
代码	M	E	Mi	Hb
动物品种	牛	羊	猪	鸡	兔
代码	B	O	P	C	R

样品序号为同一次取样过程中的编号。

例：2×××年××月×日在××省（市、区、县）抽取的第2个猪肉样品，其编号为：××省（市、区、县）/p/M/2×××0××0X/2。

5. 样品封存

5.1 猪肉、牛肉、羊肉

将抽得的6千克样品，分成4份，2千克一份，1千克四份，分别包装，其中一份1千克样品随抽样单（第三联），贴上封条后交被抽检单位保存，另外四份随样品抽样单（第二联），分别加贴封条由抽样人员送交检测单位进行检测。

5.2 禽肉和猪肝

将抽得的样品，分成5份（鸡、鸭、鹅、肝每份1整只，鹌鹑、鸽子每份6只），进行包装，其中一份样品随抽样单（第三联），贴上封条后交被抽检单位保存，另外四份随样品抽样单（第二联），分别加贴封条由抽样人员送交检测单位进行检测。

5.3 禽蛋

将抽得的50只鸡、鸭、鹅蛋，每10只为一份，分成5份（鹌鹑蛋、鸽蛋每50只一份，分成5份），分别包装，其中一份样品随抽样单（第三联），贴上封条后交被抽检单位保存，另外四份随样品抽样单（第二联），分别加贴封条由抽样人员送交检测单位进行检测。

5.4 奶

将抽得的8升奶，分成2份，密封包装，加贴封条后由抽样人员送交检测单位进行检测。

5.5 蜂蜜

将抽得的1千克蜂蜜，分成3份，密封包装，其中一份样品随抽样单（第三联），贴上封条后交被抽检单位保存，另外四份随样品抽样单（第二联），分别加贴封条由抽样人员送交检测单位进行检测。

6. 样品运输

6.1 为确保被分析物的稳定性和样品的完整性，采集的样品应由专人妥善保存，并在规定的时间内送达检测单位。

6.2 保存和运输应按以下要求操作：

6.2.1 取样后冻肉样应在冷冻状态下保存，蜂蜜：-10℃，禽蛋：0~4℃，牛奶：2~6℃条件下储存。

6.2.2 生鲜样品取样后应在0~4℃条件下24小时内送达检测单位。

6.2.3 运输工具应保持清洁无污染。

6.2.4 防止贮存地点和装卸地点可造成的污染。

无公害食品猪肉、猪肝、猪尿抽样方法

NY/T 763—2004

1. 范围

本标准规定了猪肉、猪肝、猪尿的抽样准备、样品抽取方法、抽样记录、运输及保存。本标准适用于养殖、屠宰、加工、贮藏、销售环节中对猪肉、猪肝、猪尿进行生产检验和监督检验时样品的抽取。屠宰前生猪应来源于非疫区。

2. 规范性引用文件

下列文件中的条款通过本标准的引用而成为本标准的条款。凡是注日期的引用文件，其随后所有的修改单（不包括勘误的内容）或修订版均不适用于本标准，然而，鼓励根据本标准达成协议的各方研究是否可使用这些文件的最新版本。凡是不注日期的引用文件，其最新版本适用于本标准。GB/T 3358 统计学术语 GB/T 14437 产品质量监督计数一次抽样检验程序及抽样方案。

3. 术语和定义 GB/T 3358、GB/T 14437 中确立的以及下列术语和定义适用于本标准。

3.1 监督抽样检验（audit sampling test）由监督方独立对经过验收被接受的产品总体进行的、决定监督总体是否可通过的抽样检验。

3.2 单位产品（unit of product）为实施抽样检验的需要而划分的基本单位，称为单位产品。

3.3 样本单位（unit of sample）从监督总体中抽取用于检验的样本中的单位产品。

3.4 样本量（sample size）样本中所包含的样本单位数。

3.5 破坏性检验（destructive test）检验过程中会损坏或破坏样品原有性状及性质的检验方式。

4. 抽样准备

4.1 技术准备

4.1.1 确定抽样目的。明确是出厂检验、需方或供需双方的交付验收、仲裁检验及监督检验中的哪一种类型，并根据检验类型确定抽样方法。

4.1.2 熟悉被检测产品的性状、质量安全状况、生产工艺及过程控制、生产地区或生产者的情况、产品标准及验收规则。

4.1.3 明确确定被抽样品的检验分析内容，包括哪些检验项目，检验分析是否具有破坏性。

4.1.4 选择抽样方法。综合上述情况决定抽样方法、抽样检验水平和质量水平。

4.1.5 建立抽样的质量保证措施。

4.2 抽样人员

4.2.1 抽样人员应熟悉、了解国家抽样法律法规、标准及相关文件。

4.2.2 抽样人员在抽样前应接受培训，培训内容包括：与抽样产品相关知识和产品标准、已确定的样品抽取方法及抽样量、抽样及封样时的注意事项、抽样单的填写、样品贮存及运输途中的注意事项等。

4.2.3 抽样时，抽样人员应向被抽样单位出示工作证和抽样文件。抽样时，每次每组抽样人员应不少于2人。

4.2.4 抽样人员应遵守抽样程序，认真、完整地填写抽样单，抽样单位至少应有2人签字。

4.3 抽样物资

4.3.1 抽样器具

4.3.1.1 根据所抽样品性质的不同,准备适于检验样品准备适于检验样品要求的器具。进行微生物检验抽样时,应准备灭菌容器。

4.3.1.2 抽样器具应清洁、无异味、无污染、不渗漏。

4.3.2 相关物件准备抽样单、任务书、封条、介绍信、抽样人员有效身份证件等。

5. 样品的要求

5.1 样品来源

5.1.1 猪肉、猪肝样品应取自经检疫、检验,取得合格证明,符合屠宰要求的生猪。取样地点可在:屠宰场、冷库、销售市场(如批发市场、超市、农贸市场及其他销售场所)。

5.1.2 猪尿样品取样地点可在饲养场、待宰圈或屠宰线上。

5.2 样本基本要求

5.2.1 活猪抽样的样本应选择能代表整批产品群体水平,不能特意选择特殊的个体。

5.2.2 用于微生物检验的样本应单独抽取,取样后应置于灭菌的容器中,存放温度为 $0 \sim 4℃$。

6. 猪尿的抽样

6.1 组批规则 活猪以同一养殖场中养殖条件相同的生猪为一检验批;屠宰场中以来源于同一养殖场、同一地区、同一时段屠宰的生猪为一检验批。

6.2 样本量的确定 抽样中,样本量按表1的规定执行。

表1

样品总量(N)	10~50	51~100	101~250	251以上
样本量(n)	2~5	3~8	5~12	7以上

注:N 为样本总量,即样本总体中所包含的单位产品的总数;n 为样本量。

6.3 取样

6.3.1 活体取样

生猪保持安静时,取尿液约100毫升,平均分成3份,每份约30毫升,分装入样品瓶中密封。其中两份由抽样人员带回用于检验和留样用,另一份封存于被抽检单位,作为对检验结果有争议时复检用。

6.3.2 屠宰后取样

生猪屠宰后,取出含有尿液的膀胱,取出尿液约100毫升,平均分成3份,每份约30毫升,分装入样品瓶中密封。其中2份由抽样人员带回用于检验和留样用,另一份封存于被抽检单位,作为对检验结果有争议时复检用。

7. 猪肉、猪肝样品的抽样

7.1 屠宰加工企业样品的抽取

根据检验目的需要,样品取样分为同一批次随机抽取的个体样本中取样和同一批次随机抽取的群体样本中取样。

7.1.1 组批规则

7.1.1.1 在屠宰线上抽样,以来源于同一养殖场、同一地区、同一时段屠宰的生猪的猪肉、猪肝为一检验批。

7.1.1.2 在仓库抽样,以企业明示的批号为一检验批。

7.1.2 抽样方法

7.1.2.1 屠宰线上取样

a. 同一批次随机抽取的个体样本中取样：在已确定取样猪的胴体上，取背部、腿部或臀部肌肉，每份样品的重量不得低于 1 千克（全项检验中不得低于 6 千克）；猪肝取整叶。

b. 同一批次随机抽取的群体样本中取样：在已确定的 n 头猪的胴体上（n≥1），取背部、腿部或臀部的肌肉，混匀成约 1 千克以上（全项检验中不得低于 6 千克）的一份样品；随机取同一批 3~10 头猪的肝样，混匀成约 1 千克以上（全项检验中不得低于 6 千克）的一份样品。

7.1.2.2 猪肉、猪肝的仓库抽样

a. 鲜品：若成堆产品，则从每批成堆产品的堆放空间的四角和中间设采样点，每点从上、中、下三层取若干小块混为一份样品，不得低于 1 千克（全项检验中不得低于 6 千克）；若零散产品，则随机从 3~5 片胴体上取若干小块混为一份样品，样品重量不得低于 1 千克（全项检验中不得低于 6 千克）。

b. 冻品：小包装冻肉同批同质随机取 3~5 包混合，总量不得低于 1 千克（全项检验中不得低于 6 千克）。

c. 大片肉：参照鲜品的要求。

7.2 销售市场猪肉、猪肝样品的抽取

7.2.1 组批规则

市场抽样时，以产品明示的批号为检验批。

7.2.2 抽样方法

7.2.2.1 销售市场仓库的抽样

参照 7.1.2.2 的要求进行。

7.2.2.2 销售市场货架的抽样

a. 每件 500 克以上的产品：同批同质随机从 3~15 件上取若干小块混合成约 1 千克以上的样品（全项检验中不得低于 6 千克）。

b. 每件 500 克以下的产品：同批同质随机取样混合后，样品重量不得低于 1 千克（全项检验中不得低于 6 千克）。

c. 小块碎肉、肝：从堆放平面的四角和中间取同批同质的样品混合成 1 千克以上的样品（全项检验中不得低于 6 千克）。

d. 无包装片肉：大片肉参照 7.1.2.2 中 c，小片肉同 7.2.2.2 中 a、b 和 c。

7.3 样品的包装、封存

将上述各步取得的样品，按检验用样品、检验单位留样、被抽样单位留样要求分装、封好。检验用样品、检验单位留样由抽样人员带回用于检验和留样用，被抽样单位留样封存于被抽企业，作为对检验结果有争议时复检用。

8. 抽样记录及封样

8.1 抽样人员应准确无误地填写抽样单，抽样单见附录 A。抽样单共三联，第一联存根，第二联随待检样品，第三联随所取样品密封后交被抽样单位保存。

8.2 被抽样单位要与抽样人员共同确认样品的真实性，并在抽样单上双方盖章（或签字）。

8.3 所抽取样品应由抽样人员妥善保管，随身带回。注意保持样品的原始性，样品不得被暴晒、淋湿、污染及丢失。

8.4 所抽取的样品其中一份（附抽样单第三联），贴上封条后交被抽样单位冷冻保存；另外的样品（附抽样单第二联），贴上封条后由抽样人员带回。猪尿样品需密封，防止渗漏。

9. 样品贮存、运输

9.1 取样后,样品应立即 0~4℃条件下冷冻保存。特殊样品,样品的保存条件应符合检验项目保存条件的要求。

9.2 运输过程中,样品温度不得超过 4℃,时间不超过 24 小时。

兽药残留抽样技术操作要点

畜禽产品抽样由具有官方兽医资格的单位承担。
一、养殖场抽样（尿样、体液、蛋、奶）
（1）根据动物饲养基数计算抽样数量，进行鸡、鸡蛋、鸭蛋、尿液中禁用药物检测的，必须至少有三分之一的样品来源于养殖场。

猪、羊（尿样、血液）

动物数量（样本数）	抽样数（个）
<500	3
501~1 000	7
1001~5 000	10
5001~10 000	12
>1 000 015	

牛（尿样、血液、奶）

动物数量（样本数）	抽样数（个）
<50	5
51~100	8
101~500	12
>500	15

家禽（蛋）

动物数量（样本数，只）	抽样数（个）
<1 000	1
1 001~5 000	3
5 001~10 000	5
>10 000	8

（2）一个样品的组成及取样量。
①血样。
从颈静脉或前腔静脉取全血加抗凝剂。
取样量为牛：50~100 毫升；羊和猪：20~50 毫升。
②尿样。
收集清晨饲喂前的尿液 100~200 毫升。
③初级产品。

蛋：从产蛋架上抽取，取样量不少于10枚；

奶：从全场混合奶中取，取样量不少于1 000毫升。

二、屠宰厂抽样（动物组织）

（1）根据屠宰动物数计算抽样个数方法。

家畜（猪、羊）

屠宰量（样本数，头）	抽样数（个）
≤100	5
101~500	8
501~2 000	10
>2 000	15

家禽（鸡、鸭、鹅）、兔

屠宰量（样本数，只）	抽样数（个）
≤1 000	1
1 001~5 000	3
5 001~10 000	5
>10 000	8

（2）一个组织样品的组成如下表。

动物品种	肌肉	肝	肾	脂肪
牛	300~500克	400~500克（取整叶）	双肾各取1/2（纵切）	200克
羊	300~500克	400~500克（取整叶）	双肾各取1/2（纵切）	200克
猪	300~500克	400~500克（取整叶）	双肾各取1/2（纵切）	200克
鸡	300~500克	200~500克（取6只鸡全肝）	6只鸡全肾	50~100克（6只鸡脂肪）
兔	300~500克	400~500克（取5只兔全肝）	5只兔全肾	5只兔脂肪

三、取样

取样时不得将待取样品和已取样品进行任何洗涤处理，取样时用不锈钢手术剪或手术刀割取样品，戴一次性塑料手套操作。

样品分割：用于1类物质检测的样品，抽样后要求由官方兽医在现场将样品分成2份，1份送检，1份留在被抽样单位。

用于4类不同物质检测的样品，抽样后要求由官方兽医在现场将样品分成8份，其中4份分别送4个检测单位进行检测，另4份留在被抽样单位。

四、样品包装

用清洁干燥的塑料袋包装，外附标签，放入塑料盒内后用胶带密封，在盒外贴上抽样封条，在用塑料袋密封（标签和抽样封条应按规定内容填写，并盖上抽样单位公章）。样品包装，标签和封条要统一。

五、样品保存

取样过程中应采取低温保温措施，取样后应立即将样品放在-20℃以下保存。

六、送样

将样品盒放入干净容器（如硬纸板箱、塑料泡沫箱）中密封装运，并采取保温措施（温度控制在0~5℃），填写送样单一并送检。

蜂蜜抽样办法：70%样品从蜂蜜加工厂抽取，30%样品从蜂场抽取，每个样品量为1 000克。抽样时间由承担检测任务单位根据蜂蜜生产情况确定，样品流转程序参照本办法执行。

七、抽样单填写说明

样品编号：格式为［动物品种代码］［样品种类代码］［抽样日期］。代码如下：

动物品种	牛	羊	猪	鸡	兔	鱼	蜂蜜
代 码	B	O	P	C	R	F	Be

样品种类	肌肉	脂肪	肝	肾	血液	尿液	蛋
代 码	M	F	L	K	B	U	E
样品种类	奶	蜂蜜	心	肺	脑	皮肤	毛发
代 码	Mi	Hb	H	Lu	C	S	Ha

例，2008年7月10日抽取的牛肝第一份样品，其编号为：B/L/080710-1。

样品名称：所取样品的种类及部位。例，血样、全肝、背脊肉等。

动物品种：所取样品动物的名称。

年　　龄：牛、羊按年计，猪按月计，兔、鸡按日计。

抽样基数：抽样当天的出栏率（养殖场）、屠宰量（屠宰厂）、存货量（冷库）。

样本数量：所取样品的重量或体积。

批　　号：样品所在批的批号，若无，则填"无"。

保存情况：运输前所采取的保存方式、保存温度及持续时间。

封装情况：样品在运输过程中所采用的大容器封装。

运输情况：所采用的样品运输方式和运输过程中的温度及持续时间。

八、送样单填写说明

送样单编号：由抽样单位根据本单位当年残留监控抽样来编号，一个样品一份送样单，编号格式为［邮政编码前4位］年月日序号，如北京2008年8月10日送出的第6份样，则送样单编号为［1000］2008/08/10/06。

样品编号：同抽样单中的编号。

样品名称：同抽样单中的内容。

样品数量：所取样品的重量或体积。

包封情况：指包装单个样品用的容器（盒、塑料袋）。

保存情况：同抽样单中的内容。

运输情况：同抽样单中的内容。

检验项目：指要检测残留的药物品种。

九、样品流转程序

（1）官方兽医抽取样品并将所取样品缩分成2份，1份样品留被抽样单位保存，1份样品送检，并填写抽样单一式三份，分别由抽样单位、被抽样单位（随留样保存）和残留办保存。

（2）抽样单位填写送样单一式二份，由抽样单位送样人签名后保存一份，另一份随样品送到检验单。

生鲜乳贮奶罐中采样

采样前打开自动机械搅拌装置搅拌至少5分钟，保证样品充分混匀，用液态乳铲斗（也可使用固定长柄的塑料烧杯代替）从表面、中部、底部三点采样，其中表面采样时要确保液面完全浸过液态乳铲斗后再取出。如果牛奶液面过低或无法从取样口取样，可以从排放口取样，但必须搅匀后放出一定量生鲜乳后，方可开始采样（图1）。

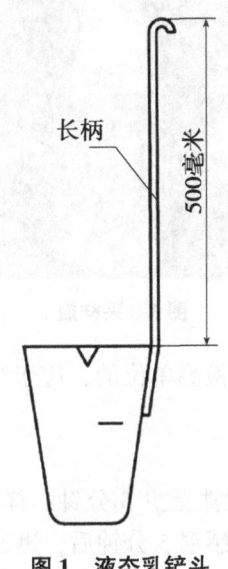

图1 液态乳铲斗

一、生鲜乳运输车中采样

对于没有自动搅拌装置的贮奶罐（车），采用人工搅拌器（图2~图4）探入罐底，采取从下至上的方式搅拌30次以上。样品充分混匀后，用液态乳铲斗从表面、中部、底部三点采样，每个点采集1升。将三点采集到的样品混合至4升塑料容器中，充分混合均匀后，用采样瓶分装3份，每份不少于150毫升。

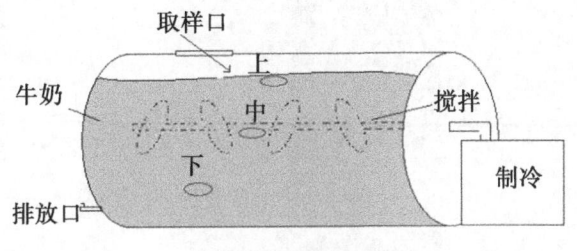

图2 贮奶罐

采样时每个点采集1升，将三点采集到的样品混合至4升塑料容器中，充分混合均匀后，用洁净的采样瓶分装3份，每份150毫升。

将采集好的样品盖旋紧，沿瓶盖与瓶身的接口处贴封样单（图5），封样单上要有受检人签字、检测单位签章和抽样员（两人）签字。封样单须贴牢，保证无法完整揭下。

生鲜牛乳样品采集后于2~4℃条件下冷藏贮存，在12小时内送检测单位。检测前-20℃冷

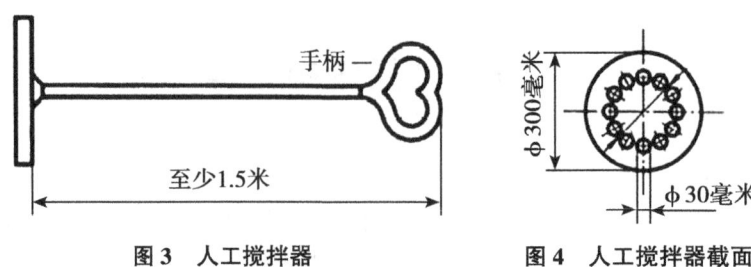

图3 人工搅拌器　　　　图4 人工搅拌器截面

图5 采样瓶

冻保存。对于采样地区较远无法立即送检测单位的，应于当地-20℃冷冻保存，样品离开冷冻保存条件12小时内送检测单位。

二、生鲜乳温度的测定方法

采样前首先开动机械式搅拌装置搅拌至少5分钟。样品充分混匀后，将水温计投入储奶罐中，水温计的球部应位于液体的中部，感温5分钟后，迅速上提并立即读数。从温度计离开水面到读数完毕，应不超过20秒，读数完毕后，将金属圆筒内的生鲜乳倒净并及时清洗。

三、温度测定设备——水温计

水温计安装在特制的金属套管内，套管开有可供温度计读数的窗孔。套管上端有一提环，以供系住绳索，套管下端配有一只有孔的可盛液体金属圆筒，温度计的球部位于金属圆筒的中央。测量范围-2~40℃，最小温度值≤0.2℃（图6）。

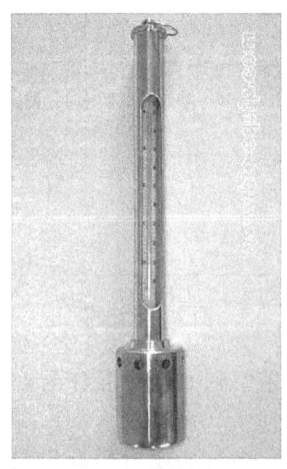

图6 水温计

兽药质量监督抽样规定

2001年12月10日农业部令第6号公布。

第一条 为加强和规范兽药质量监督抽样工作，保证抽样工作的科学性和公正性，根据《兽药管理条例》的有关规定，制定本规定。

第二条 《兽药管理条例》第四十四条规定的兽药检验机构，根据省级以上农牧行政主管部门制定的抽样规划或者执法监督的需要，实施兽药质量监督抽样工作。

第三条 抽样人员应熟悉兽药管理法规，具有专业技术知识，掌握抽样工作程序和抽样操作技术。

第四条 兽药检验机构抽样时，抽样人员不得少于两人，并应当主动向被抽样单位或者个人出示抽样任务书。

兽药检验机构抽样时，被抽样的单位应当予以配合；抽样人员不能出示抽样任务书的，被抽样单位有权拒绝。

第五条 被抽样单位应根据抽样工作的需要出具以下资料：

（一）兽药生产企业提供《兽药生产许可证》及《营业执照》，被抽样兽药品种的批准证明文件、质量标准、生产记录、兽药检验报告书、批生产量、库存量、销售量和销售记录，以及主要原料进货证明（包括发票、合同、调拨单、检验报告书）等相关资料；有进口兽药原料药及用于分装的进口兽药的，还需提供《进口兽药许可证》、口岸兽药检验机构出具的检验报告或其复印件；

（二）兽药制剂室提供《兽药制剂许可证》、被抽样兽药制剂的批准证明文件、质量标准、生产记录、兽药检验报告书、批生产量、库存量和使用量，以及主要原料进货证明（包括发票、合同、调拨单、检验报告书）等相关资料；有进口兽药原料药的，还需提供《进口兽药许可证》、口岸兽药检验机构出具的检验报告或其复印件；

（三）兽药经营企业提供《兽药经营许可证》及《营业执照》，被抽样兽药品种的进货凭证（包括发票、合同、调拨单）、购销记录及库存量等相关资料；有进口兽药的，还需提供《进口兽药许可证》、口岸兽药检验机构出具的检验报告或其复印件。

抽样人员应当核实前款规定的各项证明资料，并负有保密义务。

第六条 兽药抽样应在被抽样单位存放兽药产品的现场进行，包括兽药生产企业成品仓库和药用原料、辅料仓库；兽药经营企业的仓库或营业场所；兽医医疗机构的药房或药库；以及其他需要抽样的场所。

抽样品种由下达抽样任务的单位确定。

第七条 抽样人员应当检查兽药贮存条件是否符合要求；兽药包装是否按照规定印有或者贴有标签并附有说明书，字样是否清晰；标签或者说明书的内容是否与兽药管理部门核准的内容相符，并核实被抽样兽药品种的库存量。

第八条 对同一企业相同品种抽取的样品不超过三个批号的产品。相同批号的产品，依其库存数量，确定抽样件数，具体规定如下：

（一）原料药及大包装预混剂

兽药包装为25千克（含25千克）以上的，10件以内，抽样1件；11~50件抽2件；51~100件抽3件；101件以上每增加100件增抽1件（增加不足100件按100件计）。

兽药包装为2~24千克的，每200千克抽样1件，不足200千克者以200千克计。

兽药包装为2千克以下的，每20千克抽样1件，不足20千克者以20千克计。且以原包装抽取。

（二）注射剂

2万支（瓶）以下，抽样1件。

2万~5万支（瓶），抽样2件。

5万~10万支（瓶），抽样3件。

10万支（瓶）以上，每增加10万支（瓶）加抽1件，不足10万支（瓶）以10万支计。

（三）其他制剂

每2万盒（瓶），抽样1件，不足2万盒（瓶）以2万盒（瓶）计。

第九条 抽样数量

（一）注射用针剂（粉针）　　　　　　50瓶（支）

（二）注射液（水针）

1. 规格：1~5毫升　　　　　　　　　100支（瓶）
2. 规格：10~20毫升　　　　　　　　25支（瓶）
3. 规格：50~100毫升　　　　　　　 6支（瓶）
4. 规格：250~500毫升　　　　　　　3瓶

注：该抽样数量不包括澄明度检查，需做该项检查的按实际需要抽取样品。

（三）片剂

1. 片重0.5克、100片/瓶（袋、盒）以上（含100片）2瓶（袋、盒）
2. 片重0.5克以下、500片/瓶（袋、盒）以上（含500片）2瓶（袋、盒）

（四）原料药　　　　200克　　　分装成2瓶

（五）预混剂

250克/袋（含250克以下）　　　　　10袋

250克/袋以上　　　　　　　　　　　10袋

（六）兽用生物制品

灭活苗　　　　　　　　　　　　　　10支（瓶）

弱毒苗　　　　　　　　　　　　　　20支（瓶）

第十条 抽样人员应当根据随机抽样原则进行抽样，并遵循以下操作程序：

（一）启封兽药包装前应检查所抽样品的外观情况，确定品名、批号、批准文号、数量、包装状况等项无误后，方可进行下一步骤。发现异常情况时，包括如破损、受潮、受污染、混有其他品种、批号，或者有掺假、掺劣、假冒迹象等，应当作针对性抽样。

（二）用适当方法拆开抽样单元的包装，观察内容物的情况，确定无异常情况后，方可进行下一步骤。发现异常情况，应当作针对性抽样。

（三）将被拆包的抽样单元重新包封，贴上已被抽样的标记，注明品名、批号、生产单位、抽样数量、抽样日期及场所、抽样人姓名等。对有异常情况或做针对性抽检的产品可暂时封存以候检验结果的处理。

第十一条 抽样结束后，抽样人员应当用《兽药封签》（附件一）将所抽样品签封，据实填写《兽药抽样记录及凭证》（附件二）。《兽药封签》和《兽药抽样记录及凭证》应当由抽样人员和被抽样单位负责人签字，并加盖抽样单位和被抽样单位公章；被抽样对象为个人的，由该个人签字。

《兽药抽样记录及凭证》一式三份，一份交被抽样单位或者个人作抽样凭证，一份封存于样品包装内随检验单位检品卡流转，一份由抽样单位保存备查。

第十二条 抽样注意事项：

（一）抽样操作应当规范、注意安全，不影响所抽样品和被拆包装药品的质量。

（二）取样工具和盛样器具应当洁净、干燥，必要时作灭菌处理。盛样品容器在使用及贮存运输过程中，应能防止受潮及异物混入。

（三）原料药取样应当迅速，样品和被拆包的抽样单元应当尽快密封，防止吸潮、风化或氧化。

（四）无菌原料药应当按照无菌操作法取样。

（五）需要在真空或者氮气条件下保存的兽药，抽取样品后，应当对样品和被拆包的抽样单元加以密封。

（六）液体样品应先摇匀后再取样。含有结晶者，应在不影响品质的情况下融化后取样。

（七）对毒性、腐蚀性或者易燃易爆药品，抽样时应当穿戴防护用具，小心搬运，样品应当标注"危险品"的标志；易燃易爆药品应远离热源，并不得震动；腐蚀性药品还应当避免接触金属制品。

（八）遇光易变质的兽药应当避光取样，置于有色玻瓶中，必要时加套黑纸。

第十三条 抽样过程中发现有下列情形之一的，应当及时报告农牧行政管理机关：

（一）国家农牧行政管理机关明文规定禁止使用的；

（二）未经批准生产、配制、经营、进口，或者须经口岸兽药检验机构检验而未经检验即生产、销售的；

（三）未取得兽药批准文号或人畜共用原料药未取得兽药或药品批准文号的；

（四）用途或用法用量超出规定范围的；

（五）应标明而未标明有效期或者更改有效期、超过有效期的；

（六）未注明或者更改生产批号的；

（七）超越许可范围生产、配制、经营或进口兽药的；

（八）未经登记或者质量检验不合格仍进口、销售或者使用的。

第十四条 抽样人员应当采取措施保证样品不失效、不变质、不破损、不泄漏，并及时将抽取的样品送达承担检验任务的兽药检验机构。经核查，对抽样人员送检的样品与《兽药抽样记录及凭证》所记录的内容相符、《兽药封签》完整的，兽药检验机构予以签收。

第十五条 兽药监督员可以依照《兽药管理条例》和本规定，开展兽药监督抽样工作。

兽药监督员实施监督抽样时，应当向被抽查单位或者个人出示符合《兽药管理条例》规定的证件。

第十六条 进口兽药的报验程序，依照《进口兽药管理办法》的规定执行；进口兽药的抽样依照本规定执行。

第十七条 本规定自发布之日起施行。农业部发布的《进口兽药抽样规定》[（1991）农（牧）字第2号]和《兽药监督检验抽样规定》[（1993）农（牧）函字第46号]同时废止。

饲料 采样

GB/T 14699.1—2005

1. 范围

本标准提供了为了满足商业、技术和法律目的的质量控制中对动物饲料包括渔用饲料的采样方法。

本标准不适用于宠物食品，也不适用于以微生物检验为目的的采样。在某些条件下测定饲料物理特性时，应选择特殊的采样方法。

某些饲料的采样已有相应的国际标准，这些产品的种类见参考文献。为检测某些分布不均匀的成分的采样见附录A。

2. 术语和定义

下列术语和定义适用于本标准。

2.1 交付物 consignment

一次给予、发送或收到的某个特定量的饲料的总称。

注：它可能由一批或多批饲料组成（见2.2）。

2.2 批（批次）lot

假定特性一致的某个确定量的交付物的总称。

2.3 份样 increment

一次从一批产品的一个点所取的样品。

2.4 总份样 bulk sample

通过合并和混合来自同一批次产品的所有份样得到的样品。

注：打算分别调查的、明显和可辨认的份样集合可表示为"总样品"。

2.5 缩分样 reduced sample

总份样通过连续分样和缩减过程得到的数量或体积近似于试样的样品，具有代表总份样的特征。（一般用四分法分样）

2.6 实验室样品 laboratory sample

由缩分样分取的部分样品，用于分析和其他检测用，并且能够代表该批产品的质量和状况。

注：所取每种样品，一般分3份或4份实验室样品，一份提交检验，至少一份保存用于复核，如果要求超过4份实验室样品，需要增加缩分样，以满足最小实验室样品量的要求。

3. 通则

3.1 代表性采样

代表性采样的目的是从一批产品中获得小部分样品，而测定这小部分样品的任何特性均可代表该批产品的平均值。

3.2 选择性采样

如果被采样的一批（批次）样品的某部分在质量上明显不同于其他部分，则这部分产品应区别对待，单独作为一批产品进行采样，并在采样报告中加以说明。

3.3 统计学考虑

认同采样是动物饲料采样的常用方法。对采样属性而言，存在着根据二项式分布进行的理论采样方法，但在实际工作中，这个方法应简化为批量大小和份样数量之间的平方根关系。

注1：对于散装产品，如果批量在 2.5 吨以下，至少取 7 个份样；如果批量在 2.5 吨与 80 吨之间，所取份样数至少等于 $\sqrt{20m}$（平方根），m 是批量的质量，以吨计，样品变异应该是均匀的；如果批量超过 80 吨，平方根关系仍然适用，但以此为依据做出错误决定的风险也会增加，可由各方协商确定。

注2：平方根关系的应用对袋装饲料、液体饲料和半液体饲料、舔块以及粗饲料来说有点不同，因为样品的大小变化很大。

4. 采样人员

采样应该由受过适当培训并有饲料采样经验的人员执行，而且采样人员应意识到采样过程可能涉及的危害和危险。

5. 采样前对产品的确认和全面检查

采样前应确认有疑问的货物，为此应适当比较货物的数量、重量或货物的体积及容器上的标记和标签，以及有关资料。

采样报告记录包括相关代表性样品的采样和涉及货物及其周围条件的所有特征。

如果货物出现损坏，要除去损坏的部分，将特性相似的货物划分在一起，并把每一部分作为独立的产品处理。

6. 采样设备

6.1 一般要求

选择适合产品颗粒大小、采样量、容器大小和产品物理状态等特征的采样设备。

6.2 从固体产品采样的装置

6.2.1 手工从固体产品采样的工具举例

6.2.1.1 散装饲料采样

普通铲子、手柄勺、柱状取样器（如取样钎、管状取样器、套筒取样器）和圆锥取样器。取样钎可有一个或更多的分隔室。

流速比较慢的流动产品的采样可以手工完成。

6.2.1.2 袋装或其他包装饲料的采样

手柄勺、麻袋取样钎或取样器、管状取样器、圆锥取样器和分割式取样器。

6.2.2 机械采样将置举例

从流动的产品中周期采样可以使用认可的设备（例如气力装置）。速度较高的流动产品的采样可以通过手工控制机器来完成。

6.3 从液体或半液体产品手工或机械方法采样的设备

适当大小的搅拌器、取样瓶、取样管、带状取样器和长柄勺。

6.4 清洁

采样、缩样、存储和处理样品时，应特别小心，确保样品和被取样货物的特性不受影响。采样设备应清洁、干燥、不受外界气味的影响。用于制造采样设备的材料不影响样品的质量。在不同样品间，采样设备应完全清扫干净，当被取样的货物含油高时尤其重要。取样人员应带一次性的手套，不同样品间应更换手套，防止污染随后的样品。

7. 装样品容器

7.1 一般要求

装样品的容器应确保样品特性不变直至检测完成。样品容器的大小以样品完全充满容器为宜。容器应当始终封口，只有检测时才能打开。

7.2 清洁

样品容器应清洁、干燥、不受外界气味的影响。制造样品容器的材料应不影响样品的品质。

7.3 固体产品的样品容器

固体产品的样品容器及盖子应是防水和防脂材料制成的（例如，玻璃、不锈钢、锡或合适的塑料等），应是广口的，最好是圆柱形的，并与所装样品多少相配套。合适的塑料袋也可以。容器应是牢固和防水的。如果样品用来测定像维生素 A、维生素 D_3、维生素 B_2 和维生素 C、叶酸等对光敏感的物质，以及像维生素 K_3、维生素 B_6 和维生素 B_{12} 等对光轻微敏感的物质，样品容器应是不透明的。

7.4 液体和半液体产品的样品容器

容器应由合适材料制成（最好是玻璃或塑料），并要求容量合适、密闭、深色。注意 7.3 中对光敏感物质测定的样品要求。

8. 采样步骤

8.1 采样位置

在条件许可的情况下，采样应在不受诸如潮湿空气、灰尘或煤烟等外来污染危害影响的地方进行。条件许可时，采样应在装货或卸货中进行，如果流动中的饲料不能进行采样，被采样的饲料应安排在能使每一部分都容易接触到，以便取到有代表性的实验室样品。

8.2 产品分类

按采样目的，饲料可分为以下几类：

a. 固体饲料——谷物、种子、豆类和颗粒饲料；

b. 固体饲料——粉状饲料；

c. 粗饲料；

d. 舔块；

e. 液体和半液体饲料。

8.3 样品量

要得到能代表整个批次产品的样品，就必须设置足够的份样数量，根据批次产品数量和实际采样的特点制订采样计划，在计划中确定需采的份样数量和重量。对于特别的批次产品的确定取决于 2.2 规定的因素。

8.4 谷物、种子、豆类和颗粒产品的采样

8.4.1 该类产品的举例

谷物：玉米、小麦、大麦、燕麦、水稻、高粱等；

油料籽实：向日葵籽实、花生、油菜籽、大豆、棉籽、亚麻籽等；

片状物：豆类等；

颗粒产品：颗粒形态的饲料。

8.4.2 批次产品量

对于袋装的产品批次量是由包装袋的数量决定和包装袋的容量确定。对于散装的产品，批次量是由盛该散样的容器数量决定的，或由满装该产品的容器的最少数量。如果一个容器内装的产品量已超过一个批次产品的最大量时，该容器内产品即为一个批次。如果一批次散装产品形态上出现明显的分级，则需要分成不同的批次。

8.4.3 份样数量

对于贮存于罐或类似容器的产品，随机选择份样的最小数量见表1。

表 1

批次的重量 m/t	份样的最小数量
≤2.5	7
>2.5	$\sqrt{20m}$，不超过 100

如果产品包装于袋中，随机选择份样的最小数量如表2：
a. 如果总量小于 1 千克，见表2。

表 2

批次的包装袋数 n	份样的最小数量
1~6	每袋取样
7~24	6
>24	$\sqrt{2n}$，不超过 100

b. 如果总量大于 1 千克，见表3。

表 3

批次的包装袋数 n	份样的最小数量
1~4	每袋取样
5~16	4
>16	$\sqrt{2n}$，不超过 100

8.4.4 样品量见表4。

表 4

批次产品总量（吨）	最小的总份样量（千克）	最小的缩分样量[a]（千克）	最小的实验室样品量（千克）
1	4	2	0.5
>1≤5	8	2	0.5
>5≤50	16	2	0.5
>50≤100	32	2	0.5
>100≤500	64	2	0.5

[a] 最小量应可供取 4 个实验室样品。

8.4.5 采样程序

8.4.5.1 总则

采样应遵照 8.1 中的规定执行。对于散装产品，尽可能地在装或卸时采样。同理，如果产品是直接装到料仓或仓库中，则尽可能地在装入时取样。

8.4.5.2 从散装产品中采样

如果是从堆状等散装产品中取样，根据 8.4.3 的最少份样数，决定本次取样的份样数。然后，随机选取每个份样的位置，这些位置既覆盖产品的表面，又包括产品的内部，使该批次产品的每个部分都被覆盖。

在产品流水线上取样时，根据流动的速度，在一定的时间间隔内，人工或机械地在流水线的某一截面取样。根据流速和本批次产品的量，计算产品通过采样点的时间，该时间除以所需采样的份样数，即得到采样的时间间隔。

8.4.5.3 从袋装产品中采样

随机选择需采样的包装袋，采样的包装袋总数量根据 8.4.3 的最小份样数来决定。打开包装袋，用 6.21.2 描述的器具采取每个份样。

如果是在密闭的包装袋中采样，则需要取样器。采样时，不管是水平还是垂直，都必须经过包装物的对角线。份样可以是包装物的整个深度，或是表面、中间、底部这三个水平。在采样完成后，将包装袋上的采样孔封闭。

如果上述的方法不适合，则将包装物打开倒在干净、干燥的地方，混合后铲其一部分为份样。

8.4.6 实验室样品的制备

在采样完成后应尽快处理，以避免样品质量发生变化或被污染，将所得到的每个份样进行充分混合后得到总份样，其重量不应小于 2 千克。

充分将缩分样混合后分成 3 个或 4 个实验室样品放入适当的容器中，供实验室分析用，每个实验室样品重量最好相近，但不能小于 0.5 千克。

8.5 粉状产品的采样

8.5.1 产品的举例

这些产品是对下列物料进行加工（如粉碎、碾磨或干燥）获得的，其粒度远小于未加工处理的单种物料或混合物。

①植物源性的粉状物：

a. 整粒或部分谷物；

b. 未加工、加工或浸提的油料籽实；

c. 未加工、加工或浸提的豆科籽实；

d. 干苜蓿或干草；

e. 植物蛋白质浓缩物；

f. 淀粉；

g. 酵母。

②动物源性的粉状物：

a. 鱼粉；

b. 血粉、肉粉、肉骨粉、骨粉；

c. 奶粉、乳清粉。

③预混合饲料。

④矿物质添加剂。

⑤配合饲料。

⑥饲料添加剂：

a. 有机物：维生素和维生素制剂，药物和药物制剂，抗氧化剂，氨基酸和香味剂等；

b. 无机化合物。

8.5.2 批次产品量的大小

不论交付量有多大，一个批次内产品的量不宜超过 100 吨。

8.5.3 最小的份样数量

见 8.4.3。

8.5.4 样品量

见 8.4.4。

8.5.5 在采样时的注意事项

由于干的粉状饲料中粉尘的一致性高,采样时应防止其爆炸。由于产品是经加工处理的,因此受微生物侵害腐败的可能性增加。在预先检查整个批次产品时,应特别注意有无异常。如有异常,应将这部分与其他部分分开。

粉状物易于结块,有时需要添加抗结块剂。当发生结块时,应进行额外的处理或分开采样。如果产品产生较严重的分级,则应分步采样。散装或袋装中采粉样的步骤参照 8.4.5。

8.5.6 实验室样品的制备

见 8.4.6。

8.6 粗饲料的采样

8.6.1 举例

鲜青绿饲料(苜蓿、牧草、玉米等);

青贮青绿饲料(苜蓿、牧草、玉米等);

干草(苜蓿、牧草等);

秸秆;

饲用甜菜;

干糖蜜;

块根、块茎(马铃薯等)。

8.6.2 批次产品量

由于产品遗传因素变化大,加上贮存方式的不同,粗饲料产品的特性变化很大,量大时更是如此。在大量的一批次粗饲料产品间,要求其均匀性是非常困难的。

8.6.3 采样时份样数的确定

通常粗饲料在贮存和搬运时为散装的,采样时的最小份样数规定见表5。

表5

批次的重量 m(吨)	份样的最小数量
≤5	10
>5	$\sqrt{40m}$,不超过 50

8.6.4 样品的重量见表6。

表6

产品种类	最小的总份样量(千克)	最小的缩份样量[a](千克)	最小的实验室样品量(千克)
青绿饲料、甜菜、块根、块茎、青贮粗饲料	16	4	1
干燥的粗饲料、块根、块茎	8	4	1

[a] 最小量应可供取 4 个实验室样品量。

8.6.5 采样程序

8.6.5.1 总则

粗饲料采样时,通常是靠手工获得每一个份样。

8.6.5.2 田间采样

对于田间生长的产品或收获后仍放置于田间的产品,其采样程序根据土质不同参见 ISO 10381-6。

8.6.5.3 堆积产品、青贮窖、青贮堆内产品的采样

进行堆积产品、青贮窖、青贮堆内产品的采样时,按 8.4.3 计算需采样的份样数,随机布置各份样点,但应保证产品的各层均被覆盖。青贮塔内产品的采样应注意安全,最好在搬运过程中采样。

8.6.5.4 捆状产品采样

进行捆状产品采样时,按 8.4.3 计算需采样的份样数,随机布置各份样点,每一捆取一个份样,应采集一个完整的截面。

8.6.5.5 流动中的产品采样

对于流动中的产品采样,参照 8.4.5.2。

8.6.5.6 实验室样品的制备

在采样完成后应尽快处理,以避免样品质量发生变化或被污染。在混合总份样时应注重其可操作性,通常应将样品切成小块。总份样经过逐步分取获得重量不小于 4 千克的缩分样。对于大块块状产品,将总份样的块数减半,随机选择其中的块构建成缩分样。除非特殊情况,不要在缩分阶段将总份样切短。

充分将缩分样混合后分成 3 个或 4 个实验室样品放入适当的容器,供实验室分析用。每个实验室样品重量最好相近,但不能小于 0.5 千克。置每个实验室样品于合适容器中,见 2.6。

8.7 块状、砖状产品的采样

8.7.1 举例

例如矿物质的舔砖、舔块等。

8.7.2 批次产品量

该类产品一个批次量不应超过 10 吨。

8.7.3 采样时份样数的确定

采样时以该类产品的单位数计算最小份样数,规定见表 7。

表 7

批次内含的产品单位数 n	最小的份样数(产品单位数)
≤25	4
26~100	7
>100	$\sqrt{n}$,不超过 40

8.7.4 样品重量见表 8。

表 8

最小的总份样量(千克)	最小的缩分样量[a](千克)	最小的实验室样品量(千克)
4	2	0.5

[a] 最小量应可供取 4 个实验室样品。

8.7.5 采样程序

按 8.7.3 计算所需的最少采样的份样数。如果舔砖、舔块较小,则整个舔砖或舔块作为一个份样。

8.7.6 实验室样品的制备

如果用整个或大部分舔砖(块)作为份样,则需打碎。

将所得到的每个份样进行充分混合后得到总份样,将总份样重复缩分获得适当的缩分样,其重量不应小于 2 千克。

充分将缩分样混合后分成 3 个或 4 个实验室样品放入适当的容器中。每个实验室样品重量最好相近,不能小于 0.5 千克。

8.8 液体产品的采样

8.8.1 产品举例

低黏度产品:该类产品易于搅拌混合。

高黏度产品:该类产品不易搅拌混合。

8.8.2 批次产品量

该类产品一批次通常在 60 吨或 60 000 升以内。如果一个容器含量超过 10 吨或 10 000 升时,这一容器内产品即为一个批次。

8.8.3 采样时份样数的确定

随机选择份样时,最小份样的数量规定如下:

①散装产品:见表 9。

表 9

批次产品量		最小份样数
重量(吨)	体积(升)	
≤2.5	2 500	4
>2.5	2 500	7

如果不能保证产品的均匀性,则应该增加份样数以保证实验室样品的代表性。

②对于贮存容器体积不超过 200 升的产品,采样时抽取容器的数量计算如下:

a. 如果容器体积不超过 1 升(含 1 升),参见表 10。

表 10

批次内含的容器数 n	最小的抽取容器数
≤16	4
>16	$\sqrt{n}$,不超过 50

b. 如果容器体积超过 1 升,参见表 11。

表 11

批次内含的容器数 n	最小的抽取容器数
1~4	逐个

(续表)

批次内含的容器数 n	最小的抽取容器数
5~16	4
>16	$\sqrt{n}$,不超过50

8.8.4 样品的重量,见表12。

表12

最小的总份样量		最小的缩分样量[a]		最小的实验室样品量	
千克	升	千克	升	千克	升
8	8	2	2	0.5	0.5

[a] 最小量应可供取4个实验室样品。

8.8.5 采样程序

8.8.5.1 如果产品贮存于罐中,则可能不均匀。采样前需要搅动混合,用适当的器具从表面至内部采样。如果采样前不可能搅动,则在产品装罐或卸罐过程中采样。如果在产品流动过程中不能采样,则整个批次产品都取份样,以保证获得有代表性的实验室样品。

在产品特性不变的前提下,有时加热会提高样品的一致性。

8.8.5.2 桶装产品的采样

采样前需对随机选取产品进行振动、搅动等,使其混合,混合后再采样。如果采样前不能进行混合,则每个桶至少在不同的方向、两个层面取2个份样。

8.8.5.3 小容器装产品的采样

随机选择容器,混合后进行采样;如果容器很小,则每一个容器内的产品可作为一个份样。

8.8.6 实验室样品的制备

将所有份样放入适当的容器内即获得总份样,充分混合后取其中部分形成缩分样,每个缩分样不应小于2千克或2升。

对于不容易混合的产品,使用下列的缩分样程序：

将总份样分成2部分,分别为A和B；

再将A分成2部分,分别为C和D；

对B重复上述过程,形成E和F；

随机选择C和D,E和F中的之一；

将两者放在一起,充分混合；

重复该过程,直至获得2~4千克（升）的缩分样；

尽可能充分地混合缩分样,将其分成3~4个部分（即为实验室样品）,每个实验室样品不应少于0.5千克或0.5升。

置每份实验室样品于适当容器内。

如果需制备的实验室样品超过4份,则缩分样的数量做适当的增加。

8.9 半液体（半固体）产品的采样

8.9.1 产品举例

例如脂肪、脂类产品、加氢油脂、皂角等。

8.9.2 批次产品量

见 8.8.2。

8.9.3 采样时份样数的确定

见 8.8.3。

8.9.4 样品的重量

见 8.8.4。

8.9.5 采样

8.9.5.1 总则

如有可能，产品应在液态下进行采样。

8.9.5.2 液态产品的采样

见 8.8.5。

8.9.5.3 半液体（半固体）产品的采样

在产品装入或搬运过程中，使用可对角线插入罐底部的适当设备，至少在3个深度取样，在有可能的情况下，取整个截面。采样后，将采样孔填补好。

如果不可能混合，也不可能在产品的流动中采样，则根据容器对角线的长度，每隔30厘米采样作为一个份样。

8.9.6 实验室样品的制备

将获得的总份样充分混合。将总份样放入可加热的容器中，采用加热或其他方法使其融化。如果加热对样品有不良影响，则使用其他方法。

缩分样和实验室样品的制备见 8.8.6。

9. 样品和样品容器的包装、封口和标识

9.1 样品容器的装满和封口

每个装实验室样品的容器应当由取样人员封口和盖章，不破坏封口。容器就不能打开。容器也可装入结实的信封或亚麻布、棉或塑料袋中，并进一步封口和盖章，不破坏封口，内容物就不能取出。

标签应附在内含实验室样品的容器上并封口，不破坏封口标签就不能去掉。标签应有 9-2 中所要求的标识项目，封口未打开前，标识项目应是可见的。

9.2 实验室样品的标识

标签应标识以下项目：

a. 采样人和采样单位名称；

b. 采样人和采样单位的身份标志；

c. 采样的地点、日期和时间；

d. 样品材料的标示（名称、等级、规格）；

e. 样品材料的明示成分；

f. 样品材料的商品代码、批号、追踪或被抽检样品交付物的确认。

9.3 实验室样品的发送

每批货物，至少有一个实验室样品，与测定所需信息一起被尽快地送至认可的分析实验室，应在适当冷藏或冷冻条件下发送随时间而变化的样品。

9.4 实验室样品的贮藏

实验室样品的贮藏应防止样品成分发生变化，没有呈现实验室样品的可贮藏公认的一段时间，一般为6个月。

10. 采样报告

采样后,应由采样人尽快完成报告。在报告中,应尽量附上包装或容器的标签的复印件或交会物单子的复印件。

采样报告至少应包含以下信息:

①实验室样品标签所要求的信息;
②被采样人的姓名和地址;
③制造商、进口商、分装商和(或)销售的名称;
④货物的多少(重量和体积)。在有可能的情况下,还应包括以下内容;

a. 采样目的;
b. 交付给认可实验室分析的实验室样品数量;
c. 采样过程中可能出现的任何偏差的详情;
d. 其他的相关事家。

附录 A(资料性附录)
含有霉菌毒素、蓖麻油和毒种子等非均匀分布的有毒有害物质的饲料的采样

A.1 总份样量

A.1.1 总则

当需要分析非均匀分布的有毒有害物质时,应从一批次产品中抽取不同的总份样,并由此获得不同的实验室样品。每一批次产品应抽取的最小总份样见 A.1.2 和 A.1.3。

A.1.2 对于袋装或其他容器装的产品见表 A.1。

表 A.1

批次产品内袋(容器)的数量	最小总份样份数
1~16	1
17~200	2
201~800	3
>800	4

A.1.3 对于散装产品见表 A.2。

表 A.2

批次产品重量 m(吨)	最小总份样份数
<1	1
1~10	2
10~40	3
>40	4

A.2 应取的份样量

A.2.1 份样的设置见本标准的第 8 章,用该数除以 A.1.1 中规定的总份样数。

A.2.2 按从 A.1.1 中规定的总份样数,将批次内产品分成若干等份。

A.2.3 从 A1.2.2 划分的某份产品中,按 A2.1 规定的份样数随即取样。

A.2.4 将每份内的份样样品混在一起形成总份样,注意不要将不同份内的份样混在一起,按本标准的第 8 章规定制备实验室样品。

饲料卫生标准

GB 13078—2017

1. 范围

本标准规定了饲料原料和饲料产品中的有毒有害物质及微生物的限量及试验方法。

本标准适用于表1中所列的饲料原料和饲料产品。

本标准不适用于宠物饲料产品和饲料添加剂产品。

2. 规范性引用文件

下列文件对于本文件的应用是必不可少。凡是注日期的引用文件，仅注日期的版本适用于本文件。凡是不注日期的引用文件，其最新版本（包括所有的修改单）适用于本文件。

GB/T 5009.19 食品中有机氯农药多组分残留量的测定

GB 5009.190 食品安全国家标准 食品中指示性多氯联苯含量的测定

GB/T 13079 饲料中总砷的测定

GB/T 13080 饲料中铅的测定 原子吸收光谱法

GB/T 13081 饲料中汞的测定

GB/T 13082 饲料中镉的测定

GB/T 13083 饲料中氟的测定 离子选择性电极法

GB/T 13084 饲料中氰化物的测定

GB/T 13085 饲料中亚硝酸盐的测定 比色法

GB/T 13086 饲料中游离棉酚的测定方法

GB/T 13087 饲料中异硫氰酸酯的测定方法

GB/T 13088—2006 饲料中铬的测定

GB/T 13089 饲料中噁唑烷硫酮的测定方法

GB/T 13090 饲料中六六六、滴滴涕的测定

GB/T 13091 饲料中沙门氏菌的检测方法

GB/T 13092 饲料中霉菌总数的测定

GB/T 13093 饲料中细菌总数的测定

GB/T 30956 饲料中脱氧雪腐镰刀菌烯醇的测定 免疫亲和柱净化—高效液相色谱法

GB/T 30957 饲料中赭曲霉毒素A的测定 免疫亲和柱净化—高效液相色谱法

NY/T 1970 饲料中伏马毒素的测定

NY/T 2071 饲料中黄曲霉毒素、玉米赤霉烯酮和T-2毒素的测定 液相色谱—串联质谱法

SN/T 0127 进出口动物源性食品中六六六、滴滴涕和六氯苯残留量的检测方法 气相色谱—质谱法

3. 要求

饲料卫生指标及试验方法见表1。

表1 饲料卫生指标及试验方法

序号	项目	产品名称		限量	试验方法	备注
无机污染物						
1	总砷（毫克/千克）	饲料原料	甘草及其加工产品	≤4	GB/T 13079	
			棕榈仁饼（粕）	≤4		
			藻类及其加工产品	≤40		
			甲壳类动物及其副产品（虾油除外）、鱼虾粉、水生软体动物及其副产品（油脂除外）	≤15		
			其他水生动物源性饲料原料（不含水生动物油脂）	≤10		
			肉粉、肉骨粉	≤10		
			石粉	≤2		
			其他矿物质饲料原料	≤10		
			油脂	≤7		
			其他饲料原料	≤2		
			添加剂预混合饲料	≤10		
		饲料产品	浓缩饲料	≤4		
			精料补充料	≤4		
			水产配合饲料	≤10		
			狐狸、貉、貂配合饲料	≤10		
			其他配合饲料	≤2		
2	铅（毫克/千克）	饲料原料	单细胞蛋白质饲料原料	≤5	GB/T 13080	
			矿物质饲料原料	≤15		
			饲草、粗饲料及其加工产品	≤30		
			其他饲料原料	≤10		
		饲料产品	添加剂预混合饲料	≤40		
			浓缩饲料	≤10		
			精料补充料	≤8		
			配合饲料	≤5		
3	汞（毫克/千克）	饲料原料	鱼、其他水生生物及其副产品类饲料原料	≤0.5	GB/T 13081	
			其他饲料原料	≤0.1		
		饲料产品	水产配合饲料	≤0.5		
			其他配合饲料	≤0.1		
4	镉（毫克/千克）	饲料原料	藻类及其加工产品	≤2	GB/T 13082	
			植物性饲料原料	≤1		
			水生软体动物及其副产品	≤75		
			其他动物源性饲料原料	≤2		
			石粉	≤0.75		
			其他矿物质饲料原料	≤2		
		饲料产品	添加剂预混合饲料	≤5		
			浓缩饲料	≤1.25		
			犊牛、羔羊精料补充料	≤0.5		
			其他精料补充料	≤1		
			虾、蟹、海参、贝类配合饲料	≤2		
			水产配合饲料（虾、蟹、海参、贝类配合饲料除外）	≤1		
			其他配合饲料	≤0.5		

(续表)

序号	项目		产品名称	限量	试验方法	备注
5	铬（毫克/千克）	饲料原料		≤5	GB/T 13088—2006（原子吸收光谱法）	
		饲料产品	猪用添加剂预混合饲料	≤20		
			其他添加剂预混合饲料	≤5		
			猪用浓缩饲料	≤6		
			其他浓缩饲料	≤5		
			配合饲料	≤5		
6	氟（毫克/千克）	饲料原料	甲壳类动物及其副产品	≤3 000	GB/T 13083	
			其他动物源性饲料原料	≤500		
			蛭石	≤3 000		
			其他矿物质饲料原料	≤400		
			其他饲料原料	≤150		
		饲料产品	添加剂预混合饲料	≤800		
			浓缩饲料	≤500		
			牛、羊精料补充料	≤50		
			猪配合饲料	≤100		
			肉用仔鸡、育雏鸡、育成鸡配合饲料	≤250		
			产蛋鸡配合饲料	≤350		
			鸭配合饲料	≤200		
			水产配合饲料	≤350		
			其他配合饲料	≤150		
7	亚硝酸盐（以 $NaNO_2$ 计）毫克/千克	饲料原料	火腿肠粉等肉制品生产过程中获得的前食品和副产品	≤80	GB/T 13085	
			其他饲料原料	≤15		
		饲料产品	浓缩饲料	≤20		
			精料补充料	≤20		
			配合饲料	≤15		

真菌毒素

序号	项目		产品名称	限量	试验方法	备注
8	黄曲霉毒素 B_1（微克/千克）	饲料原料	玉米加工产品、花生饼（粕）	≤50	NY/T 2071	
			植物油脂（玉米油、花生油除外）	≤10		
			玉米油、花生油	≤20		
			其他植物性饲料原料	≤30		
		饲料产品	仔猪、雏禽浓缩饲料	≤10		
			肉用仔鸭后期、生长鸭、产蛋鸭浓缩饲料	≤15		
			其他浓缩饲料	≤20		
			犊牛、羔羊精料补充料	≤20		
			泌乳期精料补充料	≤10		
			其他精料补充料	≤30		
			仔猪、雏禽配合饲料	≤10		
			肉用仔鸭后期、生长鸭、产蛋鸭配合饲料	≤15		
			其他配合饲料	≤20		

(续表)

序号	项目	产品名称		限量	试验方法	备注
9	赭曲霉毒素A（微克/千克）	饲料原料	谷物及其加工产品	≤100	GB/T 30957	
		饲料产品	配合饲料	≤100		
10	玉米赤霉烯酮（毫克/千克）	饲料原料	玉米及其加工产品（玉米皮、喷浆玉米皮、玉米浆干粉除外）	≤0.5	NY/T 2071	
			玉米皮、喷浆玉米皮、玉米浆干粉、玉米酒糟类产品	≤1.5		
			其他植物性饲料原料	≤1		
		饲料产品	犊牛、羔羊、泌乳期精料补充料	≤0.5		
			仔猪配合饲料	≤0.15		
			青年母猪配合饲料	≤0.1		
			其他猪配合饲料	≤0.25		
			其他配合饲料	≤0.5		
11	脱氧雪腐镰刀菌烯醇（呕吐毒素）毫克/千克	饲料原料	植物性饲料原料	≤5	GB/T 30956	
		饲料产品	犊牛、羔羊、泌乳期精料补充料	≤1		
			其他精料补充料	≤3		
			猪配合饲料	≤1		
			其他配合饲料	≤3		
12	T-2毒素（毫克/千克）	植物性饲料原料		≤0.5	NY/T 2071	
		猪、禽配合饲料		≤0.5		
13	伏马毒素（B_1+B_2）（毫克/千克）	饲料原料	玉米及其加工产品、玉米酒糟类产品、玉米青贮饲料和玉米秸秆	≤60	NY/T 1970	
		饲料产品	犊牛、羔羊精料补充料	≤20		
			马、兔精料补充料	≤5		
			其他反刍动物精料补充料	≤50		
			猪浓缩饲料	≤5		
			家禽浓缩饲料	≤20		
			猪、兔、马配合饲料	≤5		
			家禽配合饲料	≤20		
			鱼配合饲料	≤10		
天然植物毒素						
14	氰化物（以HCN计）毫克/千克	饲料原料	亚麻籽【胡麻籽】	≤250	GB/T 13084	
			亚麻籽【胡麻籽】饼、亚麻籽【胡麻籽】（粕）	≤350		
			木薯及其加工产品	≤100		
			其他饲料原料	≤50		
		饲料产品	雏鸡配合饲料	≤10		
			其他配合饲料	≤50		

(续表)

序号	项目		产品名称	限量	试验方法	备注
15	游离棉酚（毫克/千克）	饲料原料	棉籽粕	≤200	GB/T 13086	
			棉籽	≤5 000		
			脱酚棉籽蛋白、发酵棉籽蛋白	≤400		
			其他棉籽加工产品	≤1 200		
			其他饲料原料	≤20		
		饲料产品	猪（仔猪除外）、兔配合饲料	≤60		
			家禽（产蛋禽除外）配合饲料	≤100		
			犊牛精料补充料	≤100		
			其他牛精料补充料	≤500		
			羔羊精料补充料	≤60		
			其他羊精料补充料	≤300		
			植食性、杂食性水产动物配合饲料	≤300		
			其他水产配合饲料	≤150		
			其他畜禽配合饲料	≤20		
16	异硫氰酸酯（以丙烯基异硫氰酸酯计）毫克/千克	饲料原料	菜籽及其加工产品	≤4 000	GB/T 13087	
			其他饲料原料	≤100		
		饲料产品	犊牛、羔羊精料补充料	≤150		
			其他牛、羊精料补充料	≤1 000		
			猪（仔猪除外）、家禽配合饲料	≤500		
			水产配合饲料	≤800		
			其他配合饲料	≤150		
17	噁唑烷硫酮（以5-乙烯基-噁唑-2-硫酮计）毫克/千克	饲料原料	菜籽及其加工产品	≤2 500	GB/T 13089	
		饲料产品	产蛋禽配合饲料	≤500		
			其他家禽配合饲料	≤1 000		
			水产配合饲料	≤800		
有机氯污染物						
18	多氯联苯（PCB，以PCB28、PCB52、PCB101、PCB138、PCB153、PCB180之和计）微克/千克	饲料原料	植物性饲料原料	≤10	GB 5009.190	
			矿物质饲料原料	≤10		
			动物脂肪、乳脂和蛋脂	≤10		
			其他陆生动物产品，包括乳、蛋及其制品	≤10		
			鱼油	≤175		
			鱼和其他水生动物及其制品（鱼油、脂肪含量大于20%的鱼蛋白水解物除外）	≤30		
			脂肪含量大于20%的鱼蛋白水解物	≤50		
		饲料产品	添加剂预混合饲料	≤10		
			水产浓缩饲料、水产配合饲料	≤40		
			其他浓缩饲料、精料补充料、配合饲料	≤10		

(续表)

序号	项目		产品名称	限量	试验方法	备注
19	六六六（HCH，以 α-HCH、β-HCH、γ-HCH 之和计）毫克/千克	饲料原料	谷物及其加工产品（油脂除外）、油料籽实及其加工产品（油脂除外）、鱼粉	≤0.05	GB/T 13090	
			油脂	≤2.0	GB/T 5009.19	
		饲料产品	其他饲料原料	≤0.2	GB/T 13090	
			添加剂预混合饲料、浓缩饲料、精料补充料、配合饲料	≤0.2		
20	滴滴涕（以 p，p'-DDE、o，p'-DDT、p，p'-DDD、p，p'-DDT 之和计）毫克/千克	饲料原料	谷物及其加工产品（油脂除外）、油菜籽实及其加工产品（油脂除外）、鱼粉	≤0.02	GB/T 13090	
			油脂	≤0.5	GB/T 5009.19	
		饲料产品	其他饲料原料	≤0.05	GB/T 13090	
			添加剂预混合饲料、浓缩饲料、精料补充料、配合饲料	≤0.05		
21	六氯苯（HCB）毫克/千克	饲料原料	油脂	≤0.2	SN/T 0127	
			其他饲料原料	≤0.01		
		饲料产品	添加剂预混合饲料、浓缩饲料、精料补充料、配合饲料	≤0.01		
微生物污染物						
22	霉菌总数（CFU/克）	饲料原料	谷物及其加工产品	$<4\times10^4$	GB/T 13092	
			饼粕类饲料原料（发酵产品除外）	$<4\times10^3$		
			乳制品及其加工副产品	$<1\times10^3$		
			鱼粉	$<1\times10^4$		
			其他动物源性饲料原料	$<2\times10^4$		
23	细菌总数（CFU/克）		动物源性饲料原料	$<2\times10^6$	GB/T 13093	
24	沙门氏菌（25克中）		饲料原料和饲料产品	不得检出	GB/T 13091	

表中所列限量，除特别注明外均以干物质含量88%为基础计算（霉菌总数、细菌总数、沙门氏菌除外）。
饲料原料单独饲喂时，应按相应配合饲料限量执行。

饲料检测结果判定的允许误差

GB/T 18823—2010

1. 范围

本标准规定了在饲料检测时对检测结果判定的允许误差值。

本标准适用于对饲料检测结果的判定。

2. 规范性引用文件

下列文件对于本文件的应用是必不可少的。凡是注日期的引用文件，仅注日期的版本适用于本文件。凡是不注日期的引用文件，其最新版本（包括所有修改单）适用于本文件。

3. 要求

饲料营养成分与卫生指标检测结果判定的允许误差见表1~表5。

表1 饲料中一般营养指标检测结果判定的允许误差

测定项目	标准规定值（%）	允许误差（绝对误差,%）	测定项目	标准规定值 %	允许误差（绝对误差,%）
水分	<5	0.2	粗脂肪	<2	0.2
	5~10	0.3		2~3	0.3
	>10~15	0.4		>3~4	0.4
	>15~20	0.5		>4~6	0.5
	>20~30	0.6		>6~9	0.6
	>30~40	0.8		>9~12	0.7
	>40	1.0		>12~15	0.8
粗蛋白质	<5	0.3		>15	1.0
	5~10	0.4	粗纤维	<3	0.4
	>10~15	0.6		3~5	0.6
	>15~20	0.8		>5~7	0.8
	>20~25	1.0		>7~9	1.0
	>25~30	1.1		>9~12	1.2
	>30~40	1.2		>12~15	1.4
	>40~50	1.3		>15	1.6
	>50~60	1.4	粗灰分	<5	0.1
	>60~70	1.5		5~7	0.2
	>70	1.6		>7~9	0.3

（续表）

测定项目	标准规定值（%）	允许误差（绝对误差,%）	测定项目	标准规定值 %	允许误差（绝对误差,%）
粗灰分	>9~11	0.4	中性洗涤纤维	10~20	1.5
	>11~13	0.5		>20~30	2.0
	>13~16	0.6		>30	2.5
	>16~20	0.7	盐酸不溶性灰分/砂分	<0.5	0.1
	>20	0.8		0.5~2	0.2
钙、镁、总磷	<0.1	0.01		>2~5	0.4
	0.1~0.3	0.05		>5~10	0.6
	>0.3~0.5	0.1		>10~15	1.0
	>0.5~1	0.15		>15	1.5
	>1~2	0.2	色氨酸	<0.2	0.04
	>2~3	0.3		0.2~0.5	0.06
	>3~4	0.4		>0.5~1	0.10
	>4~5	0.6		>1~2	0.15
	>5~10	0.9		>2~3	0.20
	>10~15	1.2		>3	0.30
	>15	1.5	除色氨酸外的其他氨基酸	<0.2	0.04
食盐	<0.3	0.05		0.2~0.5	0.08
	0.3~1	0.1		>0.5~1	0.12
	>1~2	0.2		>1~2	0.20
	>2~3	0.3		>2~3	0.30
	>3~4	0.4		>3~4	0.40
	>4~5	0.5		>4~5	0.50
	>5	0.6		>5~8	0.70
中性洗涤纤维	<10	1.2		>8	1.0

表2　饲料中维生素含量检测结果判定的允许误差

测定项目	标准规定值（毫克/千克或国际单位/千克）	允许误差（相对误差,%）	测定项目	标准规定值（毫克/千克或国际单位/千克）	允许误差（相对误差,%）
维生素 A[a]	<5000	50	维生素 A[a]	>1000000~10000000	10
	5000~10000	40		>10000000	5
	>10000~100000	30	维生素 D_2、维生素 D_3[a]	<1000	50
	>100000~500000	20		1000~10000	40
	>500000~1000000	15		>10000~100000	30
维生素 D_2、维生素 D_3[a]	>100000~800000	20	维生素 B_{12}	>5~8	20
	>800000	15		>8	15

(续表)

测定项目	标准规定值 （毫克/千克或 国际单位/千克）	允许误差 （相对误差,%）	测定项目	标准规定值 （毫克/千克或 国际单位/千克）	允许误差 （相对误差,%）
维生素 E[a]	<50	50	烟酸	<50	40
	50~500	40		50~500	30
	>500~5000	30		>500~5000	20
	>5000~10000	20		>5000~15000	15
	>10000	10		>15000	10
维生素 K	<5	50	泛酸	<40	40
	5~50	40		40~400	30
	>50~500	30		>400~4000	20
	>500~1000	20		>4000~8000	15
	>1000	10		>8000	10
维生素 C	<500	40	叶酸	<5	40
	500~5000	30		5~50	30
	>5000~10000	20		>50~500	20
	>10000~50000	15		>500~1000	15
	>50000	10		>1000	10
维生素 B_1	<5	40	生物素	<2	50
	5~50	30		2~20	40
	>50~500	20		>20~200	30
	>500~2000	15		>200~500	20
	>2000	10		>500	15
维生素 B_2	<10	40	氯化胆碱	<1000	40
	10~100	30		1000~10000	30
	>10~1000	20		>10000~40000	20
	>1000~4000	15		>40000~80000	15
	>4000	10		>80000	10

(续表)

测定项目	标准规定值（毫克/千克或国际单位/千克）	允许误差（相对误差,%）	测定项目	标准规定值（毫克/千克或国际单位/千克）	允许误差（相对误差,%）
维生素 B_6	<10	40	肉碱	<200	40
	10~100	30		200~500	35
	>100~1000	20		>500~1000	30
	>1000~2000	15		>1000~5000	25
	>2000	10		>5000~10000	20
维生素 B_{12}	<0.5	50		>10000~50000	15
	0.5~2	40		>50000	10
	>2~5	30			

ª标准规定值单位为国际单位/千克,其他测定项目的标准规定值单位为毫克/千克。

表3 饲料中微量元素含量检测结果判定的允许误差

测定项目	标准规定值（毫克/千克）	允许误差（相对误差,%）	测定项目	标准规定值（毫克/千克）	允许误差（相对误差,%）
铁	<100	35	锰	>1500~5000	20
	100~500	30		>5000~10000	15
	>500~2000	25		>10000	10
	>2000~8000	20	碘	<2	45
	>8000~15000	15		2~20	40
	>15000	10		>20~50	35
铜	<50	35		>50~100	30
	50~400	30		>100~200	20
	>400~2000	25		>200	15
	>2000~8000	20	钴	<2	45
	>8000~20000	15		2~20	40
	>20000	10		>20~50	35
锌	<100	40		>50~100	30
	100~500	35		>100~200	20
	>500~2000	30		>200	15
	>2000~8000	25	硒	<0.5	50
	>8000~15000	20		0.5~5	40
	>15000~25000	15		>5~10	35
	>25000	10		>10~30	30
锰	<100	35		>30~50	20
	100~500	30		>50	15
	>500~1500	25			

表4 饲料卫生指标检测结果判定的允许误差（Ⅰ）

测定项目	标准规定值（毫克/千克）	允许误差（绝对误差，毫克/千克）	测定项目	标准规定值（毫克/千克）	允许误差（绝对误差，毫克/千克）
铅（以Pb计）	<5	1.0	铅（以Pb计）	>40~60	2.8
	5~8	1.2		>60~80	3.2
	>8~12	1.5		>80	3.5
	>12~15	1.8	砷（以As计）	<2	0.3
	>15~20	2.0		2~3	0.4
	>20~30	2.2		>3~5	0.6
	>30~40	2.4		>5~8	0.8
砷（以As计）	>8~11	1.0	氟（以F计）	50~100	20
	>11~15	1.2		>100~200	30
	>15~20	1.4		>200~300	35
	>20~30	1.7		>300~400	40
	>30~40	2.0		>400~500	50
	>40	2.2		>500~800	80
镉（以Cd计）	<0.3	0.1		>800~1200	100
	0.3~0.5	0.2		>1200~1700	140
	>0.5~1	0.3		>1700~2400	190
	>1~2	0.4		>2400	240
	>2~3	0.5	氰化物（以HCN计）	<50	8
	>3~8	0.6		50~100	10
	>8~15	0.8		>100~200	20
	>15	1.0		>200~300	30
汞（以Hg计）	<0.1	0.04		>300	35
	0.1~0.2	0.05	亚硝酸钠（以NaNO$_2$计）	<2	0.5
	>0.2~0.4	0.08		2~5	1.0
	>0.4~0.6	0.10		>5~10	2.0
	>0.6	0.12		>10~15	3.0
铬（以Cr计）	<10	2		>15~30	5.0
	10~20	4		>30~60	7.0
	>20~40	8		>60~90	9.0
	>40~60	12		>90	10.0
	>60~80	16	游离棉酚	<50	8
	>80~120	22		50~100	15
	>120~200	28		>100~200	25
	>200	32		>200~300	40
锡（以Sn计）	<20	8		>300~400	60
	20~50	15		>400~600	80
	>50~150	20		>600~900	100
	>150~250	30		>900~1200	110
	>250	40		>1200	120
氟（以F计）	<50	10			

(续表)

测定项目	标准规定值 (毫克/千克)	允许误差 (绝对误差, 毫克/千克)	测定项目	标准规定值 (毫克/千克)	允许误差 (绝对误差, 毫克/千克)
异硫氰酸酯 (以丙烯基异 硫氰酸酯计)	<100	20	六六六	<0.05	0.02
	100~300	40		0.05~0.1	0.03
	>300~500	80		>0.1~0.3	0.05
	>500~1000	120		>0.3~0.5	0.08
	>1000~2000	160		>0.5~1.0	0.15
	>2000~3000	240		>1.0~1.5	0.23
	>3000~4000	320		>1.5~2.0	0.30
	>4000	400		>2.0	0.35
噁唑烷硫酮	<500	80	滴滴涕	<0.05	0.01
	500~1000	120		0.05~0.1	0.02
	>1000~2000	180		>0.1~0.2	0.04
	>2000~3000	260		>0.2~0.5	0.08
	>3000~4000	340		>0.5~0.8	0.12
	>4000~5000	420		>0.8~1.2	0.16
	>5000~6000	500		>1.20	0.20
	>6000	580			

表5 饲料卫生指标检测结果判定的允许误差（Ⅱ）

测定项目	标准规定值 (毫克/千克)	允许误差 (相对误差,%)	测定项目	标准规定值 (毫克/千克)	允许误差 (相对误差,%)
有机磷 杀虫剂	<0.2	35	氨基甲酸酯 类杀虫剂	>3	5
	0.2~0.5	30			
	>0.5~1	25	拟除虫菊酯 类杀虫剂	<0.2	40
	>1~2	20		0.2~0.5	35
	>2~3	15		>0.5~1	30
	3~5	10		>1~3	25
	>5	5		>3~5	20
氨基甲酸酯 类杀虫剂	<0.1	40	霉菌毒素	>5~10	10
	0.1~0.3	35		>10	5
	>0.3~0.5	30		<0.01	35
	>0.5~1	25		0.01~0.05	30
	>1~2	20		>0.05~0.1	25
	>2~3	10		>0.1~0.5	20
霉菌毒素	>0.5~1	15	酸价[b]	>11~15	15
	>1~2	10		>15~20	10
	>2	5		>20	5

(续表)

测定项目	标准规定值（毫克/千克）	允许误差（相对误差,%）	测定项目	标准规定值（毫克/千克）	允许误差（相对误差,%）
苯并（α）芘[a]	<4	30	挥发性盐基氮[c]	<110	35
	4~6	25		110~130	30
	>6~8	20		>130~150	25
	>8~10	15		>150~170	20
	>10	10		>170~190	15
多氯联苯	<0.5	30		>190	10
	0.5~2	25	过氧化值[d]	<5	35
	>2~3	20		5~8	30
	>3~5	15		>8~10	25
	>5	10		>10~12	20
酸价[b]	<3	30		>12~15	15
	3~7	25		>15	10
	>7~11	20			

[a] 标准规定值单位为微克/千克。
[b] 标准规定值单位为毫克/克。
[c] 标准规定值单位为毫克/100克。
[d] 标准规定值单位为毫摩尔/千克。

4 判定方法与规则

4.1 在判定饲料产品某测定项目的检测结果是否合格时，应按该测定项目的保证值在第3章相应表格的标准规定值范围中查出对应的允许误差值。

4.2 当饲料产品某测定项目的保证值正好处在本标准规定值分档的界限值时，应按该测定项目保证值数值所在的档次来查出对应的允许误差值。例如，某产品粗蛋白质保证值（%）为"≥20"时，"20"是处在">15~20"档次，此时允许误差值应取与">15~20"相对应的"0.8%"，而不取与">20~25"相对应的"1.0%"。

4.3 如果在饲料产品某测定项目的保证值中仅规定有下限值（最低含量）时，在产品保证值上减去相应的允许误差值后进行判定。

4.4 如果在饲料产品某测定项目的保证值中仅规定有上限值（最高含量）时，在产品保证值上加上相应的允许误差值后进行判定。

4.5 如果在饲料产品某测定项目的保证值中同时规定有下限值和上限值时，对下限值的判定按4.3进行，对上限值的判定按4.4进行。

示例：

某配合饲料产品食盐含量的保证值为0.3%~0.8%。

查表1，食盐含量保证值的下限值为0.3%和上限值为0.8%均处于表格中标准规定值的"0.3~1"档次，其对应的允许误差值均为0.1%。

计算：

判定合格的下限值为0.3%-0.1%=0.2%；
判定合格的上限值为0.8%+0.1%=0.9%。

4.6 本标准中所列的允许误差有绝对误差与相对误差两种表示方式。当允许误差用相对误差表示时（如表2、表3和表5），其计算示例如下。

示例：

某仔猪代乳料产品中锌的最高限量为 200 毫克/千克。

查表 3，锌含量标准规定值在 100～500 毫克/千克时，相对应的允许误差（相对误差）为 35%。

计算：

判定合格的上限值为 200+（200×35%）= 270（毫克/千克）。

4.7 数值修约按照 GB/T 8170 执行。产品项目检测结果与保证值的比较按 GB/T 8170 中的"修约值比较法"执行。

第三篇 抽样单填写范例

中国兽药残留监测抽样单

抽 样 单

样品编号			
样品名称			
动物品种		年　龄	
性　别		体　重	
抽样基数		样本数量	
批　号		抽样日期	
封装情况			
保存情况			
运输情况			
被抽样单位情况			
单位名称：			
地　址		邮政编码	
电　话		传　真	
被抽样单位盖章 被抽样单位主管人签名		抽样单位盖章 抽样人签名	
备注：			

抽样人仔细阅读以下句子，然后签字：

我认真负责地填写了该抽样单，承认以上填写的合法性，所抽样品系按照官方取样程序取得的，该样品具有代表性、真实性和公正性。

此单一式三份，残留办公室（白）、被抽样单位（绿）、抽样单位（红）。

饲料产品质量监督抽查抽样单（确认单）

受检单位	单位名称			生产企业	企业名称	
	法人代表				法人代表	
	单位地址				企业地址	
	电　话				电　话	
	传　真				传　真	
	邮　编				邮　编	

样品名称		抽样数量		生产日期或批号	
商　标		出厂等级		抽样日期	
规格型号		抽样基数		抽样地点	
执行标准				抽样方式	
技术资料				企业人数	

该批产品是否标明为试制品	□否；□是	该批产品是否为出口产品	□否；　□是
是否为许可证产品	□否；□是	安全认证产品	□已获证；□未获证

抽样人员仔细阅读文字表述，确认后签字：
　　我认真地填写抽样单，承认以上填写内容真实性，本抽样单所证实的样品系按照官方抽样方法取得，该产品系自检合格具有代表性、真实性和公正性。

受检单位签字（盖章）	抽样人： 年　月　日	生产企业确认情况	□是本企业生产的产品 □不本企业生产的产品 （流通领域抽样填写此栏，若非本企业生，请附证明材料）	生产企业签字（盖章）	抽样人： 年　月　日
抽样单位联系方式	电　话		抽样单位签字（盖章）	抽样人： 年　月　日	
	传　真				
	地址（邮编）				
备注					

注：1. 在流通领域抽样时，请生产企业接到抽样单15日内之内对本单位生产的产品进行确认。如需在确认时提供产品其他相关信息，可在"备注"栏填写或附页说明。

2. 技术资料指除执行标准外的技术合同、产品说明书、标签等相关技术资料。

3. 此表一式三份，一份留抽样单位（白），一份留受检单位（红），一份留检验单位（绿）。

中华人民共和国农业农村部
生鲜乳质量安全监督抽查抽样单

第一联

样品名称				样品编号		
产品认证情况		□无公害农产品	□绿色食品	□有机农产品		□其他
证书编号				生产日期		
抽样数量				抽样基数		
抽样场所		□乳品企业奶站　　□奶牛场奶站　　□奶牛合作社奶站 □生鲜乳运输车　　□个体私营奶站　　□流动收奶点 □奶牛养殖场　　□其他				
现场检查情况		收购许可证：　□有　□无		生鲜乳温度：　　℃		
		准运证：　□有　□无		交接单：　□有　□无		
受检单位情况	单位名称					
	通信地址				邮编	
	法人代表		电话		传真	
	联系人		电话		传真	
生产单位情况	单位名称					
	通信地址				邮编	
	联系人		电话		传真	
抽样单位情况	单位名称				联系人	
	通信地址		邮编			
	联系电话		传真			
	E-mail					
抽样人员仔细阅读文字表述，确认后签字： 　　我认真地填写抽样单，承认以上填写内容真实性，本抽样单所证实的样品系按照官方抽样方法取得，所有产品均系自检合格具有代表性、真实性和公正性。						
受检单位签字（盖章） 抽样人： 　　抽样日期：　　　　年　月　日			抽样单位签字（盖章）： 抽样人（2人）： 　　抽样日期：　　　　年　月　日			
备注：						

注：1. 本抽样单由受检单位协助抽样单位工作人员如实填写；

2. 受检单位代表人须在抽样单上签字、盖章；

3. 本工作单一式三联，第一联留承检单位，第二联留受检单位，第三联交受检单位所在地畜牧行政主管部门；

4. 需要做选择的项目，在选中项目的"□"中打"√"。

畜禽尿/水样抽样单

样品编号：_____

样品名称：_____尿/水样_____ 采样日期：_____年 月 日

采样数量：约_____毫升（瓶）×3×_____ 采样基数：_____

受检单位：_____ 联系电话：_____

通信地址：_____ 邮政编码：_____

检验项目：_____

采样人员与被检单位代表人仔细阅读以下句子，然后签字：

我认真负责地填写该样品抽样单，承认以上内容填写的合法性，该抽样单所证实的样品系按照抽样方法取得的，该样品具有代表性、真实性和公正性。

被检单位（章）	抽样单位（章）
代表人签字：	抽样人签字：
电　话：	电　话：
传　真：	传　真：
日　期：　　年　月　日	日　期：　　年　月　日
备注：	

第一联　存根（白）　　第二联　被检单位（红）　　第三联　检验机构（绿）

兽药抽样记录凭证

抽样环节		□生产	□经营	□使用		抽样日期：		年 月 日
抽样编号	兽药名称	含量规格	批号	生产单位	生产或购进量	已销售或用量	库存量	抽样量
经营使用环节抽样时，需核实以下内容								
抽样编号	购买方式	进货时间		供货单位		供货人员		联系电话
被抽样单位（盖章）： 被抽样场所： 有关负责人签名： 联系电话： 备注：					抽样单位（盖章）： 抽样人员签名： 联系电话：			

注：本凭证一式三联，第一联（白）交兽药检验机构随检品卡流转，第二联（红）交被抽样单位，第三联（绿）存根。

第四部分

综合性公告

饲料药物添加剂使用规范

中华人民共和国农业部公告第 168 号

为加强兽药的使用管理，进一步规范和指导饲料药物添加剂的合理使用，防止滥用饲料药物添加剂，根据《兽药管理条例》的规定，现发布《饲料药物添加剂使用规范》（以下简称《规范》），并就有关事项通知如下，请各地遵照执行。

一、凡农业部批准的具有预防动物疾病、促进动物生长作用，可在饲料中长时间添加使用的饲料药物添加剂（品种收载于附录一），其产品批准文号须用"药添字"。生产含有"附录一"所列品种成分的饲料，必须在产品标签中标明所含兽药成分的名称、含量、适用范围、停药期规定及注意事项等。

二、凡农业部批准的用于防治动物疾病，并规定疗程，仅是通过混饲给药的饲料药物添加剂（包括预混剂或散剂，品种收载于附录二），其产品批准文号须用"兽药字"，各畜禽养殖场及养殖户须凭兽医处方购买、使用，所有商品饲料中不得添加"附录二"中所列的兽药成分。

三、除本《规范》收载品种及农业部今后批准允许添加到饲料中使用的饲料药物添加剂外，任何其他兽药产品一律不得添加到饲料中使用。

四、兽用原料药不得直接加入饲料中使用，必须制成预混剂后方可添加到饲料中。

五、各地兽药管理部门要对照本《规范》于 10 月底前完成本辖区饲料药物添加剂产品批准文号的清理整顿工作，印有原批准文号的产品标签、包装可使用至 2001 年 12 月底。

六、凡从事饲料药物添加剂生产、经营活动的，必须履行有关的兽药报批手续，并接受各级兽药管理部门的管理和质量监督，违者按照兽药管理法规进行处理。

七、本《规范》自发布之日起执行。原我部《关于发布（允许作饲料药物添加剂的兽药品种及使用规定）的通知》（农牧发〔1997〕8 号）和《关于发布"饲料添加剂允许使用品种目录"的通知》（农牧发〔1994〕7 号）同时废止。

二〇〇一年六月四日

饲料药物添加剂使用规范

1. 二硝托胺预混剂

Dinitolmide Premix

［有效成分］二硝托胺

［含量规格］每1 000克中含二硝托胺250克。

［适用动物］鸡

［作用与用途］用于禽球虫病。

［用法与用量］混饲。每1 000千克饲料添加本品500克。

［注意］蛋鸡产蛋期禁用；休药期3天。

注：摘自2000年版《中国兽药典》。

2. 马杜霉素铵预混剂

Maduramicin Ammonium Premix

［有效成分］马杜霉素铵

［含量规格］每1 000克中含马杜霉素10克。

［适用动物］鸡

［作用与用途］用于鸡球虫病。

［用法与用量］混饲。每1 000千克饲料添加本品500克。

［注意］蛋鸡产蛋期禁用；不得用于其他动物；在无球虫病时，含百万分之六以上马杜霉素铵盐的饲料对生长有明显抑制作用，也不改善饲料报酬；休药期5天。

［商品名称］加福、抗球王

注：摘自《进口兽药质量标准》（1999年版）和《兽药质量标准》（第一册）。

3. 尼卡巴嗪预混剂

Nicarbazin Premix

［有效成分］尼卡巴嗪

［含量规格］每1 000克中含尼卡巴嗪200克。

［适用动物］鸡

［作用与用途］用于鸡球虫病。

［用法与用量］混饲。每1 000千克饲料添加本品100~125克。

［注意］蛋鸡产蛋期禁用；高温季节慎用；休药期4天。

［商品名称］杀球宁

注：摘自《进口兽药质量标准》（1999年版）。

4. 尼卡巴嗪、乙氧酰胺苯甲酯预混剂

Nicarbazin and Ethopabate Premix

［有效成分］尼卡巴嗪和乙氧酰胺苯甲酯

［含量规格］每1 000克中含尼卡巴嗪250克和乙氧酰胺苯甲酯16克。

［适用动物］鸡

［作用与用途］用于鸡球虫病。

［用法与用量］混饲。每1 000千克饲料添加本品500克。

［注意］蛋鸡产蛋期和种鸡禁用；高温季节慎用；休药期9天。
［商品名称］球净
注：摘自《进口兽药质量标准》（1999年版）。

5. 甲基盐霉素预混剂

Narasin Premix

［有效成分］甲基盐霉素
［含量规格］每1 000克中含甲基盐霉素100克。
［适用动物］鸡
［作用与用途］用于鸡球虫病。
［用法与用量］混饲。每1 000千克饲料添加本品600~800克。
［注意］蛋鸡产蛋期禁用；马属动物禁用；禁止与泰妙菌素、竹桃霉素并用；防止与人眼接触；休药期5天。
［商品名称］禽安
注：摘自《进口兽药质量标准》（1999年版）。

6. 甲基盐霉素、尼卡巴嗪预混剂

Narasin and Nicarbazin Premix

［有效成分］　甲基盐霉素和尼卡巴嗪
［含量规格］每1 000克中含甲基盐霉素80克和尼卡巴嗪80克。
［适用动物］　鸡
［作用与用途］　用于鸡球虫病。
［用法与用量］　混饲。每1 000千克饲料添加本品310~560克。
［注意］蛋鸡产蛋期禁用；马属动物忌用；禁止与泰妙菌素、竹桃霉素并用；高温季节慎用；休药期5天。
［商品名称］猛安
注：摘自《进口兽药质量标准》（1999年版）。

7. 拉沙洛西钠预混剂

Lasalocid Sodium Premix

［有效成分］拉沙洛西钠
［含量规格］每1 000克中含拉沙洛西150克或450克。
［适用动物］鸡
［作用与用途］用于鸡球虫病。
［用法与用量］混饲。每1 000千克饲料添加本品75~125克（以有效成分计）。
［注意］马属动物禁用；休药期3天。
［商品名称］球安
注：摘自《进口兽药质量标准》（1999年版）。

8. 氢溴酸常山酮预混剂

Halofuginone Hydrobromide Premix

［有效成分］氢溴酸常山酮
［含量规格］每1 000克中含氢溴酸常山酮6克。
［适用动物］鸡
［作用与用途］用于防治鸡球虫病。

［用法与用量］ 混饲。每1 000千克饲料添加本品500克。
［注意］ 蛋鸡产蛋期禁用；休药期5天。
［商品名称］ 速丹

注：摘自《进口兽药质量标准》（1999年版）。

9. 盐酸氯苯胍预混剂

Robenidine Hydrochloride Premix

［有效成分］ 盐酸氯苯胍
［含量规格］ 每1 000克中含盐酸氯苯胍100克。
［适用动物］ 鸡、兔
［作用与用途］ 用于鸡兔球虫病。
［用法与用量］ 混饲。每1 000千克饲料添加本品，鸡300~600克，兔1 000~1 500克。
［注意］ 蛋鸡产蛋期禁用。休药期鸡5天，兔7天。

注：摘自2000年版《中国兽药典》。

10. 盐酸氨丙啉、乙氧酰胺苯甲酯预混剂

Amprolium Hydrochloride and Ethopabate Premix

［有效成分］ 盐酸氨丙啉和乙氧酰胺苯甲酯
［含量规格］ 每1 000克中含盐酸氨丙啉250克和乙氧酰胺苯甲酯16克。
［适用动物］ 家禽
［作用与用途］ 用于禽球虫病。
［用法与用量］ 混饲。每1 000千克饲料添加本品500克。
［注意］ 蛋鸡产蛋期禁用；每1 000千克饲料中维生素B_1大于10克时明显拮抗；休药期3天。
［商品名称］ 加强安保乐

注：摘自2000年版《中国兽药典》，其中［注意］中"每1 000千克饲料中维生素B_1大于10克时明显拮抗"摘自《进口兽药质量标准》（1999年版）。

11. 盐酸氨丙啉、乙氧酰胺苯甲酯、磺胺喹噁啉预混剂

Amprolium Hydrochloride、Ethopabate and Sulfaquinoxaline Premix

［有效成分］ 盐酸氨丙啉、乙氧酰胺苯甲酯和磺胺喹噁啉
［含量规格］ 每1 000克中含盐酸氨丙啉200克、乙氧酰胺苯甲酯10克和磺胺喹噁啉120克。
［适用动物］ 家禽
［作用与用途］ 用于禽球虫病。
［用法与用量］ 混饲。每1 000千克饲料添加本品500克。
［注意］ 蛋鸡产蛋期禁用；每1 000千克中维生素B_1大于10克时明显拮抗；休药期7天。
［商品名称］ 百球清

注：同"盐酸氨丙啉和乙氧酰胺苯甲酯预混剂"。

12. 氯羟吡啶预混剂

Clopidol Premix

［有效成分］ 氯羟吡啶
［含量规格］ 每1 000克中含氯羟吡啶250克。
［适用动物］ 家禽和兔

［作用与用途］ 用于禽、兔球虫病。
［用法与用量］ 混饲。每1 000千克饲料添加本品，鸡500克，兔800克。
［注意］ 蛋鸡产蛋期禁用；休药期5天。
注：摘自2000年版《中国兽药典》。

13. 海南霉素钠预混剂

Hainanmycin Sodium Premix

［有效成分］ 海南霉素钠
［含量规格］ 每1 000克中含海南霉素10克。
［作用与用途］ 用于鸡球虫病。
［用法与用量］ 混饲。每1 000千克饲料添加本品500~750克。
［注意］ 蛋鸡产蛋期禁用；休药期7天。
注：摘自《兽药质量标准》（第一册）。

14. 赛杜霉素钠预混剂

Semduramicin Sodium Premix

［有效成分］ 赛杜霉素钠
［含量规格］ 每1 000千克中含赛杜霉素50克。
［适用动物］ 鸡
［作用与用途］ 用于鸡球虫病。
［用法与用量］ 混饲。每1 000千克饲料添加本品500克。
［注意］ 蛋鸡产蛋期禁用；休药期5天。
［商品名称］ 禽旺
注：摘自《进口兽药质量标准》（1999年版）。

15. 地克珠利预混剂

Diclazuril Premix

［有效成分］ 地克珠利
［含量规格］ 每1 000克中含地克珠利2克或5克。
［适用动物］ 畜禽
［作用与用途］ 用于畜禽球虫病。
［用法与用量］ 混饲。每1 000千克饲料添加本品1克（以有效成分计）。
［注意］ 蛋鸡产蛋期禁用。
注：摘自《进口兽药质量标准》（1999年版）和《兽药质量标准》（第二册）。

16. 复方硝基酚钠预混剂

Compound Sodium Nitrophenolate Premix

［有效成分］ 邻硝基苯酚钠、对硝基苯酚钠、5-硝基愈创木酚钠、磷酸氢钙和硫酸镁
［含量规格］ 每1 000克中含邻硝基苯酚钠0.6克、对硝基苯酚钠0.9克、5-硝基愈创木酚钠0.3克、磷酸氢钙898.2克和硫酸镁100克。
［适用动物］ 虾、蟹
［作用与用途］ 主用于虾、蟹等甲壳类动物的促生长。
［用法与用量］ 混饲。每1 000千克饲料添加本品5~10千克。
［注意］ 休药期7天。
［商品名称］ 爱多收

注：摘自《进口兽药质量标准》（1999年版）。

17. 氨苯砷酸预混剂

Arsanilic Acid Premix

［有效成分］氨苯砷酸

［含量规格］每1 000克中含氨苯砷酸100克。

［适用动物］猪、鸡

［作用与用途］用于促进猪、鸡生长。

［用法与用量］混饲。每1 000千克饲料添加本品1 000克。

［注意］休药期5天

注：摘自《兽药质量标准》（第一册）。

18. 洛克沙胂预混剂

Arsanilic Acid Premix

［有效成分］洛克沙胂

［含量规格］每1 000克中含洛克沙胂50克或100克。

［适用动物］猪、鸡

［作用与用途］用于促进猪、鸡生长。

［用法与用量］混饲。每1 000千克饲料添加本品50克（以有效成分计）。

［注意］蛋鸡产蛋期禁用；休药期5天。

注：摘自《兽药质量标准》（第二册）。

19. 莫能菌素钠预混剂

Monensin Sodium Premix

［有效成分］莫能菌素钠

［含量规格］每1 000克中含莫能菌素50克或100克或200克。

［适用动物］牛、鸡

［作用与用途］用于鸡球虫病和肉牛促生长。

［用法与用量］混饲。鸡，每1 000千克饲料添加90~110克；肉牛，每头每天200~360毫克。以上均以有效成分计。

［注意］蛋鸡产蛋期禁用；泌乳期的奶牛及马属动物禁用；禁止与泰妙菌素、竹桃霉素并用；搅拌配料时禁止与人的皮肤、眼睛接触；休药期5天。

［商品名称］瘤胃素、欲可胖

注：摘自《进口兽药质量标准》（1999年版）和《兽药质量标准》（第一册）。

20. 杆菌肽锌预混剂

Bacitracin Zinc Premix

［有效成分］杆菌肽锌

［含量规格］每1 000克中含杆菌肽100克或150克。

［适用动物］牛、猪、禽

［作用与用途］用于促进畜禽生长。

［用法与用量］混饲。每1 000千克饲料添加，犊牛10~100克（3月龄以下）、4~40克（6月龄以下），猪4~40克（4月龄以下），鸡4~40克（16周龄以下）。以上均以有效成分计。

［注意］休药期0天。

注：摘自2000年版《中国兽药典》。

21. 黄霉素预混剂

Flavomycin Premix

[有效成分] 黄霉素

[含量规格] 每1 000克中含黄霉素40克或80克。

[适用动物] 牛、猪、鸡

[作用与用途] 用于促进畜禽生长。

[用法与用量] 混饲。每1 000千克饲料添加，仔猪10~25克，生长、育肥猪5克，肉鸡5克，肉牛每头每天30~50毫克。以上均以有效成分计。

[注意] 休药期0天。

[商品名称] 富乐旺

注：摘自《进口兽药质量标准》（1999年版）。

22. 维吉尼亚霉素预混剂

Virginiamycin Premix

[有效成分] 维吉尼亚霉素

[含量规格] 每1 000克中含维吉尼亚霉素500克。

[适用动物] 猪、鸡

[作用与用途] 用于促进畜禽生长。

[用法与用量] 混饲。每1 000千克饲料添加本品，猪20~50克，鸡10~40克。

[注意] 休药期1天。

[商品名称] 速大肥

注：摘自《进口兽药质量标准》（1999年版）。

23. 喹乙醇预混剂

Olaquindox Premix

[有效成分] 喹乙醇

[含量规格] 每1 000克中含喹乙醇50克。

[适用动物] 猪

[作用与用途] 用于猪促生长。

[用法与用量] 混饲。每1 000千克饲料添加本品1 000~2 000克。

[注意] 禁用于禽；禁用于体重超过35千克的猪；休药期35天。

注：摘自2000年版《中国兽药典》。

24. 那西肽预混剂

Nosiheptide Premix

[有效成分] 那西肽

[含量规格] 每1 000克中含那西肽2.5克。

[适用动物] 鸡

[作用与用途] 用于鸡促进生长。

[用法与用量] 混饲。每1 000千克饲料添加本品1 000克。

[注意] 休药期3天。

注：摘自《兽药质量标准》（第二册）。

25. 阿美拉霉素预混剂

Avilamycin Premix

［有效成分］阿美拉霉素

［含量规格］每1 000克中含阿美拉霉素100克。

［适用动物］猪、鸡

［作用与用途］用于猪和肉鸡的促生长。

［用法与用量］混饲。每1 000千克饲料添加本品，猪200~400克（4月龄以内），100~200克（4~6月龄），肉鸡50~100克。

［注意］休药期0天。

［商品名称］效美素

注：摘自部颁进口兽药质量标准。

26. 盐霉素钠预混剂

Salinomycin Sodium Premix

［有效成分］盐霉素钠

［含量规格］每1 000克中含盐霉素50克或60克或100克或120克或450克或500克。

［适用动物］牛、猪、鸡

［作用与用途］用于鸡球虫病和促进畜禽生长。

［用法与用量］混饲。每1 000千克饲料添加，鸡50~70克；猪25~75克；牛10~30克。以上均以有效成分计。

［注意］蛋鸡产蛋期禁用；马属动物禁用；禁止与泰妙菌素、竹桃霉素并用；休药期5天。

［商品名称］优素精、赛可喜

注：摘自《进口兽药质量标准》（1999年版）。

27. 硫酸黏杆菌素预混剂

Colistin Sulfate Premix

［有效成分］硫酸黏杆菌素

［含量规格］每1 000克中含黏杆菌素20克或40克或100克。

［适用动物］牛、猪、鸡

［作用与用途］用于革兰氏阴性杆菌引起的肠道感染，并有一定的促生长作用。

［用法与用量］混饲。每1 000千克饲料添加，犊牛5~40克，仔猪2~20克，鸡2~20克。以上均以有效成分计。

［注意］蛋鸡产蛋期禁用；休药期7天。

［商品名称］抗敌素

注：摘自《进口兽药质量标准》（1999年版）。

28. 牛至油预混剂

Oremano Oil Premix

［有效成分］5-甲基-2-异丙基苯酚和2-甲基-5-异丙基苯酚

［含量规格］每1 000克中含5-甲基-2-异丙基苯酚和2-甲基-5-异丙基苯酚25克。

［适用动物］猪、鸡

［作用与用途］用于预防及治疗猪、鸡大肠杆菌、沙门氏菌所致的下痢，促进畜禽生长。

［用法与用量］混饲。每1 000千克饲料添加本品，用于预防疾病，猪500~700克，鸡450克；用于治疗疾病，猪1 000~1300克，鸡900克，连用7天；用于促生长，猪、鸡50~500克。

［商品名称］诺必达

注：摘自《进口兽药质量标准》（1999年版）。

29. 杆菌肽锌、硫酸黏杆菌素预混剂

Bacitracin Zinc and Colistin Sulfate Premix

［有效成分］杆菌肽锌和硫酸黏杆菌素

［含量规格］每1 000克中含杆菌肽50克和黏杆菌素10克。

［适用动物］猪、鸡

［作用与用途］用于革兰氏阳性菌和阴性菌感染，并具有一定的促进生长作用。

［用法与用量］混饲。每1 000千克饲料添加，猪2~40克（2月龄以下）、2~20克（4月龄以下），鸡2~20克。以上均以有效成分计。

［注意］蛋鸡产蛋期禁用；休药期7天。

［商品名称］万能肥素

注：摘自《进口兽药质量标准》（1999年版）。

30. 土霉素钙

Oxytetracycline Calcium

［含量规格］每1 000克中含土霉素50克或100克或200克。

［适用动物］猪、鸡

［作用与用途］抗生素类药。对革兰氏阳性菌和阴性菌均有抑制作用，用于促进猪、鸡生长。

［用法与用量］混饲。每1 000千克饲料添加，猪10~50克（4月龄以内），鸡10~50克（10周龄以内）。以上均以有效成分计。

［注意］蛋鸡产蛋期禁用；添加于低钙饲料（饲料含钙量0.18%~0.55%）时，连续用药不超过5天。

31. 吉他霉素预混剂

Kitasamycin Premix

［有效成分］吉他霉素

［含量规格］每1 000克中含吉他霉素22克或110克或550克或950克。

［适用动物］猪、鸡

［作用与用途］用于防治慢性呼吸系统疾病，也用于促进畜禽生长。

［用法与用量］混饲。每1 000千克饲料添加，用于促生长，猪5~55克，鸡5~11克；用于防治疾病，猪80~330克，鸡100~330克，连用5~7天。以上均以有效成分计。

［注意］蛋鸡产蛋期禁用；休药期7天。

注：摘自《进口兽药质量标准》（1999年版）和《兽药质量标准》（第一册）。

32. 金霉素（饲料级）预混剂

Chlortetracycline (Feed Grade) Premix

［有效成分］金霉素

［含量规格］每1 000克中含金霉素100克或150克。

［适用动物］猪、鸡

［作用与用途］对革兰氏阳性菌和阴性菌均有抑制作用，用于促进猪、鸡生长。

［用法与用量］混饲。每1 000千克饲料添加，猪25~75克（4月龄以内），鸡20~50克（10周龄以内）。以上均以有效成分计。

［注意］蛋鸡产蛋期禁用；休药期7天。

33. 恩拉霉素预混剂

Enramycin Premix

[有效成分] 恩拉霉素

[含量规格] 每1 000克中含恩拉霉素40克或80克。

[适用动物] 猪、鸡

[作用与用途] 对革兰氏阳性菌有抑制作用,用于促进猪、鸡生长。

[用法与用量] 混饲。每1 000千克饲料添加,猪2.5~20克,鸡1~10克。以上均以有效成分计。

[注意] 蛋鸡产蛋期禁用;休药期7天。

注:摘自《进口兽药质量标准》(1999年版)。

(附件2)(24个)

34. 磺胺喹噁啉、二甲氧苄啶预混剂

Sulfaquinoxaline and Diaveridine Premix

[有效成分] 磺胺喹噁啉和二甲氧苄啶

[含量规格] 每1 000克中含磺胺喹噁啉200克和二甲氧苄啶40克。

[适用动物] 鸡

[作用与用途] 用于禽球虫病。

[用法与用量] 混饲。每1 000千克饲料添加本品500克。

[注意] 连续用药不得超过5天;蛋鸡产蛋期禁用;休药期10天。

注:摘自2000年版《中国兽药典》。

35. 越霉素A预混剂

Destomycin A Premix

[有效成分] 越霉素A

[含量规格] 每1 000克中含越霉素A20克或50克或500克。

[适用动物] 猪、鸡

[作用与用途] 主用于猪蛔虫病、鞭虫病及鸡蛔虫病。

[用法与用量] 混饲。每1 000千克饲料添加5~10克(以有效成分计),连用8周。

[注意] 蛋鸡产蛋期禁用;休药期,猪15天,鸡3天。

[商品名称] 得利肥素

注:摘自《进口兽药质量标准》(1999年版)。

36. 潮霉素B预混剂

Hymromycin B Premix

[有效成分] 潮霉素B

[含量规格] 每1 000克中含潮霉素B 17.6克。

[适用动物] 猪、鸡

[作用与用途] 用于驱除猪蛔虫、鞭虫及鸡蛔虫。

[用法与用量] 混饲。每1 000克饲料添加,猪10~13克,育成猪连用8周,母猪产前8周至分娩,鸡8~12克,连用8周。以上均以有效成分计。

[注意] 蛋鸡产蛋期禁用;避免与人皮肤、眼睛接触;休药期猪15天,鸡3天。

[商品名称] 效高素

注:摘自《进口兽药质量标准》(1999年版)。

37. 地美硝唑预混剂

Dimetridazole Premix

［有效成分］ 地美硝唑

［含量规格］ 每1 000克中含地美硝唑200克。

［适用动物］ 猪、鸡

［作用与用途］ 用于猪密螺旋体性痢疾和禽组织滴虫病。

［用法与用量］ 混饲。每1 000千克饲料添加本品，猪1 000~2500克，鸡400~2500克。

［注意］ 蛋鸡产蛋期禁用；鸡连续用药不得超过10天；休药期猪3天，鸡3天。

注：摘自2000年版《中国兽药典》。

38. 磷酸泰乐菌素预混剂

Tylosin Phosphate Premix

［有效成分］ 磷酸泰乐菌素

［含量规格］ 每1 000克中含泰乐菌素20克或88克或100克或220克。

［适用动物］ 猪、鸡

［作用与用途］ 主用于畜禽细菌及支原体感染。

［用法与用量］ 混饲。每1 000千克饲料添加，猪10~100克，鸡4~50克。以上均以有效成分计，连用5~7天。

［注意］ 休药期5天。

注：摘自《进口兽药质量标准》（1999年版）和《兽药质量标准》（第二册）。

39. 硫酸安普霉素预混剂

Apramycin Sulfate Premix

［有效成分］ 硫酸安普霉素

［含量规格］ 每1 000克中含安普霉素20克或30克或100克或165克。

［适用动物］ 猪

［作用与用途］ 用于畜禽肠道革兰氏阴性菌感染。

［用法与用量］ 混饲。每1 000千克饲料添加本品80~100克（以有效成分计），连用7天。

［注意］ 接触本品时，需戴手套及防尘面罩；休药期21天。

［商品名称］ 安百痢

注：摘自《进口兽药质量标准》（1999年版）和《兽药质量标准》（第一册）。

40. 盐酸林可霉素预混剂

Lincomycin Hydrochloride Premix

［有效成分］ 盐酸林可霉素

［含量规格］ 每1 000克中含林可霉素8.8克或110克。

［适用动物］ 猪、禽

［作用与用途］ 用于畜禽革兰氏阳性菌感染，也可用于猪密螺旋体、弓形虫感染。

［用法与用量］ 混饲。每1 000千克饲料添加，猪44~77克，鸡2.2~4.4克，连用7~21天。以上均以有效成分计。

［注意］ 蛋鸡产蛋期禁用；禁止家兔、马或反刍动物接近含有林可霉素的饲料；休药期5天。

［商品名称］ 可肥素

注：摘自《进口兽药质量标准》（1999年版）。

41. 赛地卡霉素预混剂

Sedecamycin Premix

［有效成分］ 赛地卡霉素

［含量规格］ 每1 000克中含赛地卡霉素10克或20克或50克。

［适用动物］ 猪

［作用与用途］ 主用于治疗猪密螺旋体引起的血痢。

［用法与用量］ 混饲。每1 000千克饲料添加75克（以有效成分计），连用15天。

［注意］ 休药期1天。

［商品名称］ 克泻痢宁

注：摘自《进口兽药质量标准》（1999年版）。

42. 伊维菌素预混剂

Ivermectin Premix

［有效成分］ 伊维菌素

［含量规格］ 每1 000克中含伊维菌素6克。

［适用动物］ 猪

［作用与用途］ 对线虫、昆虫和螨均有驱杀活性，主要用于治疗猪的胃肠道线虫病和疥螨病。

［用法与用量］ 混饲。每1 000千克饲料添加330克，连用7天。

［注意］ 休药期5天。

注：摘自《进口兽药质量标准》（1999年版）。

43. 呋喃苯烯酸钠粉

Nifurstyrenate Sodium Powder

［有效成分］ 呋喃苯烯酸钠

［含量规格］ 每1 000克中含呋喃苯烯酸钠100克。

［适用动物］ 鱼

［作用与用途］ 用于鲈目鱼类的类结节菌及鲽目鱼的滑行细菌的感染。

［用法与用量］ 混饲。每1千克体重，鲈目鱼类每日用本品0.5克，连用3~10天。

［注意］ 休药期2天。

［商品名称］ 尼福康

注：摘自《进口兽药质量标准》（1999年版）。

44. 延胡索酸泰妙菌素预混剂

Tiamulin Fumarate Premix

［有效成分］ 延胡索酸泰妙菌素

［含量规格］ 每1 000克中含泰妙菌素100克或800克。

［适用动物］ 猪

［作用与用途］ 用于猪支原体肺炎和嗜血杆菌胸膜性肺炎，也可用于猪密螺旋体引起的痢疾。

［用法与用量］ 混饲。每1 000千克饲料添加40~100克（以有效成分计），连用5~10天。

［注意］ 避免接触眼及皮肤；禁止与莫能菌素、盐霉素等聚醚类抗生素混合使用；休药期5天。

［商品名称］ 枝原净

注：摘自《进口兽药质量标准》（1999年版）。

45. 环丙氨嗪预混剂

Cyromazine Premix

［有效成分］ 环丙氨嗪

［含量规格］ 每1 000克中含环丙氨嗪10克。

［适用动物］ 鸡

［作用与用途］ 用于控制动物厩舍内蝇幼虫的繁殖。

［用法与用量］ 混饲。每1 000千克饲料添加本品500克，连用4～6周。

［注意］ 避免儿童接触。

［商品名称］ 蝇得净

注：摘自《进口兽药质量标准》（1999年版）。

46. 氟苯咪唑预混剂

Flubendazole Premix

［有效成分］ 氟苯咪唑

［含量规格］ 每1 000克中含氟苯咪唑50克或500克。

［适用动物］ 猪、鸡

［作用与用途］ 用于驱除畜禽胃肠道线虫及绦虫。

［用法与用量］ 混饲。每1 000千克饲料，猪30克，连用5～10天；鸡30克，连用4～7天。以上均以有效成分计。

［注意］ 休药期14天。

［商品名称］ 弗苯诺

注：摘自《进口兽药质量标准》（1999年版）。

47. 复方磺胺嘧啶预混剂

Compound Sulfadiazine Premix

［有效成分］ 磺胺嘧啶和甲氧苄啶

［含量规格］ 每1 000克中含磺胺嘧啶125克和甲氧苄啶25克。

［适用动物］ 猪、鸡

［作用与用途］ 用于链球菌、葡萄球菌、肺炎球菌、巴氏杆菌、大肠杆菌和李氏杆菌等感染。

［用法与用量］ 混饲。每1千克体重，每日添加本品，猪0.1～0.2克，连用5天；鸡0.17～0.2克，连用10天。

［注意］ 蛋鸡产蛋期禁用；休药期猪5天，鸡1天。

［商品名称］ 立可灵

注：摘自《进口兽药质量标准》（1999年版）。

48. 盐酸林可霉素、硫酸大观霉素预混剂

Lincomycin Hydrochloride and Spectinomycin Sulfate Premix

［有效成分］ 盐酸林可霉素和硫酸大观霉素

［含量规格］ 每1 000克中含林可霉素22克和大观霉素22克。

［适用动物］ 猪

［作用与用途］ 用于防治猪赤痢、沙门氏菌病、大肠杆菌肠炎及支原体肺炎。

［用法与用量］ 混饲。每1 000千克饲料添加本品1 000克，连用7～21天。

［注意］ 休药期5天。

[商品名称] 利高霉素

注：摘自《进口兽药质量标准》（1999 年版）。

49. 硫酸新霉素预混剂

Neomycin Sulfate Premix

[有效成分] 硫酸新霉素

[含量规格] 每 1 000 克中含新霉素 154 克。

[适用动物] 猪、鸡

[作用与用途] 用于治疗畜禽的葡萄球菌、痢疾杆菌、大肠杆菌、变形杆菌感染引起的肠炎。

[用法与用量] 混饲。每 1 000 千克饲料添加本品，猪、鸡 500~1 000 克，连用 3~5 天。

[注意] 蛋鸡产蛋期禁用；休药期猪 3 天，鸡 5 天。

[商品名称] 新肥素

注：摘自《进口兽药质量标准》（1999 年版）和《兽药质量标准》（第一册）。

50. 磷酸替米考星预混剂

Tilmicosin Phosphate Premix

[有效成分] 磷酸替米考星

[含量规格] 每 1 000 克中含替米考星 200 克。

[适用动物] 猪

[作用与用途] 主用于治疗猪胸膜肺炎放线杆菌、巴氏杆菌及支原体引起的感染。

[用法与用量] 混饲。每 1 000 千克饲料添加本品 2000 克，连用 15 天。

[注意] 休药期 14 天。

注：摘自《进口兽药质量标准》（1999 年版）。

51. 磷酸泰乐菌素、磺胺二甲嘧啶预混剂

Tylosin Phosphate and Sulfamethazine Premix

[有效成分] 磷酸泰乐菌素和磺胺二甲嘧啶

[含量规格] 每 1 000 克中含泰乐菌素 22 克和磺胺二甲嘧啶 22 克、泰乐菌素 88 克和磺胺二甲嘧啶 88 克或泰乐菌素 100 克和磺胺二甲嘧啶 100 克。

[适用动物] 猪

[作用与用途] 用于预防猪痢疾，用于畜禽细菌及支原体感染。

[用法与用量] 混饲。每 1 000 千克饲料添加本品 200 克（100 克泰乐菌素+100 克磺胺二甲嘧啶），连用 5~7 天。

[注意] 休药期 15 天。

[商品名称] 泰农强

注：摘自《进口兽药质量标准》（1999 年版）。

52. 甲砜霉素散

Thiamphenicol Powder

[有效成分] 甲砜霉素

[含量规格] 每 1 000 克中含甲砜霉素 50 克。

[适用动物] 鱼

[作用与用途] 用于治疗鱼类由嗜水气单胞菌、肠炎菌等引起的细菌性败血症、肠炎、赤皮病等。

[用法与用量] 混饲。每 150 千克鱼加本品 1 000 克，连用 3~4 天，预防量减半。

注：摘自《兽药质量标准》（第二册）。

53. 诺氟沙星、盐酸小檗碱预混剂

Norfloxacin and Berberine Hydrochloride Premix

[有效成分] 诺氟沙星和盐酸小檗碱

[含量规格] 每 1 000 克中含诺氟沙星 90 克和盐酸小檗碱 20 克（鳗用）或诺氟沙星 25 克和盐酸小檗碱 8 克（鳖用）。

[适用动物] 鳗鱼、鳖

[作用与用途] 用于鳗鱼嗜水气单胞菌与柱状杆菌引起的赤鳃病与烂鳃病；用于鳖红脖子病，烂皮病。

[用法与用量] 混饲。每 1 000 千克饲料，鳗鱼添加本品 15 千克，连用 3 天；鳖 15 千克。

注：摘自《兽药质量标准》（第二册）。

54. 维生素 C 磷酸酯镁、盐酸环丙沙星预混剂

Ma 克 nesium Ascorbic Acid Phosphate and Ciprofloxacin Hydrochloride Premix

[有效成分] 维生素 C 磷酸酯镁和盐酸环丙沙星

[含量规格] 每 1 000 克中含维生素 C 磷酸酯镁 100 克和盐酸环丙沙星 10 克。

[适用动物] 鳖

[作用与用途] 用于预防细菌性疾病。

[用法与用量] 混饲。每 1 000 千克饲料添加本品 5 千克，连用 3~5 天。

注：摘自《兽药质量标准》（第二册）。

55. 盐酸环丙沙星、盐酸小檗碱预混剂

Ciprofloxacin Hydrochloride and Berberine Hydrochloride Premix

[有效成分] 盐酸环丙沙星和盐酸小檗碱

[含量规格] 每 1 000 克中含盐酸环丙沙星 100 克和盐酸小檗碱 40 克。

[适用动物] 鳗鱼

[作用与用途] 用于治疗鳗鱼细菌性疾病。

[用法与用量] 混饲。每 1 000 千克饲料添加本品 15 千克，连用 3~4 天。

禁止在饲料和动物饮水中使用的药物品种目录

中华人民共和国农业部公告第 176 号

为加强饲料、兽药和人用药品管理,防止在饲料生产、经营、使用和动物饮用水中超范围、超剂量使用兽药和饲料添加剂,杜绝滥用违禁药品的行为,根据《饲料和饲料添加剂管理条例》《兽药管理条例》《药品管理法》的有关规定,现公布《禁止在饲料和动物饮用水中使用的药物品种目录》,并就有关事项公告如下:

一、凡生产、经营和使用的营养性饲料添加剂和一般饲料添加剂,均应属于《允许使用的饲料添加剂品种目录》(农业部第 105 号公告)中规定的品种及经审批公布的新饲料添加剂,生产饲料添加剂的企业需办理生产许可证和产品批准文号,新饲料添加剂需办理新饲料添加剂证书,经营企业必须按照《饲料和饲料添加剂管理条例》第十六条、第十七条、第十八条的规定从事经营活动,不得经营和使用未经批准生产的饲料添加剂。

二、凡生产含有药物饲料添加剂的饲料产品,必须严格执行《饲料药物添加剂使用规范》(农业部 168 号公告,以下简称《规范》)的规定,不得添加《规范》附录二中的饲料药物添加剂。凡生产含有《规范》附录一中的饲料药物添加剂的饲料产品,必须执行《饲料标签》标准的规定。

三、凡在饲养过程中使用药物饲料添加剂,需按照《规范》规定执行,不得超范围、超剂量使用药物饲料添加剂。使用药物饲料添加剂必须遵守休药期、配伍禁忌等有关规定。

四、人用药品的生产、销售必须遵守《药品管理法》及相关法规的规定。未办理兽药、饲料添加剂审批手续的人用药品,不得直接用于饲料生产和饲养过程。

五、生产、销售《禁止在饲料和动物饮用水中使用的药物品种目录》所列品种的医药企业或个人,违反《药品管理法》第四十八条规定,向饲料企业和养殖企业(或个人)销售的,由药品监督管理部门按照《药品管理法》第七十四条的规定给予处罚;生产、销售《禁止在饲料和动物饮用水中使用的药物品种目录》所列品种的兽药企业或个人,向饲料企业销售的,由兽药行政管理部门按照《兽药管理条例》第四十二条的规定给予处罚;违反《饲料和饲料添加剂管理条例》第十七条、第十八条、第十九条规定,生产、经营、使用《禁止在饲料和动物饮用水中使用的药物品种目录》所列品种的饲料和饲料添加剂生产企业或个人,由饲料管理部门按照《饲料和饲料添加剂管理条例》第二十五条、第二十八条、第二十九条的规定给予处罚。其他单位和个人生产、经营、使用《禁止在饲料和动物饮用水中使用的药物品种目录》所列品种,用于饲料生产和饲养过程中的,上述有关部门按照谁发现谁查处的原则,依据各自法律法规予以处罚;构成犯罪的,要移送司法机关,依法追究刑事责任。

六、各级饲料、兽药、食品和药品监督管理部门要密切配合,协同行动,加大对饲料生产、经营、使用和动物饮用水中非法使用违禁药物违法行为的打击力度。要加快制定并完善饲料安全标准及检测方法、动物产品有毒有害物质残留标准及检测方法,为行政执法提供技术依据。

七、各级饲料、兽药和药品监督管理部门要进一步加强新闻宣传和科普教育。要将查处饲料和饲养过程中非法使用违禁药物列为宣传工作重点,充分利用各种新闻媒体宣传饲料、兽药和人用药品的管理法规,追踪大案要案,普及饲料、饲养和安全使用兽药知识,努力提高社会各方面

第四部分 综合性公告

对兽药使用管理重要性的认识,为降低药物残留危害,保证动物性食品安全创造良好的外部环境。

中华人民共和国农业部
中华人民共和国卫生部
国家药品监督管理局
二〇〇二年二月九日

附件：

禁止在饲料和动物饮用水中使用的药物品种目录

一、肾上腺素受体激动剂

1. 盐酸克仑特罗（Clenbuterol Hydrochloride）：中华人民共和国药典（以下简称药典）2000年二部P605。β2肾上腺素受体激动药。

2. 沙丁胺醇（Salbutamol）：药典2000年二部P316。β2肾上腺素受体激动药。

3. 硫酸沙丁胺醇（SalbutamolSulfate）：药典2000年二部P870。β2肾上腺素受体激动药。

4. 莱克多巴胺（Ractopamine）：一种β兴奋剂，美国食品和药物管理局（FDA）已批准，中国未批准。

5. 盐酸多巴胺（Dopamine Hydrochloride）：药典2000年二部P591。多巴胺受体激动药。

6. 西马特罗（Cimaterol）：美国氰胺公司开发的产品，一种β兴奋剂，FDA未批准。

7. 硫酸特布他林（Terbutaline Sulfate）：药典2000年二部P890。β2肾上腺受体激动药。

二、性激素

8. 己烯雌酚（Diethylstibestrol）：药典2000年二部P42。雌激素类药。

9. 雌二醇（Estradiol）：药典2000年二部P1005。雌激素类药。

10. 戊酸雌二醇（EstradiolValerate）：药典2000年二部P124。雌激素类药。

11. 苯甲酸雌二醇（EstradiolBenzoate）：药典2000年二部P369。雌激素类药。中华人民共和国兽药典（以下简称兽药典）2000年版一部P109。雌激素类药。用于发情不明显动物的催情及胎衣滞留、死胎的排除。

12. 氯烯雌醚（Chlorotrianisene）药典2000年二部P919。

13. 炔诺醇（Ethinylestradiol）药典2000年二部P422。

14. 炔诺醚（Quinestrol）药典2000年二部P424。

15. 醋酸氯地孕酮（Chlormadinone acetate）药典2000年二部P1037。

16. 左炔诺孕酮（Levonorgestrel）药典2000年二部P107。

17. 炔诺酮（Norethisterone）药典2000年二部P420。

18. 绒毛膜促性腺激素（绒促性素）（Chorionic Gonadotrophin）：药典2000年二部P534。促性腺激素药。兽药典2000年版一部P146。激素类药。用于性功能障碍、习惯性流产及卵巢囊肿等。

19. 促卵泡生长激素（尿促性素主要含卵泡刺激FSHT和黄体生成素LH）（Menotropins）：药典2000年二部P321。促性腺激素类药。

三、蛋白同化激素

20. 碘化酪蛋白（Iodinated Casein）：蛋白同化激素类，为甲状腺素的前驱物质，具有类似甲状腺素的生理作用。

21. 苯丙酸诺龙及苯丙酸诺龙注射液（Nandrolone phenylpropionate）药典2000年二部P365。

四、精神药品

22. （盐酸）氯丙嗪（Chlorpromazine Hydrochloride）：药典2000年二部P676。抗精神病药。兽药典2000年版一部P177。镇静药。用于强化麻醉以及使动物安静等。

23. 盐酸异丙嗪（Promethazine Hydrochloride）：药典2000年二部P602。抗组胺药。兽药典2000年版一部P164。抗组胺药。用于变态反应性疾病，如荨麻疹、血清病等。

24. 安定（地西泮）（Diazepam）：药典2000年二部P214。抗焦虑药、抗惊厥药。兽药典

2000年版一部 P61。镇静药、抗惊厥药。

25. 苯巴比妥（Phenobarbital）：药典 2000 年二部 P362。镇静催眠药、抗惊厥药。兽药典 2000 年版一部 P103。巴比妥类药。缓解脑炎、破伤风、士的宁中毒所致的惊厥。

26. 苯巴比妥钠（Phenobarbital Sodium）。兽药典 2000 年版一部 P105。巴比妥类药。缓解脑炎、破伤风、士的宁中毒所致的惊厥。

27. 巴比妥（Barbital）：兽药典 2000 年版一部 P27。中枢抑制和增强解热镇痛。

28. 异戊巴比妥（Amobarbital）：药典 2000 年二部 P252。催眠药、抗惊厥药。

29. 异戊巴比妥钠（Amobarbital Sodium）：兽药典 2000 年版一部 P82。巴比妥类药。用于小动物的镇静、抗惊厥和麻醉。

30. 利血平（Reserpine）：药典 2000 年二部 P304。抗高血压药。

31. 艾司唑仑（Estazolam）。

32. 甲丙氨脂（Meprobamate）。

33. 咪达唑仑（Midazolam）。

34. 硝西泮（Nitrazepam）。

35. 奥沙西泮（Oxazepam）。

36. 匹莫林（Pemoline）。

37. 三唑仑（Triazolam）。

38. 唑吡旦（Zolpidem）。

39. 其他国家管制的精神药品。

五、各种抗生素滤渣

40. 抗生素滤渣：该类物质是抗生素类产品生产过程中产生的工业"三废"，因含有微量抗生素成分，在饲料和饲养过程中使用后对动物有一定的促生长作用。但对养殖业的危害很大，一是容易引起耐药性，二是由于未做安全性试验，存在各种安全隐患。

食品动物禁用的兽药及其他化合物清单

中华人民共和国农业部公告第 193 号

为保证动物源性食品安全,维护人民身体健康,根据《兽药管理条例》的规定,我部制定了《食品动物禁用的兽药及其他化合物清单》(以下简称《禁用清单》),现公告如下:

一、《禁用清单》序号 1 至 18 所列品种的原料药及其单方、复方制剂产品停止生产,已在兽药国家标准、农业部专业标准及兽药地方标准中收载的品种,废止其质量标准,撤销其产品批准文号;已在我国注册登记的进口兽药,废止其进口兽药质量标准,注销其《进口兽药登记许可证》。

二、截至 2002 年 5 月 15 日,《禁用清单》序号 1 至 18 所列品种的原料药及其单方、复方制剂产品停止经营和使用。

三、《禁用清单》序号 19 至 21 所列品种的原料药及其单方、复方制剂产品不准以抗应激、提高饲料报酬、促进动物生长为目的在食品动物饲养过程中使用。

食品动物禁用的兽药及其他化合物清单

序号	兽药及其他化合物名称	禁止用途	禁用动物
1	β-兴奋剂类:克仑特罗 Clenbuterol、沙丁胺醇 Salbutamol、西马特罗 Cimaterol 及其盐、酯及制剂	所有用途	所有食品动物
2	性激素类:己烯雌酚 Diethylstilbestrol 及其盐、酯及制剂	所有用途	所有食品动物
3	具有雌激素样作用的物质:玉米赤霉醇 Zeranol、去甲雄三烯醇酮 Trenbolone、醋酸甲孕酮 Mengestrol,Acetate 及制剂	所有用途	所有食品动物
4	氯霉素 Chloramphenicol、及其盐、酯(包括:琥珀氯霉素 Chloramphenicol Succinate)及制剂	所有用途	所有食品动物
5	氨苯砜 Dapsone 及制剂	所有用途	所有食品动物
6	硝基呋喃类:呋喃唑酮 Furazolidone、呋喃它酮 Furaltadone、呋喃苯烯酸钠 Nifurstyrenate sodium 及制剂	所有用途	所有食品动物
7	硝基化合物:硝基酚钠 Sodium nitrophenolate、硝呋烯腙 Nitrovin 及制剂	所有用途	所有食品动物
8	催眠、镇静类:安眠酮 Methaqualone 及制剂	所有用途	所有食品动物
9	林丹(丙体六六六)Lindane	杀虫剂	所有食品动物
10	毒杀芬(氯化烯)Camahechlor	杀虫剂、清塘剂	所有食品动物
11	呋喃丹(克百威)Carbofuran	杀虫剂	所有食品动物
12	杀虫脒(克死螨)Chlordimeform	杀虫剂	所有食品动物
13	双甲脒 Amitraz	杀虫剂	水生食品动物
14	酒石酸锑钾 Antimonypotassiumtartrate	杀虫剂	所有食品动物
15	锥虫胂胺 Tryparsamide	杀虫剂	所有食品动物
16	孔雀石绿 Malachitegreen	抗菌、杀虫剂	所有食品动物
17	五氯酚酸钠 Pentachlorophenolsodium	杀螺剂	所有食品动物

(续表)

序号	兽药及其他化合物名称	禁止用途	禁用动物
18	各种汞制剂包括：氯化亚汞（甘汞）Calomel、硝酸亚汞 Mercurous nitrate、醋酸汞 Mercurous acetate、吡啶基醋酸汞 Pyridyl mercurous acetate	杀虫剂	所有食品动物
19	性激素类：甲基睾丸酮 Methyltestosterone、丙酸睾酮 Testosterone Propionate、苯丙酸诺龙 Nandrolone Phenylpropionate、苯甲酸雌二醇 Estradiol Benzoate 及其盐、酯及制剂	促生长	所有食品动物
20	催眠、镇静类：氯丙嗪 Chlorpromazine、地西泮（安定）Diazepam 及其盐、酯及制剂	促生长	所有食品动物
21	硝基咪唑类：甲硝唑 Metronidazole、地美硝唑 Dimetronidazole 及其盐、酯及制剂	促生长	所有食品动物

注：食品动物是指各种供人食用或其产品供人食用的动物

二〇〇二年四月九日

杜绝禁用兽药的滥用

中华人民共和国农业部　国家药品监督管理局公告
2002年第227号

保证动物性产品质量安全，维护人民身体健康，根据《兽药管理条例》规定，今年4月农业部发布了《食品动物禁用的兽药及其他化合物清单》（农业部第193号公告，以下简称《禁用清单》），禁止氯霉素等29种兽药用于食品动物，限制8种兽药作为动物促生长剂使用，并废止了禁用兽药质量标准，注销了禁用兽药产品批准文号，对兽药生产、经营、使用单位的库存禁用兽药一律做销毁处理，从养殖生产用药环节对动物产品质量安全实施监控。

但目前有些地区仍存在违规使用禁用兽药的现象，为杜绝禁用兽药的滥用，维护国家法律尊严，现公告如下：

一、各兽药生产、经营、使用单位不得从任何渠道购进《禁用清单》所列品种的原料药品和各类制剂产品，不得以偿还债务、以货抵款的方式或其他借口从任何途径将禁用兽药及同品种人用药品转移到本单位，凡在检查现场发现禁用兽药或同品种人用药品的，严格按照《兽药管理条例》等有关规定进行查处，性质严重的，吊销其《兽药生产许可证》《兽药经营许可证》；对性质恶劣、造成严重后果的，要依法追究其刑事责任。

二、各药品生产、经营单位不得将《禁用清单》所列产品的同品种原料药品及其制剂产品销售给兽药生产、经营单位和动物养殖场、兽医医疗机构等兽药使用单位，违者按照《药品管理法》及《药品流通监督管理办法》的规定进行查处。

三、各级兽药行政管理部门和药品监督管理部门要积极配合、齐抓共管，对跨行业、跨区域的重大违规案件和涉案人员要采取联合办案的工作方式，一查到底，严厉处罚；要互通信息，及时协调，不断深化禁用兽药查处工作，使动物性产品质量安全状况得到明显改善。

中华人民共和国农业部　国家药品监督管理局
二〇〇二年十一月十九日

部分国家及地区明令禁用或重点监控的兽药及其他化合物清单

2003年4月10日中华人民共和国农业部公告第265号发布、自发布之日起实施。

为进一步做好出口肉禽养殖用药管理工作，现就有关事项公告如下：

1. 加强出口肉禽饲养用药管理，确保出口禽肉质量卫生安全，是提高我国畜牧业国际竞争力的重要措施，各级畜牧兽医行政管理部门要切实加强出口肉禽饲养环节的兽药使用管理工作。

2. 出口肉禽养殖场（户）使用的兽药（含饲料药物添加剂），应首选已取得《兽药GMP合格证》企业（车间）生产的产品，严格遵守国家兽药使用管理规定，不得使用不符合《兽药标签和说明书管理办法》（2002年农业部第22号令）规定的兽药产品，不得使用《食品动物禁用的兽药及其他化合物清单》（2002年农业部第193号公告）所列产品及未经农业部批准的兽药，不得使用进口国明令禁用的兽药（见附件），肉禽产品中不得检出禁用药物。对进口国允许使用的兽药，应严格执行停药期规定，出口肉禽产品中的兽药残留不得超出进口国规定的最高残留限量标准。

3. 出口肉禽养殖场（户）必须实施兽医处方制度和用药记录制度，设置专职兽医人员，并根据兽医处方正确使用兽药，严格遵守停药期规定，做好用药记录。

4. 对非法使用后禁用兽药，未经批准的兽药和不执行兽药停药期规定等违法行为，各级畜牧兽医行政管理部门要严格按照《兽药管理条例》的规定进行查出。

5. 本公告自发布之日起实施，有关出口肉禽养殖用药的规定以此为准。

一、欧盟禁用的兽药及其他化合物清单

1. 阿伏霉素（Avoparcin）
2. 洛硝达唑（Ronidazole）
3. 卡巴多（Carbadox）
4. 喹乙醇（Olaquindox）
5. 杆菌肽锌（Bacitracinzinc）（禁止作饲料添加药物使用）
6. 螺旋霉素（Spiramycin）（禁止作饲料添加药物使用）
7. 维吉尼亚霉素（Virginiamycin）（禁止作饲料添加药物使用）
8. 磷酸泰乐菌素（Tylosinphosphate）（禁止作饲料添加药物使用）
9. 阿普西特（arprinocide）
10. 二硝托胺（Dinitolmide）
11. 异丙硝唑（ipronidazole）
12. 氯羟吡啶（Meticlopidol）
13. 氯羟吡啶/苄氧喹甲酯（Meticlopidol/Mehtylbenzoquate）
14. 氨丙啉（Amprolium）
15. 氨丙啉/乙氧酰胺苯甲酯（Amprolium/ethopabate）
16. 地美硝唑（Dimetridazole）
17. 尼卡巴嗪（Nicarbazin）
18. 二苯乙烯类（Stilbenes）及其衍生物、盐和酯，如已烯雌酚（Diethylstilbestrol）等
19. 抗甲状腺类药物（Antithyroidagent），如甲巯咪唑（Thiamazol），普萘洛尔（Propranolol）

20. 类固醇类（Steroids），如雌激素（Estradiol），雄激素（Testosterone），孕激素（Progesterone）

21. 二羟基苯甲酸内酯（Resorcylicacidlactones），如玉米赤霉醇（Zeranol）

22. β-兴奋剂类（β-Agonists），如克仑特罗（Clenbuterol），沙丁胺醇（Salbutamol），喜马特罗（Cimaterol）等

23. 马兜铃属植物（Aristolochiaspp.）及其制剂

24. 氯霉素（Chloramphenicol）

25. 氯仿（Chloroform）

26. 氯丙嗪（Chlorpromazine）

27. 秋水仙碱（Colchicine）

28. 氨苯砜（Dapsone）

29. 甲硝咪唑（Metronidazole）

30. 硝基呋喃类 Nitrofurans

二、美国禁止在食品动物使用的兽药及其他化合物清单

1. 氯霉素（Chloramphenicol）

2. 克仑特罗（Clenbuterol）

3. 己烯雌酚（Diethylstilbestrol）

4. 地美硝唑（Dimetridazole）

5. 异丙硝唑（Ipronidazole）

6. 其他硝基咪唑类（Other nitroimidazoles）

7. 呋喃唑酮（Furazolidone）（外用除外）

8. 呋喃西林（Nitrofurazone）（外用除外）

9. 泌乳牛禁用磺胺类药物

[下列除外：磺胺二甲氧嘧啶（Sulfadimethoxine）、磺胺溴甲嘧啶（Sulfabromomethazine）、磺胺乙氧嗪（sulfaethoxypyridazine）]

10. 氟喹诺酮类（Fluoroquinolones）（沙星类）

11. 糖肽类抗生素（Glycopeptides），如万古霉素（Vancomycin）阿伏霉素（Avoparcin）

三、日本对动物性食品重点监控的兽药及其他化合物清单

1. 氯羟吡啶（Clopidol）

2. 磺胺喹噁啉（Sulfaquinoxaline）

3. 氯霉素（Chloramphenicol）

4. 磺胺甲基嘧啶（Sulfamerazine）

5. 磺胺二甲嘧啶（Sulfadimethoxine）

6. 磺胺-6-甲氧嘧啶（Sulfamonomethoxine）

7. 噁喹酸（Oxolinicacid）

8. 乙胺嘧啶（Pyrimethamine）

9. 尼卡巴嗪（Nicarbazin）

10. 双呋喃唑酮（DFZ）

11. 阿伏霉素（Avoparcin）

注：日本对进口动物性食品重点监控的兽药种类经常变化，建议出口肉禽养殖企业予以密切关注。

四、香港地区禁用的兽药及其他化合物清单
1. 氯霉素（Chloramphenicol）
2. 克仑特罗（Clenbuterol）
3. 己烯雌酚（Diethylstilbestrol）
4. 沙丁胺醇（Salbutamol）
5. 阿伏霉素（Avoparcin）
6. 己二烯雌酚（Dienoestrol）
7. 己烷雌酚（Hexoestrol）

兽药地方标准废止目录

中华人民共和国农业部公告第560号

为加强兽药标准管理，保证兽药安全有效、质量可控和动物性食品安全，根据《兽药管理条例》和农业部第426号公告规定，现公布首批《兽药地方标准废止目录》（见附件，以下简称《废止目录》），并就有关事项公告如下：

一、经兽药评审后确认，以下兽药地方标准不符合安全有效审批原则，予以废止。一是沙丁胺醇、呋喃西林、呋喃妥因和替硝唑，属于我部明文（农业部193号公告）禁用品种；卡巴氧因安全性问题、万古霉素因耐药性问题会影响我国动物性食品安全、公共卫生以及动物性食品出口。二是金刚烷胺类等人用抗病毒药移植兽用，缺乏科学规范、安全有效实验数据，用于动物病毒性疫病不但给动物疫病控制带来不良后果，而且影响国家动物疫病防控政策的实施。三是头孢哌酮等人医临床控制使用的最新抗菌药物用于食品动物，会产生耐药性问题，影响动物疫病控制、食品安全和人类健康。四是代森铵等农用杀虫剂、抗菌药用作兽药，缺乏安全有效数据，对动物和动物性食品安全构成威胁。五是人用抗疟药和解热镇痛、胃肠道药品用于食品动物，缺乏残留检测试验数据，会增加动物性食品中药物残留危害。六是组方不合理、疗效不确切的复方制剂，增加了用药风险和不安全因素。

二、本公告发布之日，凡含有《废止目录》序号1~4药物成分的所有兽用原料药及其制剂地方质量标准，属于《废止目录》序号5的复方制剂地方质量标准均予同时废止。

三、列入《废止目录》序号1的兽药品种为农业部193号公告的补充，自本公告发布之日起，停止生产、经营和使用，违者按照《兽药管理条例》实施处罚，并依法追究有关责任人的责任。企业所在地兽医行政管理部门应自本公告发布之日起15个工作日内完成该类产品批准文号的注销、库存产品的清查和销毁工作，并于12月底将上述情况及数据上报我部。

四、对列入《废止目录》序号2~5的产品，企业所在地兽医行政管理部门应自本公告发布之日起30个工作日内完成产品批准文号注销工作，并对生产企业库存产品进行核查、统计，于12月底前将产品批准文号注销情况（包括企业名称、批准文号、产品名称及商品名）及产品库存详细情况上报我部，我部将于年底前汇总公布。

五、列入《废止目录》序号2~5的产品自注销文号之日起停止生产，自本公告发布之日起6个月后，不得再经营和使用，违者按生产、经营和使用假劣兽药处理。对伪造、变更生产日期继续从事生产的，依法严厉处罚，并吊销其所有产品批准文号。

六、阿散酸、洛克沙肿等产品属农业部严格限制定点生产的产品，自本公告发布之日起，地方审批的洛克沙肿及其预混剂，氨苯胂酸及其预混剂不得生产、经营和使用。企业所在地兽医行政管理部门应在12月底前完成该类产品批准文号注销工作，并将有关情况上报我部。

七、为满足动物疫病防控用药需要并保障用药安全，促进新兽药研发工作，在保证兽药安全有效，维护人体健康和生态环境安全的前提下，各相关单位可在规定时期内对《废止目录》中的部分品种履行兽药注册申报手续。其中，列入《废止目录》序号3的品种5年后可受理注册申报，列入序号2、4、5的品种自本公告发布之日起可受理注册申报。

二〇〇五年十月二十八日

附件：

兽药地方标准废止目录

序号	类别	名称/组方
1	禁用兽药	β-兴奋剂类：沙丁胺醇及其盐、酯及制剂 硝基呋喃类：呋喃西林、呋喃妥因及其盐、酯及制剂 硝基咪唑类：替硝唑及其盐、酯及制剂 喹噁啉类：卡巴氧及其盐、酯及制剂 抗生素类：万古霉素及其盐、酯及制剂
2	抗病毒药物	金刚烷胺、金刚乙胺、阿昔洛韦、吗啉（双）胍（病毒灵）、利巴韦林等及其盐、酯及单、复方制剂
3	抗生素、合成抗菌药及农药	抗生素、合成抗菌药：头孢哌酮、头孢噻肟、头孢曲松（头孢三嗪）、头孢噻吩、头孢拉啶、头孢唑啉、头孢噻啶、罗红霉素、克拉霉素、阿奇霉素、磷霉素、硫酸奈替米星（netilmicin）、氟罗沙星、司帕沙星、甲替沙星、克林霉素（氯林可霉素、氯洁霉素）、妥布霉素、胍哌甲基四环素、盐酸甲烯土霉素（美他环素）、两性霉素、利福霉素等及其盐、酯及单、复方制剂 农药：井冈霉素、浏阳霉素、赤霉素及其盐、酯及单、复方制剂
4	解热镇痛类等其他药物	双嘧达莫（dipyridamole 预防血栓栓塞性疾病）、聚肌胞、氟胞嘧啶、代森铵（农用杀虫菌剂）、磷酸伯氨喹、磷酸氯喹（抗疟药）、异噻唑啉酮（防腐杀菌）、盐酸地酚诺酯（解热镇痛）、盐酸溴己新（祛痰）、西咪替丁（抑制人胃酸分泌）、盐酸甲氧氯普胺、甲氧氯普胺（盐酸胃复安）、比沙可啶（bisacodyl 泻药）、二羟丙茶碱（平喘药）、白细胞介素-2、别嘌醇、多抗甲素（α-甘露聚糖肽）等及其盐、酯及制剂
5	复方制剂	1. 注射用的抗生素与安乃近、氟喹诺酮类等化学合成药物的复方制剂； 2. 镇静类药物与解热镇痛药等治疗药物组成的复方制剂。

饲料添加剂品种目录（2013）

中华人民共和国农业部公告 第 2045 号

为加强对饲料添加剂的管理，保障饲料和养殖产品质量安全，促进饲料工业持续健康发展，根据《饲料和饲料添加剂管理条例》，现公布《饲料添加剂品种目录（2013）》（以下简称《目录（2013）》），并就有关事宜公告如下。

一、《目录（2013）》是在《饲料添加剂品种目录（2008）》（以下简称《目录（2008）》）的基础上修订的，增加了部分实际生产中需要且公认安全的饲料添加剂品种（或来源）；删除了缩二脲和叶黄素；将麦芽糊精、酿酒酵母培养物、酿酒酵母提取物、酿酒酵母细胞壁 4 个品种移至《饲料原料目录》；对部分品种的适用范围以及部分饲料添加剂类别名称进行了修订；将 20 个保护期满的新产品品种正式纳入《附录一》，将《目录（2008）》发布之后获得饲料和饲料添加剂新产品证书的 7 个产品纳入《附录二》。

二、《目录（2013）》由《附录一》和《附录二》两部分组成。凡生产、经营和使用的营养性饲料添加剂和一般饲料添加剂，均应属于《目录（2013）》中规定的品种。凡《目录（2013）》外的物质拟作为饲料添加剂使用，应按照《新饲料和新饲料添加剂管理办法》的有关规定，申请并获得新产品证书。

三、饲料添加剂的生产企业需办理生产许可证和产品批准文号。其中《附录二》中的饲料添加剂品种仅允许所列申请单位或其授权的单位生产。

四、生产源于转基因动植物、微生物的饲料添加剂，以及含有转基因产品成分的饲料添加剂，应按照《农业转基因生物安全管理条例》的有关规定进行安全评价，获得农业转基因生物安全证书后，再按照《新饲料和新饲料添加剂管理办法》的有关规定进行评审。

五、本公告自 2014 年 2 月 1 日起施行。2008 年 12 月 11 日公布的《饲料添加剂品种目录（2008）》（农业部公告第 1126 号）同时废止。

农业部

2013 年 12 月 30 日

附件

附录一 饲料添加剂品种目录（2013）

类别	通用名称	适用范围
氨基酸、氨基酸盐及其类似物	L-赖氨酸、液体L-赖氨酸（L-赖氨酸含量不低于50%）、L-赖氨酸盐酸盐、L-赖氨酸硫酸盐及其发酵副产物（产自谷氨酸棒杆菌、乳糖发酵短杆菌，L-赖氨酸含量不低于51%）、DL-蛋氨酸、L-苏氨酸、L-色氨酸、L-精氨酸、L-精氨酸盐酸盐、甘氨酸、L-酪氨酸、L-丙氨酸、天（门）冬氨酸、L-亮氨酸、异亮氨酸、L-脯氨酸、苯丙氨酸、丝氨酸、L-半胱氨酸、L-组氨酸、谷氨酸、谷氨酰胺、缬氨酸、胱氨酸、牛磺酸	养殖动物
	半胱胺盐酸盐	畜禽
	蛋氨酸羟基类似物、蛋氨酸羟基类似物钙盐	猪、鸡、牛和水产养殖动物
	N-羟甲基蛋氨酸钙	反刍动物
	α-环丙氨酸	鸡
维生素及类维生素	维生素A、维生素A乙酸酯、维生素A棕榈酸酯、β-胡萝卜素、盐酸硫胺（维生素B_1）、硝酸硫胺（维生素B_1）、核黄素（维生素B_2）、盐酸吡哆醇（维生素B_6）、氰钴胺（维生素B_{12}）、L-抗坏血酸（维生素C）、L-抗坏血酸钙、L-抗坏血酸钠、L-抗坏血酸-2-磷酸酯、L-抗坏血酸-6-棕榈酸酯、维生素D_2、维生素D_3、天然维生素E、dl-α-生育酚、dl-α-生育酚乙酸酯、亚硫酸氢钠甲萘醌（维生素K_3）、二甲基嘧啶醇亚硫酸氢甲萘醌、亚硫酸氢烟酰胺甲萘醌、烟酸、烟酰胺、D-泛醇、D-泛酸钙、DL-泛酸钙、叶酸、D-生物素、氯化胆碱、肌醇、L-肉碱、L-肉碱盐酸盐、甜菜碱、甜菜碱盐酸盐	养殖动物
	25-羟基胆钙化醇（25-羟基维生素D_3）	猪、家禽
	L-肉碱酒石酸盐	宠物
矿物元素及其络（螯）合物[1]	氯化钠、硫酸钠、磷酸二氢钠、磷酸氢二钠、磷酸二氢钾、磷酸氢二钾、轻质碳酸钙、氯化钙、磷酸氢钙、磷酸二氢钙、磷酸三钙、乳酸钙、葡萄糖酸钙、硫酸镁、氧化镁、氯化镁、柠檬酸亚铁、富马酸亚铁、乳酸亚铁、硫酸亚铁、氯化亚铁、氯化铁、碳酸亚铁、氯化铜、硫酸铜、碱式氯化铜、氧化锌、氯化锌、碳酸锌、硫酸锌、乙酸锌、碱式氯化锌、氯化锰、氧化锰、硫酸锰、碳酸锰、磷酸氢锰、碘化钾、碘化钠、碘酸钾、碘酸钙、氯化钴、乙酸钴、硫酸钴、亚硒酸钠、钼酸钠、蛋氨酸铜络（螯）合物、蛋氨酸铁络（螯）合物、蛋氨酸锰络（螯）合物、蛋氨酸锌络（螯）合物、赖氨酸铜络（螯）合物、赖氨酸锌络（螯）合物、甘氨酸铜络（螯）合物、甘氨酸铁络（螯）合物、酵母铜、酵母铁、酵母锰、酵母硒、氨基酸铜络合物（氨基酸来源于水解植物蛋白）、氨基酸铁络合物（氨基酸来源于水解植物蛋白）、氨基酸锰络合物（氨基酸来源于水解植物蛋白）、氨基酸锌络合物（氨基酸来源于水解植物蛋白）	养殖动物
	蛋白铜、蛋白铁、蛋白锌、蛋白锰	养殖动物（反刍动物除外）
	羟基蛋氨酸类似物络（螯）合锌、羟基蛋氨酸类似物络（螯）合锰、羟基蛋氨酸类似物络（螯）合铜	奶牛、肉牛、家禽和猪
	烟酸铬、酵母铬、蛋氨酸铬、吡啶甲酸铬	猪
	丙酸铬、甘氨酸锌	猪
	丙酸锌	猪、牛和家禽
	硫酸钾、三氧化二铁、氧化铜	反刍动物
	碳酸钴	反刍动物、猫、狗
	稀土（铈和镧）壳糖胺螯合盐	畜禽、鱼和虾
	乳酸锌（α-羟基丙酸锌）	生长育肥猪、家禽

(续表)

类别	通用名称	适用范围
酶制剂[2]	淀粉酶（产自黑曲霉、解淀粉芽孢杆菌、地衣芽孢杆菌、枯草芽孢杆菌、长柄木霉[3]、米曲霉、大麦芽、酸解支链淀粉芽孢杆菌）	青贮玉米、玉米、玉米蛋白粉、豆粕、小麦、次粉、大麦、高粱、燕麦、豌豆、木薯、小米、大米
	α-半乳糖苷酶（产自黑曲霉）	豆粕
	纤维素酶（产自长柄木霉[3]、黑曲霉、孤独腐质霉、绳状青霉）	玉米、大麦、小麦、麦麸、黑麦、高粱
	β-葡聚糖酶（产自黑曲霉、枯草芽孢杆菌、长柄木霉[3]、绳状青霉、解淀粉芽孢杆菌、棘孢曲霉）	小麦、大麦、菜籽粕、小麦副产物、去壳燕麦、黑麦、黑小麦、高粱
	葡萄糖氧化酶（产自特异青霉、黑曲霉）	葡萄糖
	脂肪酶（产自黑曲霉、米曲霉）	动物或植物源性油脂或脂肪
	麦芽糖酶（产自枯草芽孢杆菌）	麦芽糖
	β-甘露聚糖酶（产自迟缓芽孢杆菌、黑曲霉、长柄木霉[3]）	玉米、豆粕、椰子粕
	果胶酶（产自黑曲霉、棘孢曲霉）	玉米、小麦
	植酸酶（产自黑曲霉、米曲霉、长柄木霉[3]、毕赤酵母）	玉米、豆粕等含有植酸的植物籽实及其加工副产品类饲料原料
	蛋白酶（产自黑曲霉、米曲霉、枯草芽孢杆菌、长柄木霉[3]）	植物和动物蛋白
	角蛋白酶（产自地衣芽孢杆菌）	植物和动物蛋白
	木聚糖酶（产自米曲霉、孤独腐质霉、长柄木霉[3]、枯草芽孢杆菌、绳状青霉、黑曲霉、毕赤酵母）	玉米、大麦、黑麦、小麦、高粱、黑小麦、燕麦

(续表)

类别	通用名称		适用范围
微生物	地衣芽孢杆菌、枯草芽孢杆菌、两歧双歧杆菌、粪肠球菌、屎肠球菌、乳酸肠球菌、嗜酸乳杆菌、干酪乳杆菌、德式乳杆菌乳酸亚种（原名：乳酸乳杆菌）、植物乳杆菌、乳酸片球菌、戊糖片球菌、产朊假丝酵母、酿酒酵母、沼泽红假单胞菌、婴儿双歧杆菌、长双歧杆菌、短双歧杆菌、青春双歧杆菌、嗜热链球菌、罗伊氏乳杆菌、动物双歧杆菌、黑曲霉、米曲霉、迟缓芽孢杆菌、短小芽孢杆菌、纤维二糖乳杆菌、发酵乳杆菌、德氏乳杆菌保加利亚亚种（原名：保加利亚乳杆菌）		养殖动物
	产丙酸丙酸杆菌、布氏乳杆菌		青贮饲料、牛饲料
	副干酪乳杆菌		青贮饲料
	凝结芽孢杆菌		肉鸡、生长育肥猪和水产养殖动物
	侧孢短芽孢杆菌（原名：侧孢芽孢杆菌）		肉鸡、肉鸭、猪、虾
非蛋白氮	尿素、碳酸氢铵、硫酸铵、液氨、磷酸二氢铵、磷酸氢二铵、异丁叉二脲、磷酸脲、氯化铵、氨水		反刍动物
抗氧化剂	乙氧基喹啉、丁基羟基茴香醚（BHA）、二丁基羟基甲苯（BHT）、没食子酸丙酯、特丁基对苯二酚（TBHQ）、茶多酚、维生素E、L-抗坏血酸-6-棕榈酸酯		养殖动物
	迷迭香提取物		宠物
防腐剂、防霉剂和酸度调节剂	甲酸、甲酸铵、甲酸钙、乙酸、双乙酸钠、丙酸、丙酸铵、丙酸钠、丙酸钙、丁酸、丁酸钠、乳酸、苯甲酸、苯甲酸钠、山梨酸、山梨酸钠、山梨酸钾、富马酸、柠檬酸、柠檬酸钾、柠檬酸钠、柠檬酸钙、酒石酸、苹果酸、磷酸、氢氧化钠、碳酸氢钠、氯化钾、碳酸钠		养殖动物
	乙酸钙		畜禽
	焦磷酸钠、三聚磷酸钠、六偏磷酸钠、焦亚硫酸钠、焦磷酸一氢三钠		宠物
	二甲酸钾		猪
	氯化铵		反刍动物
	亚硫酸钠		青贮饲料
着色剂	β-胡萝卜素、辣椒红、β-阿朴-8'-胡萝卜素醛、β-阿朴-8'-胡萝卜素酸乙酯、β,β-胡萝卜素-4,4-二酮（斑蝥黄）		家禽
	天然叶黄素（源自万寿菊）		家禽、水产养殖动物
	虾青素、红法夫酵母		水产养殖动物、观赏鱼
	柠檬黄、日落黄、诱惑红、胭脂红、靛蓝、二氧化钛、焦糖色（亚硫酸铵法）、赤藓红		宠物
	苋菜红、亮蓝		宠物和观赏鱼
调味和诱食物质[4]	甜味物质	糖精、糖精钙、新甲基橙皮苷二氢查耳酮	猪
		糖精钠、山梨糖醇	养殖动物
	香味物质	食品用香料[5]、牛至香酚	
	其他	谷氨酸钠、5'-肌苷酸二钠、5'-鸟苷酸二钠、大蒜素	

（续表）

类别	通用名称	适用范围
黏结剂、抗结块剂、稳定剂和乳化剂	α-淀粉、三氧化二铝、可食脂肪酸钙盐、可食用脂肪酸单/双甘油酯、硅酸钙、硅铝酸钠、硫酸钙、硬脂酸钙、甘油脂肪酸酯、聚丙烯酸树脂Ⅱ、山梨醇酐单硬脂酸酯、聚氧乙烯20山梨醇酐单油酸酯、丙二醇、二氧化硅、卵磷脂、海藻酸钠、海藻酸钾、海藻酸铵、琼脂、瓜尔胶、阿拉伯树胶、黄原胶、甘露糖醇、木质素磺酸盐、羧甲基纤维素钠、聚丙烯酸钠、山梨醇酐脂肪酸酯、蔗糖脂肪酸酯、焦磷酸二钠、单硬脂酸甘油酯、聚乙二醇400、磷脂、聚乙二醇甘油蓖麻酸酯	养殖动物
	丙三醇	猪、鸡和鱼
	硬脂酸	猪、牛和家禽
	卡拉胶、决明胶、刺槐豆胶、果胶、微晶纤维素	宠物
多糖和寡糖	低聚木糖（木寡糖）	鸡、猪、水产养殖动物
	低聚壳聚糖	猪、鸡和水产养殖动物
	半乳甘露寡糖	猪、肉鸡、兔和水产养殖动物
	果寡糖、甘露寡糖、低聚半乳糖	养殖动物
	壳寡糖［寡聚β-(1-4)-2-氨基-2-脱氧-D-葡萄糖］（n=2~10）	猪、鸡、肉鸭、虹鳟鱼
	β-1,3-D-葡聚糖（源自酿酒酵母）	水产养殖动物
	N,O-羧甲基壳聚糖	猪、鸡
其他	天然类固醇萨洒皂角苷（源自丝兰）、天然三萜烯皂角苷（源自可来雅皂角树）、二十二碳六烯酸（DHA）	养殖动物
	糖萜素（源自山茶籽饼）	猪和家禽
	乙酰氧肟酸	反刍动物
	苜蓿提取物（有效成分为苜蓿多糖、苜蓿黄酮、苜蓿皂苷）	仔猪、生长育肥猪、肉鸡
	杜仲叶提取物（有效成分为绿原酸、杜仲多糖、杜仲黄酮）	生长育肥猪、鱼、虾
	淫羊藿提取物（有效成分为淫羊藿苷）	鸡、猪、绵羊、奶牛
	共轭亚油酸	仔猪、蛋鸡
	4,7-二羟基异黄酮（大豆黄酮）	猪、产蛋家禽
	地顶孢霉培养物	猪、鸡
	紫苏籽提取物（有效成分为α-亚油酸、亚麻酸、黄酮）	猪、肉鸡和鱼
	硫酸软骨素	猫、狗
	植物甾醇（源于大豆油/菜籽油，有效成分为β-谷甾醇、菜油甾醇、豆甾醇）	家禽、生长育肥猪

注：1. 所列物质包括无水和结晶水形态；

2. 酶制剂的适用范围为典型底物，仅作为推荐，并不包括所有可用底物；

3. 目录中所列长柄木霉亦可称为长枝木霉或李氏木霉；

4. 以一种或多种调味物质或诱食物质添加载体等复配而成的产品可称为调味剂或诱食剂，其中：以一种或多种甜味物质添加载体等复配而成的产品可称为甜味剂；以一种或多种香味物质添加载体等复配而成的产品可称为香味剂；

5. 食品用香料见《食品安全国家标准 食品添加剂使用卫生标准》（GB 2760）中食品用香料名单。

附录二 监测期内的新饲料和新饲料添加剂品种目录

序号	产品名称	申请单位	适用范围	批准时间
1	藤茶黄酮	北京伟嘉人生物技术有限公司	鸡	2008年12月
2	溶菌酶	上海艾魁英生物科技有限公司	仔猪、肉鸡	2008年12月
3	丁酸梭菌	杭州惠嘉丰牧科技有限公司	断奶仔猪、肉仔鸡	2009年7月
4	苏氨酸锌螯合物	江西民和科技有限公司	猪	2009年12月
5	饲用黄曲霉毒素B_1分解酶（产自发光假蜜环菌）	广州科仁生物工程有限公司	肉鸡、仔猪	2010年12月
6	褐藻酸寡糖	大连中科格莱克生物科技有限公司	肉鸡、蛋鸡	2011年12月
7	低聚异麦芽糖	保龄宝生物股份有限公司	蛋鸡	2012年7月

禁止在饲料中人为添加三聚氰胺

中华人民共和国农业部公告第 1218 号

三聚氰胺是一种化工原料，广泛应用于塑料、涂料、黏合剂、食品包装材料生产。我部已明令禁止在饲料中人为添加三聚氰胺，对非法在饲料中添加三聚氰胺的，依法追究法律责任。三聚氰胺污染源调查显示，三聚氰胺可能通过环境、饲料包装材料等途径进入到饲料中，但含量极低。大量动物验证试验及风险评估表明，饲料中三聚氰胺含量低于 2.5 毫克/千克时，不会通过动物产品残留对食用者健康产生危害。为确保饲料产品质量安全，保证养殖动物及其产品安全，现将饲料原料和饲料产品中三聚氰胺限量值定为 2.5 毫克/千克，高于 2.5 毫克/千克的饲料原料和饲料产品一律不得销售。

上述规定自发布之日起实施。

特此公告。

农业部

二〇〇九年六月八日

关于停止缩二脲作为饲料添加剂生产和使用的公告

中华人民共和国农业部公告第 1282 号

为加强饲料添加剂管理，消除饲料安全隐患，保证饲料及畜产品质量安全。根据《饲料和饲料添加剂管理条例》第二十条规定，决定停止缩二脲作为饲料添加剂生产和使用。

一、将缩二脲从《饲料添加剂品种目录》（2008）中删除。

二、废止《饲料级缩二脲》（NY/T 935—2005）产品标准。

三、对已经获得生产许可的企业，于 2010 年 5 月 1 日前注销其生产许可证和产品批准文号。

特此公告。

农业部

二〇〇九年十月二十九日

禁止在饲料和动物饮水中使用苯乙醇胺 A 等物质

中华人民共和国农业部公告第 1519 号

为加强饲料及养殖环节质量安全监管，保障饲料及畜产品质量安全，根据《饲料和饲料添加剂管理条例》有关规定，禁止在饲料和动物饮水中使用苯乙醇胺 A 等物质（见附件）。各级畜牧饲料管理部门要加强日常监管和监督检测，严肃查处在饲料生产、经营、使用和动物饮水中违禁添加苯乙醇胺 A 等物质的违法行为。

特此公告。

附件：禁止在饲料和动物饮水中使用的物质

二〇一〇年十二月二十七日

附件：

禁止在饲料和动物饮水中使用的物质

1. 苯乙醇胺 A（Phenylethanolamine A）：ß-肾上腺素受体激动剂。
2. 班布特罗（Bambuterol）：ß-肾上腺素受体激动剂。
3. 盐酸齐帕特罗（Zilpaterol Hydrochloride）：ß-肾上腺素受体激动剂。
4. 盐酸氯丙那林（Clorprenaline Hydrochloride）：药典 2010 版二部 P783。ß-肾上腺素受体激动剂。
5. 马布特罗（Mabuterol）：ß-肾上腺素受体激动剂。
6. 西布特罗（Cimbuterol）：ß-肾上腺素受体激动剂。
7. 溴布特罗（Brombuterol）：ß-肾上腺素受体激动剂。
8. 酒石酸阿福特罗（Arformoterol Tartrate）：长效型 ß-肾上腺素受体激动剂。
9. 富马酸福莫特罗（Formoterol Fumatrate）：长效型 ß-肾上腺素受体激动剂。
10. 盐酸可乐定（Clonidine Hydrochloride）：药典 2010 版二部 P645。抗高血压药。
11. 盐酸赛庚啶（Cyproheptadine Hydrochloride）：药典 2010 版二部 P803。抗组胺药。

兽药严重违法行为从重处罚情形

中华人民共和国农业农村部公告第 97 号

为加强兽药管理,严厉打击兽药违法行为,保障动物产品质量安全,根据《兽药管理条例》有关规定,现就兽药严重违法行为从重处罚情形,公告如下。

一、无兽药生产许可证生产兽药,有下列情形之一的,按照《兽药管理条例》第五十六条"情节严重的"规定处理,按上限罚款,并没收生产设备:

(一)生产的兽药添加国家禁止使用的药品和其他化合物,或添加人用药品等农业农村部未批准使用的其他成分的;

(二)生产的兽药累计 2 批次以上或货值金额 2 万元以上的;

(三)生产兽用疫苗的;

(四)其他情节严重的情形。

二、持有兽药生产、经营许可证的兽药生产、经营者有下列情形之一的,按照《兽药管理条例》第五十六条"情节严重的"规定处理,按上限罚款,并吊销兽药生产、经营许可证:

(一)生产的兽药添加国家禁止使用的药品和其他化合物,或添加人用药品等农业农村部未批准使用的其他成分的;

(二)生产的兽药擅自改变组方添加其他兽药成分累计 2 批次以上的;

(三)生产未取得兽药产品批准文号兽用疫苗的,或生产未取得兽药产品批准文号的其他兽药产品累计 2 批次以上的;

(四)生产兽用疫苗擅自更换菌(毒、虫)种,或者非法添加其他菌(毒、虫)种的;

(五)生产主要成分含量在国家标准上限 150% 以上或下限 50% 以下的劣兽药累计 3 个品种以上或 5 批次以上的;

(六)生产的兽用疫苗未经批签发或批签发不合格即销售累计 2 批次以上的;

(七)生产假兽药货值金额 5 万元以上的;

(八)兽药经营者未审核并保存兽药批准证明文件材料以及购买凭证,经营假、劣兽药货值金额 2 万元以上的。

三、持有兽药生产、经营许可证的兽药生产、经营者有下列情形之一的,按照《兽药管理条例》第五十九条"情节严重的"规定处理,吊销兽药生产、经营许可证:

(一)兽药生产者未在批准的兽药 GMP 车间生产兽药累计 2 批次以上的;

(二)未在批准的生产线生产兽药累计 2 批次以上的;

(三)兽药出厂前未按规定进行质量检验,或检验不合格即出厂销售累计 5 批次以上的;

(四)无兽药生产、检验记录或编造、伪造生产、检验记录累计 3 批次以上的;

(五)编造、伪造兽用疫苗批签发材料累计 3 批次以上的;

(六)监督检查和飞行检查发现兽药生产者有 2 个以上关键项不符合兽药 GMP 要求的。

四、兽药生产、经营者将原料药销售给养殖场(户)的,按照《兽药管理条例》第六十七条"情节严重的"规定处理,没收违法所得,按上限罚款,并吊销兽药生产、经营许可证。

五、生产或进口的兽药有下列情形之一的,按照《兽药管理条例》第六十九条规定处理,撤销兽药产品批准文号或者吊销进口兽药注册证书:

(一)抽查检验连续 2 次或累计 3 批次以上不合格的;

（二）改变组方添加其他兽药成分的；

（三）主要成分含量在国家标准上限150%以上或下限50%以下的；

（四）主要成分含量在国家标准上限120%以上或下限80%以下，累计2批次以上的；

（五）擅自改变工艺对产品质量产生严重不良影响的；

（六）进口兽用疫苗无进口兽药通关单、未经批签发或批签发不合格即销售的。

生产的兽药同时存在前款情形2种以上的，按照《兽药管理条例》第五十六条"情节严重的"规定处理，按上限罚款，并依法吊销兽药生产许可证。

六、兽药产品标签和说明书未经批准擅自修改，限期改正后再犯的，属于《兽药管理条例》第六十条"逾期不改正"的情形，按生产、经营假兽药处罚。

七、兽药使用单位违反国家有关兽药安全使用规定，明知是假兽用疫苗或者应当经审查批准而未经审查批准即生产、进口的兽用疫苗，仍非法使用的，按照《兽药管理条例》第六十二条处理，按上限罚款；给他人造成损失的，依法承担赔偿责任。

八、有本公告第一、二、三条规定违法情形的，对生产、经营者主要负责人和直接负责的主管人员按照《兽药管理条例》第五十六条规定处理，终身不得从事兽药的生产、经营活动。

九、兽药违法行为涉嫌犯罪的，移送司法机关追究刑事责任。

十、本公告涉及从重处罚的"兽药"不包括兽用诊断制品；所称的"累计"计算时间为2年内。

十一、本公告自公布之日起施行，原农业部公告第2071号同时废止。

农业农村部
2018年12月4日

停止使用洛美沙星、培氟沙星、氧氟沙星、诺氟沙星4种兽药

中华人民共和国农业部公告第 2292 号

为保障动物产品质量安全和公共卫生安全,我部组织开展了部分兽药的安全性评价工作。经评价,认为洛美沙星、培氟沙星、氧氟沙星、诺氟沙星 4 种原料药的各种盐、酯及其各种制剂可能对养殖业、人体健康造成危害或者存在潜在风险。根据《兽药管理条例》第六十九条规定,我部决定在食品动物中停止使用洛美沙星、培氟沙星、氧氟沙星、诺氟沙星 4 种兽药,撤销相关兽药产品批准文号。现将有关事项公告如下。

一、自本公告发布之日起,除用于非食品动物的产品外,停止受理洛美沙星、培氟沙星、氧氟沙星、诺氟沙星 4 种原料药的各种盐、酯及其各种制剂的兽药产品批准文号的申请。

二、自 2015 年 12 月 31 日起,停止生产用于食品动物的洛美沙星、培氟沙星、氧氟沙星、诺氟沙星 4 种原料药的各种盐、酯及其各种制剂,涉及的相关企业的兽药产品批准文号同时撤销。2015 年 12 月 31 日前生产的产品,可以在 2016 年 12 月 31 日前流通使用。

三、自 2016 年 12 月 31 日起,停止经营、使用用于食品动物的洛美沙星、培氟沙星、氧氟沙星、诺氟沙星 4 种原料药的各种盐、酯及其各种制剂。

农业部

2015 年 9 月 1 日

禁止非泼罗尼及相关制剂用于食品动物

中华人民共和国农业部公告第 2583 号

为保证动物源性食品安全，维护人民身体健康，根据《兽药管理条例》规定，禁止非泼罗尼及相关制剂用于食品动物。

特此公告。

农业部

2017 年 9 月 15 日

停止在食品动物中使用喹乙醇、氨苯胂酸、洛克沙胂等 3 种兽药

农业部公告第 2638 号

为保障动物产品质量安全，维护公共卫生安全和生态安全，我部组织对喹乙醇预混剂、氨苯胂酸预混剂、洛克沙胂预混剂 3 种兽药产品开展了风险评估和安全再评价。评价认为喹乙醇、氨苯胂酸、洛克沙胂等 3 种兽药的原料药及各种制剂可能对动物产品质量安全、公共卫生安全和生态安全存在风险隐患。根据《兽药管理条例》第六十九条规定，我部决定停止在食品动物中使用喹乙醇、氨苯胂酸、洛克沙胂等 3 种兽药。现将有关事项公告如下。

一、自本公告发布之日起，我部停止受理喹乙醇、氨苯胂酸、洛克沙胂等 3 种兽药的原料药及各种制剂兽药产品批准文号的申请。

二、自 2018 年 5 月 1 日起，停止生产喹乙醇、氨苯胂酸、洛克沙胂等 3 种兽药的原料药及各种制剂，相关企业的兽药产品批准文号同时注销。2018 年 4 月 30 日前生产的产品，可在 2019 年 4 月 30 日前流通使用。

三、自 2019 年 5 月 1 日起，停止经营、使用喹乙醇、氨苯胂酸、洛克沙胂等 3 种兽药的原料药及各种制剂。

农业部

2018 年 1 月 11 日

禁止生产和销售莱克多巴胺

工业和信息化部等 6 部门联合公告 2011 年第 41 号

根据《国务院关于发布实施〈促进产业结构调整暂行规定的决定〉的决定》（国发〔2005〕40 号），依据《产业结构调整指导目录（2011 年本）》（发展和改革委员会令 2011 第 9 号）的有关规定，自即日起在中华人民共和国境内禁止生产和销售莱克多巴胺。

特此公告。

工业和信息化部
农业部
商务部
卫生部
工商总局
质检总局
二〇一一年十二月五日

最高人民法院、最高人民检察院关于办理非法生产、销售、使用禁止在饲料和动物饮用水中使用的药品等刑事案件具体应用法律若干问题的解释

最高人民法院 最高人民检察院法释〔2002〕26号

《最高人民法院、最高人民检察院关于办理非法生产、销售、使用禁止在饲料和动物饮用水中使用的药品等刑事案件具体应用法律若干问题的解释》已经最高人民法院审判委员会第1237次会议、最高人民检察院第九届检察委员会第109次会议通过。现予公布，自2002年8月23日起施行。

2002年8月16日

为依法惩治非法生产、销售、使用盐酸克仑特罗（Clenbuterol Hydrochloride，俗称"瘦肉精"）等禁止在饲料和动物饮用水中使用的药品等犯罪活动，维护社会主义市场经济秩序，保护公民身体健康，根据刑法有关规定，现就办理这类刑事案件具体应用法律的若干问题解释如下：

第一条 未取得药品生产、经营许可证件和批准文号，非法生产、销售盐酸克仑特罗等禁止在饲料和动物饮用水中使用的药品，扰乱药品市场秩序，情节严重的，依照刑法第二百二十五条第（一）项的规定，以非法经营罪追究刑事责任。

第二条 在生产、销售的饲料中添加盐酸克仑特罗等禁止在饲料和动物饮用水中使用的药品，或者销售明知是添加有该类药品的饲料，情节严重的，依照刑法第二百二十五条第（四）项的规定，以非法经营罪追究刑事责任。

第三条 使用盐酸克仑特罗等禁止在饲料和动物饮用水中使用的药品或者含有该类药品的饲料养殖供人食用的动物，或者销售明知是使用该类药品或者含有该类药品的饲料养殖的供人食用的动物的，依照刑法第一百四十四条的规定，以生产、销售有毒、有害食品罪追究刑事责任。

第四条 明知是使用盐酸克仑特罗等禁止在饲料和动物饮用水中使用的药品或者含有该类药品的饲料养殖的供人食用的动物，而提供屠宰等加工服务，或者销售其制品的，依照刑法第一百四十四条的规定，以生产、销售有毒、有害食品罪追究刑事责任。

第五条 实施本解释规定的行为，同时触犯刑法规定的两种以上犯罪的，依照处罚较重的规定追究刑事责任。

第六条 禁止在饲料和动物饮用水中使用的药品，依照国家有关部门公告的禁止在饲料和动物饮用水中使用的药物品种目录确定。